西安外国语大学资助立项教材

УЧЕБНОЕ ПОСОБИЕ ПО ПЕРЕВОДУ ТЕКСТОВ ФУНКЦИОНАЛЬНЫХ СТИЛЕЙ

俄汉文体与翻译

主编 ◎ 安新奎

编者 ◎ 刘仲昀　张楚文　张　颖　张洁琪
　　　白盼盼　钟媛媛　聂　丽　陈　敬
　　　彭静静

北京大学出版社
PEKING UNIVERSITY PRESS

图书在版编目（CIP）数据

俄汉文体与翻译 / 安新奎主编. —北京：北京大学出版社，2021.2
ISBN 978-7-301-32004-4

Ⅰ.①俄… Ⅱ.①安… Ⅲ.①俄语–翻译–高等学校–教材 Ⅳ.①H355.9

中国版本图书馆CIP数据核字（2021）第032722号

书　　　名	俄汉文体与翻译 EHAN WENTI YU FANYI
著作责任者	安新奎　主编
责任编辑	李　哲
标准书号	ISBN 978-7-301-32004-4
出版发行	北京大学出版社
地　　　址	北京市海淀区成府路205号　100871
网　　　址	http://www.pup.cn　新浪微博：@北京大学出版社
电子信箱	pup_russian@163.com
电　　　话	邮购部010-62752015　发行部010-62750672　编辑部010-62759634
印　刷　者	天津中印联印务有限公司
经　销　者	新华书店 787毫米×1092毫米　16开本　19.5印张　450千字 2021年2月第1版　2021年2月第1次印刷
定　　　价	65.00元

未经许可，不得以任何方式复制或抄袭本书之部分或全部内容。
版权所有，侵权必究
举报电话：010-62752024　电子信箱：fd@pup.pku.edu.cn
图书如有印装质量问题，请与出版部联系，电话：010-62756370

前　言

文体是指独立成篇的文本体裁，它具备一套文本构成的体裁范式和常规。文体是一种独特的文化现象，是在某一交际领域经过一定阶段的变化、发展、过滤、积淀而相沿成习的语言产物。文体反映了文本从内容到形式的整体特点，属于形式范畴。

翻译的实质就是两种语言之间的转换，语言的转换必然会涉及文体。按刘宓庆的说法："文体与翻译的密切关系已经日益被翻译界所认识。不论是英语还是汉语，都存在着不同的文体类别。译者必须深谙英汉两种语言各类文体的特殊用法和特征，才能在英汉互译中尽可能做到使译文的文体和原文的文体相一致，以及使译文作者与原文作者的个人风格相一致。"俄汉翻译也是同一个道理，决定文本语言应用特征的首要因素是文体，翻译文本时必须考虑原文和译文文本各自不同的文体特征。只有这样，译文才有可能在内容与形式上与原文达到等值。翻译时译者要具有文体意识，要考虑到文体因素，对各种文体特征、文体功能、语言特点等方面的知识要有所积累。同时，译者还要善于使用各种方法和技巧，使原文和译文思想一致、文体相符、功能对等。

目前国内涉及文体与翻译教学的教材大多成书年代过久，虽经几次订正，但教材理念陈旧、体系落后、内容不合时宜、练习实用性差，特别是针对文体知识的讲授轻描淡写。一些近几年出版的俄汉翻译教程内容（题材）庞杂，过于注重细枝末节。此类教程缺乏对文体知识宏观性和系统性的讲授，实质上沦落为一种翻译手册或札记，而不是真正意义上的文体翻译教材。

以上种种缺憾，使得上述教材已难以满足社会所需翻译人才的培养需求。文体翻译教学不是"授之以鱼"，文体翻译教材不应包罗万象、面面俱到。为了使学生行之以远，翻译教学应"授之以渔"。在掌握基本的翻译方法和技巧的前提下，翻译教材需要把文体知识和翻译结合起来，因为"每种文体都有某些遣词造句上的常规。要想整篇得体，必须使译文的词、词组、句子以至段落得体。从等值概念上讲，只有在词、词组、句子、段落等深层意义一致和文体功能相当的基础上，翻译才能最终达到篇章的等值，所以篇章的得体，植根于各语言平面的得体"（方梦之，2002:193）。本教程从文体角度讲授和探讨各类文本的不同特点、翻译原则和方法，其教学目标是在准确理解原文文本内容的前提下，通过教学培养学生识别、分析、对比、判断、选择、顺应、再现文体特征的意识和能力。

《俄汉文体与翻译》的编写思路

本教程从俄语文体知识入手，简要介绍俄语各种文体的基本特征和语言特点；把文体知识与具体翻译案例相结合，讲授各种文体文本的翻译原则、方法和技巧；依托针对性较强的训练，培养学生翻译过程中的文体意识；训练和提高学生准确地识别原文文体特征、结合具体文体确定翻译原则、合理运用翻译方法和技巧、再现原文文体风格的能力。

《俄汉文体与翻译》的课程具体框架

- 文体概述。主要讲述文体特征和该文体的词汇、词法、句法、篇章等层面的语言特点。
- 课堂练习。围绕课程文体知识配置相应练习，培养学生的文体辨识能力。
- 翻译举要。结合文体知识讲授具体文体的翻译原则、方法和技巧。
- 主题词汇。提供所讲授文体的主题词汇，丰富和拓展学生的语言图式。
- 课后练习。围绕所讲授文体翻译设置丰富多样的练习，巩固所学知识，提高学生的思辨能力和实践能力。练习形式主要包括以下几类：

　　1. 回答问题
　　2. 佳译欣赏
　　3. 译文对比
　　4. 译文校正
　　5. 翻译实践

《俄汉文体与翻译》与国内外同类教材相比，其内容、体系、结构等方面的主要特色如下：

1. 教学理念鲜明。强调文体知识教学的重要性，把文体与翻译教学有机结合起来。

2. 文体知识掌握先行。文体知识讲解之后是翻译原则、翻译方法和技巧的介绍，符合学生的认知规律。

3. 课程内容重点突出、与时俱进。教程中讲述每个文体最主要文本的翻译要旨，教学内容侧重于非文学的应用翻译。课程内容顺应社会经济发展需求，服务于复合型和应用型人才的培养。

4. 教材实用性强。教材中的案例分析、课堂练习、课后练习等几部分的材料大多取自编写团队社会实践第一手材料，真实可信。翻译主题知识实用性强，可激发学生的学习兴趣。

5. 练习配置科学。课堂练习和课后练习类型丰富、设计合理，注重学生主动性、思辨性、实践性和创造性能力的提高。

6. 科研成果应用于教学。近些年来，编者一直进行各种文体的翻译研究，把先期的科研成果应用到翻译教学中，实现科研反哺教学、服务教学，从而更新和完善翻译教学内容，使翻译教学顺应社会需求。

本教程适用对象为俄语本科专业高年级学生及翻译硕士，也可供广大俄汉翻译爱好者学习参考。

本教程为 2019 年西安外国语大学"一流专业"校级教材建设立项专项资助项目（项目名称："俄汉文体与翻译教程"，项目编号：2019JC05）。

恩师苏州大学博士生导师周民权教授和好友中央编译局中央文献翻译部资深翻译、天津外国语大学博士生导师李铁军先生，在繁忙工作之余对教程全稿进行仔细审校，并提出了许多建设性意见和建议。本教程责任编辑李哲先生从选题到校勘各个环节高度负责、严谨细致、精益求精。谨在此一并致以诚挚敬意和深深谢意！

由于作者水平有限，教程中难免存在疏漏和错误，敬请译界专家、学者以及使用本教程的教师和学生不吝指正。

安新奎
西安外国语大学俄语学院
2020 年 8 月

目　录

工具篇
　　第一章　词典、网络与翻译　/　1

图式篇
　　第二章　图式建构与翻译　/　9

文学篇
　　第三章　文学作品人物形象翻译　/　14
　　第四章　文学作品人物语言翻译　/　24

政论篇
　　第五章　政论文体翻译　/　37

新闻篇
　　第六章　新闻文体翻译　/　49

公文篇
　　第七章　行政管理文体翻译　/　64

商贸篇
　　第八章　购销合同翻译　/　80

法律篇
　　第九章　法律文体翻译　/　93

外交篇

第十章　外交文体翻译　/　104

科技篇

第十一章　科技术语及表义结构翻译　/　121

第十二章　说明书翻译　/　136

第十三章　标书翻译　/　154

第十四章　标准翻译　/　168

第十五章　专利翻译　/　185

外宣篇

第十六章　地区对外宣传翻译　/　203

第十七章　招商引资项目翻译　/　217

第十八章　企业宣传翻译　/　232

第十九章　旅游宣传翻译　/　250

文化篇

第二十章　语言文化与翻译　/　264

附录：文体与翻译常用术语词汇对照表　/　281

参考文献　/　301

工具篇

第一章　词典、网络与翻译

1.0　引言

翻译人员不管其水平的高低都离不开词典,因为翻译涉及的知识面非常广,我们在翻译时不可避免地会使用词典,词典是阅读和翻译外文材料的最基本的工具。在翻译时为了理解,我们需要查词典,为了表达也得查词典,就是在加工润色阶段还得反反复复查词典,对一些概念进行核实,可以说离开词典的翻译不是一个真正的翻译。翻译文本涉及的知识领域非常多,对翻译工作者来说不但需要词典,而且需要大量的词典! 在一些特殊的情况下,有必要查询有关的手册和百科词典,需要求助于互联网。在当今社会,科学发展的主要特点是学科相互渗透、合作密切,进而就导致了各学科专业术语互相借用。这样一来,要翻译某一技术文献,仅靠某一专业词典往往是不够的,比如要翻译家用汽车的技术材料,译者可能需要查询机械专业、无线电专业、微电子专业等专业词典。

1.1　译者得具备哪些词典呢?

合理使用词典也不是一件简单的事,首先必须了解,现存哪些词典,每个词典的优点和缺点是什么,该词典是如何编撰的,然后才能实际使用它。

要从事一般的翻译,译者至少需要哪些词典呢? 我们以为,译者起码得配备以下四种词典:

原文词典,译入语词典,双语词典(俄汉和汉俄词典),一般的专业词典(手册、指南、百科全书等)。具体为:

1. Толковый словарь русского языка(俄语详解词典)
2. Энциклопедический словарь русского языка(俄语百科词典)
3. Словарь иностранных слов в русском языке(俄语外来词词典)
4. Словообразовательный словарь русского языка(俄语构词词典)

5. 大俄汉词典（Большой русско-китайский словарь）

6. 汉俄词典（Китайско-русский словарь）

7. 俄汉专业词典（Русско-китайские словари по отдельной специальности）

8. 汉俄专业词典（Китайско-русские словари по отдельной специальности）

9. Англо-русские словари по отдельной специальности（英俄专业词典）

10. 俄汉国际商务词典（Русско-китайский международный коммерческий словарь）

11. Словарь сокращений（缩略语词典）

12. 汉语专业词典

词典种类繁多，总体上可分为两大类：百科词典和语言词典。百科词典描述和解释的不是词，而是对象、事物、现象和事件，百科又可分为一般（综合）百科和专业百科。语言词典描述的不是某个词所表示的对象或概念，而是这个词本身。词典中罗列了这个词作为语言单位的一些特点：词的意义、词的语法和拼写特点、词的语体归属、词语的来源。语言词典又分为详解词典和双语词典（也叫翻译词典）。其中俄语详解词典在一些词条的释义中会告诉读者该词使用的情景。俄语中许多词的译文是一样的，但是意思是不一样的，详解词典会告诉读者在怎样的情景中使用这个词，比如有的词可能用于口语，有的词则用于正式语体，而双语词典中词目和释文使用两种不同的语言，即词义解释需要通过译文来完成。

1.2　如何使用词典？

不同的人对待词典的态度、使用词典的方式是不同的。对于有经验的译者，词典是真正意义上的辅助工具，在查词典之前他心中可能已经有了初步的翻译方案，他查字典只不过是想核实、确定一下词义细微之处，然后依托自己的语言知识和专业知识从词典诸多释义中选择一个上下文中最佳的译文。翻译新手一味依赖词典，遇见生词就查词典，好像抓住救命的稻草，有时还振振有词——"这一译法我是在词典中找到的。"

学会活用词典对于译者来说非常重要。同时还得记住，词典并非万宝全书，翻译时千万不可时时处处囿于词典的词条和释义。在词典中找一个所需的词和词义也不是那么简单，一些词可以在普通词典中去寻找，而另外一些词需要去专业词典中去寻找。词典都分门别类，因而也就存在各自的局限性。

经常会遇到这样的情形，译者在词典中找到了所需的词，但词典中提供了几种不同的解释，我们不知道在上下文中到底选哪一个意义，这时能帮助我们做出抉择的是专业知识。如果不懂专业，随意主观臆断，或者仅凭词典的释义去生搬硬套，可以想象，所产生的译文会使专业人士（或用户）莫名其妙。在翻译实践中同一词条的不同释义常常会给译者提供一些启发，使他可借助其他翻译方法或技巧译出该词来。

有时词典对我们所需的词只提供最基本的释义，这时译者可根据词的基本释义，发挥他的主观能动性,依托该词所处的上下文,根据词的搭配,考虑到译文所涉及的具体事物来加以确定。

有时候遇见的术语是由多成素组成的复合词,词典中未收录,难以找到现成的释义。动手翻译前,我们首先要分析一下复合词的组成部分,一般分四步走:

1. 确定术语各成素属于哪个词类;
2. 明确各个成素应该在哪些词典中去找(是普通词汇,还是专门术语?);
3. 找出主要成素和限定词汇;
4. 确定多成素术语的类型。

有时我们所需要的词义在词典中并未收录,其原因要么是词典未曾收录该词的所有词义,要么是一些新概念、新术语或术语性词组,现存的词典未来得及收录。出现这种情况是可以理解的,因为知识在发展,在更新,而词典的编写则需要一定的周期,所以我们手头的词典总会落后于社会的发展、知识的日新月异变化。遇见这种情况时译者首先应从整体上确定该术语属于哪一领域,它的功能如何,它所描述对象的实质是什么。其次,译者应根据其词根、其构成来确定词义。在确定复合词词义时,有时可以按照一种词根,有时要按照另一种词根,有时需要依托复合词的各组成部分来确定其整体词义。

1.3　学会使用互联网

翻译时我们不可避免要使用词典、手册、百科全书,这些工具书是阅读和翻译外文材料最常用的帮手。前文讲过,翻译时为了理解,我们需要翻阅工具书,为了表达还得求助于工具书,即使在加工润色阶段还得使用工具书反反复复查证核实,所以对于从事翻译的人来说工具书是多多益善。翻译实践中我们常常发现,现存的工具书难以满足我们翻译工作的需求,因为我们所需要的有些词或术语在现有的工具书中并未被收录或释义不全,俄汉、汉俄词典在这方面存在的问题就相对多些。俄汉工具书的编写团队远不如英汉工具书编写团队那么强大。相较而言,俄汉工具书的编写周期要更长些,市场上出现的俄汉工具书的种类也相对少了。工具书的出版跟不上时代的发展,工具书出版之日也常是工具书落伍之时。这时我们就有必要求助于互联网,去挖掘互联网信息资源。当今社会互联网技术迅猛发展,互联网已成为译者的得力助手,翻译中广泛使用互联网资源不但可以有效解决翻译中出现的诸多问题,同时也可以大大提高我们的翻译效率和质量。可以说,在未来,互联网资源的使用和信息的检索是译者必备的能力之一。

1.3.1　互联网信息资源的特点

互联网平台为我们翻译工作提供了容量大、范围广的信息资源。无论传统的工具书怎样再版修订、扩容,无论图书馆、资料室怎样增加藏书,它们承载信息的容量总是有限的,而以互联网为平台的信息资源可以说是"包罗万象、取之不尽"。

和传统的图书馆、资料室、情报室等相比,互联网信息资源的传播是全球性的、高度开放的,不受时间、空间和地域的限制。只要有互联网和电脑、手机等终端设备,我们就无需奔波于不同的图书馆、资料室、情报室。

互联网资源相当于一个语料库,其中有各种各样的词典、百科、词汇表、参考资料等;有各种各样的文本语料库,从中可以获得必要的语言信息;有大量的所译文本所属专业的背景知识;有丰富的专门的翻译和语言资源。

互联网的使用成本低廉、精准快捷,较之传统的纸质工具书,互联网在线查询要方便得多,从而使译者节省了大量的时间和精力。同时使用互联网资源可节省购置大量工具书的资金,也避免了翻译时案头各种工具书堆积如山。

互联网信息资源的增长速度快,更新快,避免了一些纸质工具书出版之日也就是工具书落伍之时的尴尬局面。在传统纸质工具书中难以查到的新词语及其用法和译法在互联网资源中一般都可以找得到。

除了以往的译者和工具书面对面这种方式外,互联网可以给我们提供一个相互交流、互相作用的语言环境。译者可通过微博、微信(群)、QQ(群)等平台进行在线实时的信息交流,译者可以和作者、读者在线交流咨询,可以与译界前辈、专家、同行切磋技巧或咨询疑难,也能和用户、生产厂家技术人员进行沟通交流等。

1.3.2 可挖掘的翻译类互联网信息资源

1. 通过互联网下载和安装俄汉电子词典,如千亿词霸、灵格斯翻译家、俄语一典通、俄汉新译家等。除了传统的纸质工具书以外,这些电子词典也可以作为我们翻译的基本工具书。

2. 互联网在线词典。这类词典容量超大,更新速度快,使用便捷。随着互联网技术的发展和完善,互联网在线词典的潜能和对翻译工作者的帮助将会非常突出。俄语在线词典的网站有很多,其中比较常用的有:

http://wwww.dic.academic.ru

http://www.slovari.ru

http://www.slovopedia.com

http://www.gramota.ru

http://www.dict.t-mn.ru

http://www.dic.academic.ru

http://www.sokr.ru

http://www.onlinedics.ru

3. 在线各类百科词典。人们经常要求译者成为一个活百科,殊不知我们每个人大脑记忆的容量有限,每个人的知识总会有许多盲点。翻译实践中我们总会涉及相关的政治、经济、文化、科技、军事、历史、地理、文学、艺术、民俗等方方面面的知识,不得不求助于百科词典类的工具书。传统纸质的百科词典也大多是部头较大、种类繁多,而在线的百科网站为我们搜寻这些知识提供了非常广阔、非常便利的平台。

常用的汉语百科网站如:

百度百科(http://baike.baidu.com)

中国百科网(http://www.chinabaike.com)

常用的俄文百科如:

俄文的维基百科(http://ru.wikipedia.org)

环球百科(http://www.krugosvet.ru)

布罗克豪斯和叶夫龙百科词典(http://dic.academic.ru/contents.nsf/brokgauz_efron)

大苏联百科(http://dic.academic.ru/contents.nsf/bse)

现代百科(http://dic.academic.ru/contents.nsf/enc1p)

科尔耶尔百科(http://dic.academic.ru/contents.nsf/enc_colier)

大百科词典(http://dic.academic.ru/contents.nsf/enc3p)

翻译时使用这些在线百科词典和网站可使我们对一些生疏的专业、陌生的事物能有一个初步的了解。

4. 在线俄汉词典和俄汉翻译网站。在线俄汉词典及在线翻译网站是我们进行俄汉互译时主要的互联网工具,大部分词汇在这些互联网工具书中都能查找到译法,同时这类词典或网站查找起来非常方便,大大节约了译者的时间和精力。这类在线俄汉互译词典或俄汉在线翻译网站如:

大 БКРС (bkrs.info)

千亿词霸(http://www.igimu.com)

北极光俄语词霸(http://www.bjguang.com)

谷歌翻译(http:translate.google.cn)

有道翻译(youdao.com)

5. 在线汉英互译、英俄互译词典及翻译网站。俄汉互译与这些在线汉英互译、英俄互译词典及翻译网站能有什么关系?众所周知,英语是世界上最普及的语言,较之其他语种,在俄罗斯从事英俄词典编纂、英俄互译和在中国从事英汉词典编纂、英汉互译的力量要强大得多,所以俄罗斯的英俄翻译软件、中国的英汉翻译软件、在线词典和在线翻译也都要发达得多,且容量更大,更新更快一些。我国传统的俄汉纸质工具书自不用说,现代的俄汉在线词典和翻译网站较之英汉在线词典和翻译网站也要逊色得多,所以在翻译过程中我们不得不借助于英汉、英俄词典或在线翻译网站,找出合适的译文来。比如汉译俄时汉语中的新概念、新术语在现有的俄汉纸质工具书、在线词典和在线翻译网站中都找不到,这时我们不妨采用迂回战术,"曲径通幽",先查汉英词典(或在线汉英词典、翻译网站)找出这一词的英语译文,然后再查英俄词典或在线英俄翻译,最终找出这一词的俄语译文来。可提供汉译英的在线词典和网站如:

爱词霸(http:www.iciba.com)

海词(http://www.dict.cn)

百度词典(http://dict.baidu.cn);

而英俄翻译在线词典和网站如:

http://slovari.yandex.ru

http://www.lingvo.ru

http://dict.rambler.ru

http://verb.ru/verb

http://lingvo.abbyyonline.com.ru

http://www.translate.ru/eng

http://babelfish.altavista.com

6. 俄语、汉语的搜索引擎。现代搜索系统可以使我们非常有效地使用互联网进行语言搜索,使用搜索网站可以非常迅速地找寻各种各样问题的答案和应付许许多多翻译问题,搜寻核心词时有可能就发现和我们所译文本相近的文本,翻译时会给我们很多的启示。在翻译过程的理解和表达阶段我们均可使用搜索引擎。理解时我们可以利用搜索引擎在互联网信息资源中找到某一词、术语的释义,找到与所译对象相关的背景知识和材料;表达时(特别是汉译俄时,以及在翻译术语经常更新的领域的文本时)我们可以利用搜索引擎在互联网信息资源中找到某一词或术语的正确译名,还可以利用搜索引擎去验证我们的译文是否正确,进而可以提高翻译的质量。汉语常用的搜索引擎如:

百度(http://www.baidu.com)

搜狗(http://www.sogou.com)

Bing(必应)(http://bing.com.cn)

俄语常用的搜索引擎如:

http://www.yandex.ru

http://www.rambler.ru

http://www.google.ru

http://www.mail.ru

7. 俄语学习网站(论坛)、翻译网站、译者博客、俄语公众号及翻译微信群。在这类网站上我们有时不但能查找到一些专业的分类词汇的译文,还可以就一些翻译中的疑难问题求助于译界同行,可以学习到一些翻译的方法和技巧。这类网站、博客、微信公众号如:

俄罗斯中文网(http://eluosi.cn)
俄语学习网(http://www.ruchina.com.cn/index.html)
俄语娱乐综合论坛(http://www.china-lesha.cn)
米什卡俄语在线(http://www.mishka.com)

以及潮流俄语、俄语在线、俄语翻译之友、亿酷俄语等。

这些网站、博客、微信公众号除了可以对翻译工作提供帮助以外，我们还可以从这些网站、博客和微信公众号中获取各种不同的俄语学习资源。

1.3.3 互联网信息资源在翻译实践中的具体运用

我们根据多年的翻译实践总结了一些使用互联网信息资源的方法、技巧供大家参考。

1. 翻译时以手头传统纸质词典为依托，反复查证，即使查不出来，这些字典中的词条、构词方式、相关术语的成素等也会给译者一些启示，为我们进一步在互联网资源中搜寻所需的信息打下基础。

2. 用俄语搜索引擎 yandex.ru 作检测、核实工具，去验证自己的译文是否正确。在翻译时译者经常会根据自己的译事经验、俄语的语言知识、翻译对象的所属专业领域的知识提出自己初步的翻译方案来。至于这一译文是否正确，译者自己有时难以确定，这时译者不妨把自己初步的译文（词或术语）输入 yandex.ru 搜索栏中去检索。若 yandex.ru 搜索结果中有自己最初的译文，那么这一译文有可能就是正确的，当然这还需译者依靠自己的译事经验进一步核实。yandex.ru 对所搜索到的词条中的核心词汇（词组）均用粗体标识，如果词条中所标识的词或词组与译者初步的译文不一致，yandex.ru 会提供自己的方案——与核心词不同的组配方案，译者只要耐心查阅这些词条和仔细地比对辨别，就很有可能找到合适的译文。

例如，我们在给用户翻译"普斯科夫州投资委员会主席"时，由于用户没有提供以前他们合作的相关俄文背景材料，所以我们先在 yandex.ru 搜索栏中输入自己的初步译文"Комитет Псковской области по инвестиции"。搜索结果中有一条"Председатель Государственного комитета Псковской области по экономическому развитию, промышленности и инвестициям"，这样就获得了俄语中约定俗成的表达方式，同时也校正了自己的译文，获得正确的译文。

同样，在翻译"圣彼得堡工商会"一词时，我们就在 yandex.ru 搜索栏中输入了自己初步的译文"Санкт-Петербургская промышленная и торговая палата"。搜索结果中大多显示的是"Санкт-Петербургская торгово-промышленная палата"，虽说我们的译文与搜索结果中所标识的词条没有实质性的差别，但是我们认为还是取"约定俗成"的"Санкт-Петербургская торгово-промышленная палата"为好。

3. 中国企业或政府中文宣传文稿中常涉及非中国和俄语国家公司、企业、人名、地名的翻译。这时译者不能想当然,不能依汉语而音译。之所以不能按照这些汉译名的发音而音译成俄语,是因为这些汉译名是从其他语言翻译而来的,若再转译成俄语,避免不了要犯错。我们不妨使用 google.ru 或 yandex.ru 中的"翻译"栏,在"翻译"栏中选中"中文→俄文",输入非中国和俄语国家公司、企业、人名、地名,则会得出相应的俄语音译。例如:"爱默生(Эмерсон)、班加罗尔(Бангалор)、可口可乐(Кока-кола)、百事(Пепси)、波音(Боинг)、空客(Эйрбас)、西雅图(Сиэтл)"等等。当然也有一些 google.ru 或 yandex.ru 的"翻译"栏不能提供相应的俄语音译,这时我们在译文中也可以使用其英语原文,如"美国的甲骨文公司(американская корпорация Oracle)"和"美国联合技术公司(американская корпорация (концерн) United Technologies Corp)"等。当然也可采用前文讲过的"汉—英""英—俄"模式找出这些非中俄公司、人名、地名的俄文译名来。

4. 新词汇的翻译。在俄译汉时常会遇见一些新概念、新词汇,例如"хемалитоавтотрофия"一词。现有的工具书中我们找不到这个术语,虽说根据该术语的构词成素我们也大概知道它的意义,然而具体如何用汉语准确表达则难以确定。我们不妨求助于 yandex.ru,在 yandex.ru 的搜索栏中输入"хемалитоавтотрофия перевод",得到"chemolithoautotrophy",再在百度搜索栏中输入"chemolithoautotrophy",最后得出最终译文"化能无机自养型"。

在互联网技术飞速发展的时代,我们翻译人员必须掌握挖掘和使用互联网信息资源的技巧和方法,使互联网的信息资源服务于我们的翻译工作。要有效地利用互联网信息资源,翻译人员必须具备坚实的语言基础,能够熟练地驾驭俄语和汉语,有一定阅读和分析的能力。此外,翻译人员必须掌握一定的翻译理论和翻译技巧方法,有一定的译事经验的积累。除了了解本专业知识外,翻译人员还得是一个杂家。唯如此,翻译人员才能在互联网信息资源的大海里如鱼得水,思路开阔,否则会在浩瀚的互联网信息资源中迷失方向,不知如何判断抉择,反而会降低翻译的速度和质量。

● 回答问题

1. 常用的词典都有哪些?
2. 如何使用词典?
3. 互联网信息资源有什么特点?
4. 可供翻译使用的互联网信息资源都有哪些?

图式篇

第二章 图式建构与翻译

2.0 引言

成功的翻译与准备、理解、表达、润色密切相关,而这几个阶段都离不开译者图式的建构、激活和重现。

图式概念最早由德国哲学家、心理学家康德(Kant, I.)于1781年提出,后经英国心理学家巴利特(Bartlett, F.)、瑞士儿童心理学家皮亚杰(Piaget, J.)、美国人工智能专家鲁梅尔哈特(Rumelhart, D.)、美国认知心理学家安德森(Anderson, J.)等人的充实发展,趋于成熟和完善,形成理论体系。概括地讲,图式理论的主要观点是,人们在理解新事物的时候,需要将新事物与已知的概念、过去的经历,即背景知识,联系起来。

在翻译过程中译者视觉所感触到的是用文字所表达的信息,为了理解这一信息,译者总是在自己的记忆中去搜寻可以说明所输入的文字信息的图式。如果找到了这些图式,就说明译者理解了所输入的信息;如果译者的记忆中缺少与所输入信息相关的图式,那么译者就有可能不理解,或者不能完全理解所输入的信息。由此看来,对原文的理解是我们记忆中先前储存的图式与所输入的信息之间相互作用的过程。译者要顺利完成翻译,首先他的记忆中必须储存与所译文本相关的图式,其次译者还得具备能成功激活各类图式的能力。

除了传授翻译的技巧和方法,翻译教学另一个很重要的任务就是帮助学生建构丰富多样的图式,训练学生有效激发图式的能力。翻译教学、翻译实践是针对不同文体材料的学习和实践的过程,实质上这也是学生不断充实图式、不断训练激活所储存图式的过程。根据图式理论,译者对原文的理解取决于三种图式:语言图式、内容图式、文体图式。

2.1 语言图式与翻译

语言图式是指译者的语言知识,如词汇、语法、句型、修辞等方面的知识。从本质上讲,对原文信息的理解是从感知原文的言语信息、对最基本的文字符号进行辨认开始的。翻译中的理解经历了由所译文本的表层结构到深层结构,再到理解最深层的语义表象的解码过程。不难看出,语言知识是翻译的基础,语言知识的运用贯穿于理解过程的始终,在这一过程中译者是否具备相应的语言图式是完成翻译理解的先决条件。

在翻译中译者可能会面对不同文体、体裁、题材的翻译对象,不同类型的文本必然会有其词汇、语法、习惯用语、句法等语言特点,积累丰富的语言图式是进行翻译的基础。

例如,在科技翻译中科技文本主要是描述科学现象或原理,阐述科学观点,揭示自然现象,介绍发明创造,推广先进技术等。科技文本也有不同体裁,有各自特定的术语、专有名词或惯用语、句法结构等,积累这一方面的语言图式无疑是进行翻译的前提条件。

再如,在经贸翻译中译者会面对经贸信函、商务合同、法律文件等内容,这些文本有特有的经贸词汇(经贸术语)、语法(词序、句式结构)、经贸领域的习惯用语。译者具备一定的经贸语言图式(语言水平)是进行经贸翻译的基础。只有具备经贸领域特定的语言图式,方可理解和翻译经贸文本材料。

译者翻译的文本种类繁多,有可能会涉及政治、经济、科技、文化、社会等领域。除了这些领域的基本词汇外,常常会出现一些描述新事物、新现象、新规律的文本体裁和相应的新词汇,因此译者就必须与时俱进,了解这些新词的语义、词汇修辞色彩的变化和构词领域的新现象,了解语法方面的新现象、大众传媒修辞和文体方面的变化。译者只有不断充实和更新自己的语言图式,才能应对不断变化的新的翻译对象。

2.2 内容图式与翻译

语言图式是翻译得以顺利进行的基础。没有语言知识的支撑,译者难以获得内容图式和结构图式。同时,图式理论也认为,语言图式,即任何语言信息,无论是口头的,还是书面的,本身都无意义,它只是指导听者或读者根据自己原有的知识恢复或构成意思。

原文作者使用语言图式,依照一定的结构图式而构筑内容图式。在翻译时译者通过语言图式、结构图式而获得内容图式。往往在理解结束后译者的记忆中较多保留下来的心理痕迹却是内容图式而并非是语言图式和结构图式。

具体地讲,内容图式也可以称之为"主题图式",是指译者对文本中有关背景知识的熟悉程度,例如我们在翻译中可能会涉及历史、地理、政治、经济、文化、科技等方面的内容。翻译时译者要以语言背后的相关领域的专业知识、文化知识、民族心理等为背景,理解和掌握文章(讲话)的主题思想和内容意义。翻译实践表明,这种内容图式涉及的面比较广,可能包括某种文化的生活环境、社会制度、风俗习惯等方面的知识,也有可能包括相关学科或专业领域的知识。

例如,旅游翻译的内容图式可能会包括地理风貌、自然景观、大山大河、名胜古迹、人文景观、历史传统、历史典故、人物传奇、风土人情、音乐舞蹈、民间艺术、饮食文化等等。在旅游翻译中译者正是依托所译文本中隐性的和显性的信息,调动和激活先前储存的与所译文本有关的内容图式,使这些内容图式发挥作用,为最终完整准确地传达所译旅游文本的信息服务。

我国古代文学理论家刘勰的"操千曲而后晓声,观千剑而后识器"说明的正是长期积累和储存内容图式的重要性。原文作者也正是利用一定的背景知识来传达自己所要明确交代的信息,这时译者把自己记忆中的内容图式与所译材料提供的内容图式结合起来,两种图式在译者头脑中相互作用,内容图式的输入和激活同时进行,译者就获得了原文作者所要表达的内容图式。

在翻译实践中我们可以发现,在涉及一定专业的谈判时一些翻译新手听完会谈双方的话语,不能理解其内容,其原因有时是语言方面的因素,但有时,译者无语言方面障碍,但依旧不理解谈话的内容,一个很重要的原因可能是翻译新手的记忆中缺少与所译内容相关的内容图式,或者是译者记忆中储存的内容图式与谈话所提供的内容图式不完全一致或相距甚远。

按照美国人工智能专家鲁梅尔哈特的研究成果我们可以得出结论,译者难以理解一篇文章(或讲话),其原因有三。第一,译者未具备适当的图式。在此种情况下,译者根本无法理解文章(讲话)所表达的意思。第二,译者或许具备适当的图式,只是文章的作者(讲话人)未能提供充分的线索使译者的图式发生作用,译者依然不能读懂文章或听懂讲话。如果提供合适的线索,译者对文章的理解便得到保证。第三,译者对文章(讲话)会予以始终如一的解释,但未理解作者(或讲话人)的真正意图。在此种情况下,译者"读懂"了文章或"听懂"讲话,但误解了作者(讲话人)的意思。译者内容图式的积累和译者记忆中所储存图式与所译文章(讲话)所提供图式是一种相互作用的关系。

翻译过程的内容图式是翻译的重要依据,无论是对所译文本的词汇意义、句子意义,还是对篇章结构的理解,都必须依赖于对整体内容的准确把握。可以说,对所译文本主题的了解程度常常直接影响到翻译的准确度。

2.3 文体图式与翻译

每一个具体的内容都是在某一具体的交际环境中,为了某一既定的目的,使用一定的语言材料,按照一定结构模式表达出来的。这样一来就产生了能适应不同的交际领域、交际主体、交际任务、交际目的、交际对象、交际方式和交际条件的言语特点的综合体——文体。如果文体风格和文体图式不同,那么体现在文本中使用的词汇、词法、句法、篇章结构等各方面就会有各自的特点。

译者的文体图式是指译者对文章体裁、逻辑结构、修辞方式的了解程度。程千帆曾经说过,"考体式之辨,乃学文之始基"。程千帆虽然指的是做文章时要了解文章体式和结构的差别,但他的观点对我们的翻译学习也具有指导意义。译者在理解翻译对象时要形成全文总体结构的另一些线索,必须依靠译者记忆中对不同文体的结构已具有的图式性知识。

例如,报刊新闻文体就在长期的发展过程中形成了相对固定的文体图式。报刊新闻文体和体裁从词汇、句型、标题、篇章结构到版面设计等方面都有自己相对固定的模式。我们常见的新闻文体有三大类:新闻报道性文体(简讯、新闻、采访、现场报道等)、分析性文体(社论、评论、论说文等)、文艺政论文体(特写、讽刺小品文、评价性文章等)。这些文体在言语表达和组织上都有各自不同的要求和特点。

我们不妨以新闻评论的俄译汉为例。新闻评论一般都是针对俄语国家国内和国外重大政治、经济、社会、文化、军事等问题进行阐释和评论。翻译时译者要想理解原作者的观点、态度、主张及其所持的理由,就得善于把握住原作者行文的思路:作者如何提出问题→分析问题→解决问题的。美国认知心理学家迈耶(Mayer,R.E.)曾列述五种评论性文体的结构模式:第一,前提—结果结构,揭示两个主题之间的因果关系;第二,比较结构,论述两个主题之间的相似点与差异处;第三,组合结构,收集与某一主题有关的各方面事实;第四,描述结构,展开某一主题的细节或提出一些实例;第五,反应结构,提出问题然后予以解答。不同文本结构以图式形式储存于译者的陈述记忆中之后,便可以指导他把握文章各部分的关系,使之能对现在所阅读的内容较快地形成总体概括。(吴庆麟,2000:244)

译者的记忆中若储备有评论性文章的各种文体图式,在解读原作时便易于把握作者是如何安排其观点和材料的。译者依托文体图式就可以辨别作者各观点之间的内在关系以及作者在文章中是如何安排这些观点的地位和顺序的,再使用综合与归纳方法,就可以准确地辨析篇章的框架结构。只有理清作者的思路,剖析文章的结构,把握局部与整体的关系,把内容和形式统一起来,才能掌握全文,理解作者所要表明的基本观点和主张。

总之,翻译涉及的面比较广。它是一个鲜明的认知和言语交际的过程,这是一个极为复杂的生理、心理过程。在这一过程之中译者作为交际的中介不是传声筒,不是被动地而是积极地参与双方的交际过程,因为翻译时译者需要调动自己记忆中储存的语言图式、内容图式和文体图式来对所传递信息做出反应。译者记忆中储备的语言图式、内容图式和文体图式的数量越多、种类越丰富,翻译时可以被激发和调动的机会也就越多,就越能保证准确又迅速地理解不同主题的文章。翻译的表达阶段道理也如此,跨越理解阶段后,译者的表达若能考虑到交际双方(或译文的未来读者)的语言、内容和文体图式,自己译文中又能够提供足够的信息激活交际的双方(或译文的未来读者)的图式,就能完成自己的最终使命——从译者自身对原文的理解过渡到交际双方的相互理解(或译文的未来读者对译文的理解)。

● 回答问题

1. 什么是语言图式?
2. 什么是内容图式?
3. 什么是文体图式?
4. 图式与翻译的关系有哪些?

文学篇

第三章 文学作品人物形象翻译

3.0 引言

文学文体使用于文学创作领域,常见的有诗歌、小说、散文、剧本等。文学作品具有认识功能、教育功能和审美功能。

文学文体的构成包括表层的文本因素,如表达手法、题材性质、结构类型、语言体式、形态格式,以及深层的社会因素,如时代精神、民族传统、阶级印记、作家风格、交际境域、读者经验等。

3.1 文学文体的特征和语言特点

1. 开放性、包容性强,呈多文体色彩。文学作品可反映社会生活的各个领域,文学文体可兼收并取其他任何文体所表达的内容,使用其相应的语言手段。

2. 艺术形象性。形象性是文学文体的本质属性,它不但指作者对形象性语言手段的使用,也包括作者使用这些语言手段所创造出来的艺术形象。

3. 多声部性。文学语言具有非常鲜明的多声部特点,一部文学作品中可出现几个声音——作者的语言和人物的语言,作者借用这些语言来表达对所描述现实的不同观点、对世界不同的认识和评价。

4. 作者语言风格独特。作者在创作时受其世界观、审美、时代、文学流派等因素的影响,其语言具有个性化特点,这是作家创作个性的组成部分。

5. 词汇丰富。广泛使用具有感情色彩和形象色彩的词语,使用同义词、多义词、反义词、同音异义词、口语词汇、非规范语词汇等词汇手段来表达细微的意义和色彩。

6. 语意深邃。作者所要表达的远远超出词汇的字面意思,这就要求读者发挥想象,"动情"去理解和感受,才能进入作者构筑的艺术天地,去感受作者所认识的生活真谛。

7. 形象性语言手段使用广。为了使形象既生动鲜明又寓意深刻,作者会调动一切修辞手段和辞格，例如：明喻、隐喻、修饰语、拟人、代用、双关、排比、对偶、夸张等。

8. 富有感情色彩和表现力色彩的语言手段使用频率高。为了完成自己的思想表达和审美任务，作者常使用富有感情色彩和表现力色彩的语言手段。

9. 句法结构丰富多彩。文学语言的句法结构可以反映作者形象情感体验的变化过程，为此作者会使用形式多样的句法结构。

● 课堂练习

试分析下面小说片段中作者用于人物描写的语言手段。

Вронский пошел за кондуктором в вагон и при входе в отделение остановился, чтобы дать дорогу выходившей даме. С привычным тактом светского человека, по одному взгляду на внешность этой дамы, Вронский определил ее принадлежность к высшему свету. Он извинился и пошел было в вагон, но почувствовал необходимость еще раз взглянуть на нее – не потому, что она была очень красива, не по тому изяществу и скромной грации, которые видны были во всей ее фигуре, но потому, что в выражении миловидного лица, когда она прошла мимо его, было что-то особенно ласковое и нежное. Когда он оглянулся, она тоже повернула голову. Блестящие, казавшиеся темными от густых ресниц, серые глаза дружелюбно, внимательно остановились на его лице, как будто она признавала его, и тотчас же перенеслись на подходившую толпу, как бы ища кого-то. В этом коротком взгляде Вронский успел заметить сдержанную оживленность, которая играла в ее лице и порхала между блестящими глазами и чуть заметной улыбкой, изгибавшею ее румяные губы. Как будто избыток чего-то так переполнял ее существо, что мимо ее воли выражался то в блеске взгляда, то в улыбке. Она потушила умышленно свет в глазах, но он светился против ее воли в чуть заметной улыбке. (Л.Н.Толстой. *Анна Каренина*)

● 翻译举要

3.2 文学形象翻译

3.2.1 以形象译形象

文学作品中的形象包括人物、景物、场面、环境和其他一切有形物体。文学作品感人之处不在于抽象的说教，而在于其中的形象描写，文学是用形象说话，通过形象揭示生活的本质,通过形象表达作者的情感,用形象来激发人们的感情,用形象来触动读者的审美体验。文学形象是指作者根据现实生活,经过提炼、加工而创造出来的具体、生动、真实的生活图画。由此看来,原作靠形象感染人,译作也必须同样用形象来感染人。文学翻译的核心任务是译者运用形象思维再现原作中的形象体系,这也是文学翻译和其他文体作品翻译的不同之处。为了使译作与原作产生同样的艺术效果,译者必须在译语环境中寻找适当的语言手段来再现原作中的形象。我们不妨欣赏以下译例:

Перекоп клокотал сотнями орудий, казалось, сама земля провалилась в бездонную пропасть, и бороздя с диким визгом небо, метались, неся смерть, тысячи снарядов, рассыпаясь на мельчайшие осколки. Земля, взрытая, израненная, вскидывалась вверх. Черными глыбами застилая солнце. (Н.Островский)

几百尊大炮在彼列科普怒吼起来。千百颗炮弹凄厉地怪叫着划过长空,炸成无数的碎片散布着死亡。脚下的大地似乎在崩坍,陷入无底的深渊。大地被炸得泥土翻飞,黑烟遮住了太阳。(梅益译)

可以看得出,原作和译作使用感染力相同的语言手段,把炮火连天、硝烟弥漫、尸横遍野、血肉横飞的战争场面展现在我们的面前,让我们领略了战争的残酷和惨烈。原作和译作中的形象对等,感染力相同。

3.2.2 形象再现与共鸣移情

译者和作者的共鸣"从美学上讲,这就是把译者的审美经验和作者的审美经验最大限度地统一起来,深入原作艺术环境中去。用文学家的语言来说,这就是译者和作者心神交融,合为一体,达到心灵上的契合"(张今,2005:33)。

"移情"作为美学中的一个重要范畴,简单地说,就是将人的感情移入物中,使物也具有了人的情感,以此来渲染或抒发作者的感受。文学翻译是一种艺术,是创作,没有创作者的情感投入就不可能有真正的动人心弦的艺术。翻译的过程中译者要用自己的心灵去体验每一个形象,与他(它)们进行情感交流:恨其所恨,爱其所爱;亲其所亲,疏其所疏;引其光荣为荣,视其耻辱为耻;为其不幸而掬同情之眼泪,为其幸福而感由衷之喜悦。例如:

... но, видно, подлость только усиливается повторением, и всякое такое внимание приводило Масленикова в такой же восторг, в который приходит ласковая собака после того, как хозяин погладит, потреплет, почешет ее за ушами. Она крутит хвостом, сжимается, извивается, прижимает уши и безумно носится кругами.(Л.Н.Толстой)

……但是恶习总是越来越厉害,上司的每一次垂青总弄得马斯连尼科夫心花怒放,得意忘形,就像一只温顺的小狗得到主人拍打、抚摸和搔耳朵那样,它会摇摇尾巴,缩成一团,扭动身子,垂下耳朵,疯疯癫癫地乱转圈子。(草婴译)

托尔斯泰自始至终在主人公玛斯洛娃身上寄托着自己的爱和同情,而对监狱看守马斯连尼科夫之流则予以无情的讽刺和批判。翻译家草婴在译作人物形象身上也融入自己的情感体验,准确把握住了作家之用心,惟妙惟肖地把作家所憎恨的形象再现出来。

3.2.3　形象再现与形象再创造

翻译时译者与原作作者(或形象)产生强烈的情感共鸣,达到心灵沟通和精神契合的境界,这是译者发挥其主观能动性的体现。译者不同于一般的读者,他不但要达到共鸣移情,而且还需要调动译语语言中所有的表达手段和资源,把自己的情感和体验客观化、物质化,即用适当的译语文字符号把自己的审美体验,把自己头脑中审美意象重新构建出来。例如:

В два прыжка Жухрай очутился рядом. Железный кулак его, описав дугу, опустился на голову конвоира, а через секунду, оторванный от лежащего на земле Корчагина, получив два свинцовых удара в лицо, петлюровец тяжелым мешком свалился в канаву.(Н.Островский)

译文1:朱赫来两步就跳到他们旁边,挥起他那只铁拳朝那押送兵的脸上打下去。一秒钟后,脸上挨了两下铅块一般沉重的拳击的押送兵,已经放开了躺在地上的保尔,像一条笨重的袋子似的,滚到壕沟里去了。(梅益译)

译文2:朱赫来蹭蹭两步,窜到他们跟前,一只铁拳,在空中划了个弧形,猛地朝押送兵头上砸下去,说时迟,那时快,那家伙的脸上,挨了两下铅锤般的猛击,只见他双手一伸,松开躺在地上的保尔,像一只沉重的麻袋,滚进了壕沟。(郑泽生译)

这个例子是对人物形象动作的描述,原文、译文中都对动词进行了斟酌推敲。作家除了通过人物语言、外貌、心理活动的描写来构筑人物形象外,另外一个重要的途径就是对人物动作的描写,而动作的描写主要是借助动词。把两个译文加以比较我们可以发现,译文2的译者通过想象进行再创造,较之译文1创造性地增加了"蹭蹭,窜到,划了个弧形,说时迟那时快,双手一伸"几个词,再加上对句式的整理和对俄语形动词、副动词的转换,从而使动作环环相扣,前后衔接,节奏感更强,人物形象更真切生动。翻译是再创作,翻译时必须具有活跃的想象和联想能力,再现形象时才能有所依傍。

3.2.4　形象再现与语言驾驭

文学形象的再现需要以译语语言为依托,译语语言是译者对所理解的文学形象物化的载体。译者译语水平的高低在很大程度上决定着能否准确再现形象,进而影响到译作的质量。在翻译同一原作时,译者主观条件的不同,产生了各具千秋的译作。译作之所以不同,是因为译者的欣赏力、文化修养、人生经验、审美趣味、个人偏见与喜好、心理状况等有差异,另外一个致使译作不同的原因是译者译语驾驭能力的差异。文学翻译的译者尤其需要积累并能够驾驭丰富的词汇和各种各样的表达手段。译者精心推敲琢磨词句,其目的是想使形象更具体,更生动,更具有感性传染力,使形象本身所包含的内容和意义更丰富。试对比以下译例:

Третья подсудимая была Маслова. Как только она вошла, глаза всех мужчин, бывших в зале, обратились на нее и долго не отрывались от нее белого с черными глянцевито-блестящими глазами лица и выступавшей под халатом высокой груди. Даже жандарм, мимо которого она проходила, не спуская глаз, смотрел на нее, пока она проходила и усаживалась, и потом, когда она уселась, как будто сознавая себя виновным, поспешно отвернулся и, встряхнувшись, упёрся глазами в окно прямо перед собой.(Л.Толстой)

译文1：第三个是被告玛斯洛娃。

她一走进来,法庭里所有男人的眼睛就一起转到她那边去,很久都没有离开她的白脸、她的亮晶晶的黑眼睛、她大衣里隆起的高胸脯。就连宪兵在她走过面前的时候,也目不转睛地瞧着她,直到她走过来,坐下来为止。后来她坐好了,宪兵才好像醒悟过来这不大对似的,赶紧扭过脸去,打起精神,直着眼睛瞧着前面的窗子。(汝龙译)

译文2：第三个被告是玛丝洛娃。

玛丝洛娃一进来,法庭里的男人便都把目光转到她身上,久久地盯住她那张白嫩的脸、那双水汪汪的黑眼睛和长袍底下高高隆起的胸部。当他在人们面前走过时,就连那个宪兵也目不转睛地盯着她,直到她坐下。等她坐下了,宪兵这才仿佛觉得有失体统,慌忙转过脸去,振作精神,木然望着窗外。(草婴译)

小说中常常通过对人物的肖像、人物的外在特征的描写来体现人物的身份、处境、遭遇、地位,揭示人物的内心世界,刻画人物的性格。本例中作者直接和间接地描绘了玛斯洛娃之美,为了再现玛斯洛娃的形象,译文1使用"白脸、亮晶晶的黑眼睛、隆起的高胸脯、目不转睛地瞧着、不大对似的、直着眼睛瞧着"等词,而译文2使用了"白嫩的脸、水汪汪的黑眼睛、高高隆起的胸部、目不转睛地盯着、有失体统、木然望着"等词语。通过对比我们可以发现,译文2的遣词造句使人物形象更生动,更易于激发译作读者的想象。

3.2.5　形象再现与逻辑思维

文学翻译中译者要把作家提供的语言符号体系在译者的大脑中重新转换为同作家脑海中原来的审美意象大致相同的审美意象,首先就得借助逻辑思维,对作者的语言符号体系进行分析从而获得它们所代表的概念,由概念激活其所代表的事物的形象,再通过丰富的想象和联想使形象更加生动和清晰,最后按照译语语言的逻辑,恰当地运用语言的表达方式来描述这一概念或者形象,这一过程中形象思维和逻辑思维交互使用。例如:

> Она ... обнимет его мягкими руками, расцелует и звонко, вспугивая чаек, заговорит о новостях там, на берегу.(М.Горький)
>
> 她……会用柔软的手拥抱他,吻他,而且很响,惊起海鸥,然后谈起那边岸上的新闻。

可以看出,此例译者亦步亦趋,紧扣原文结构。从字面上看译文似乎和原文所描写的形象对等,但从实质上讲,译文却是逻辑混乱不堪。原文中的副词"звонко(响亮地)"距离动词"расцелует(热烈地吻)"近,然而俄语词序比较灵活,修饰动词的副词置于动词前后均可,译者显然忽视了原文的连贯表达,也违反了事理逻辑。众所周知,根据事理逻辑判断,再响亮的接吻也不可能惊起海鸥,大声谈话惊起海鸥才是合乎逻辑。经过仔细推理分析后我们可以发现,副词"звонко(响亮地)"应该修饰的是其后的谓语"заговорит(谈起)"。故而应改译为:"她……会用柔软的手拥抱他,吻他,她大声地讲起那边岸上的新闻,把海鸥也惊起了。"

文学翻译中人物形象的塑造、环境的渲染、情节和细节的描写主要靠译者的形象思维。但是为了更合理地分析原文结构,更准确地把握原文的精神,使再现的形象更清晰,译者必须发挥逻辑思维。文学翻译过程中形象思维和逻辑思维相互联系,相互作用,有时还是同时并存,交替使用的。

● 主题词汇

действительность 现实	типичность 典型性
идеализация 理想化	типичный характер 典型性格
индивидуализация 个性化	художественное воздействие 艺术感染力
индивидуальность 个性	художественное воображение 艺术想象
образность 形象性	художественное обобщение 艺术概括
общность 共性	художественность 艺术性
персонаж 人物	художественный замысел 艺术构思
правдивость 真实性	художественный вымысел 艺术虚构
творческий метод 创作方法	художественный образ 艺术形象
творческий процесс 创作过程	черты характера 性格特点
типизация 典型化	эстетическая ценность 美学价值
типичное обстоятельство 典型环境	эстетический вкус 审美感

● 课后练习

1. 回答问题

（1）文学文体的功能有哪些？
（2）文学语言的特点有哪些？
（3）翻译时如何再现文学形象？

2. 佳译欣赏

　　Была уже полночь. Направо видно было всё село, длинная улица тянулась далеко, верст на пять. Всё было погружено в тихий, глубокий сон; ни движения, ни звука, даже не верится, что в природе может быть так тихо. Когда в лунную ночь видишь широкую сельскую улицу с ее избами, стогами, уснувшими ивами, то на душе становится тихо; в этом своем покое, укрывшись в ночных тенях от трудов, забот и горя, она кротка, печальна, прекрасна, и кажется, что и звезды смотрят на нее ласково и с умилением и что зла уже нет на земле и всё благополучно. Налево с края села начиналось поле; оно было видно далеко, до горизонта, и во всю ширь этого поля, залитого лунным светом, тоже ни движения, ни звука.（А.П.Чехов. Человек в футляре）

已经是深夜。向右望去,可以看见整个村庄,一条很长的街道向远方伸展开去,大约有五俄里长。一切都沉浸在寂静而深沉的梦乡;没有一丝动静,没有一点声息,简直叫人难以置信,大自然界竟会这样安静。在月色溶溶的夜晚,你望着那宽阔的乡村街道以及街道两侧的农舍、干草垛、熟睡的杨柳,你内心里也会变得平静起来。摆脱掉一切的辛劳、忧虑和不幸,隐藏在朦胧的夜色里,就连街道也安然熟睡,它显得那么温和、凄凉、美丽,似乎天上的繁星都亲切而深情地望着它,好像土地上已没有邪恶,一切都美满如意。从村边向左望去,是茫茫的田野,田野一望无际,一直延伸到远方的地平线。沐浴着月光的这片广袤的田野上,同样没有一丝动静,没有一点声音。(王健夫、路工译)

3. 译文对比

分析原文形象描写,对比译文1和译文2,指出各自的优缺点。

Казалось, служа в гвардейском, близком к царской фамилии полку, Масленникову пора бы привыкнуть к общению с царской фамилией, но, видно, подлость только усиливается повторением, и всякое такое внимание приводило Масленникова в такой же восторг, в который приходит ласковая собачка после того, как хозяин погладит, потреплет, почешет ее за ушами. Она крутит хвостом, сжимается, извивается, прижимает уши и безумно носится кругами. То же самое был готов делать Масленников.(Л. Н. Толстой. Воскресение)

译文1	译文2
按理说,马斯连尼科夫在近卫军团供职,接近皇亲国戚,与他们的交往可算得频繁而又平常的了,但每一次交往都使得他乐进心坎,犹如温顺的小狗,得到主人的抚摸、摩挲和搔痒,便顿时摇动尾巴,趴在地上,蜷缩身子,贴紧了耳朵,或者是疯了似地团团转。(石枕川译)	马斯连尼科夫在近卫军团供职,本来就接近皇室,经常同皇亲国戚交往,但恶习总是越来越厉害,上司的每次垂青总弄得马斯连尼科夫心花怒放,得意忘形,就像一只温顺的小狗得到主人的拍打、抚摸和搔耳朵那样。他会摇摇尾巴,缩成一团,扭动身子,垂下耳朵,疯疯癫癫地乱转圈子。(草婴译)

4. 译文校正

分析原文形象描写,完善所附译文。

Через минуту из боковой двери вышла Маслова. Подойдя мягкими шагами вплоть к Нехлюдову, она остановилась и исподлобья взглянула на него. Черные волосы, так же как и третьего дня, выбивались вьющимися колечками, лицо, нездоровое, пухлое и белое, было миловидно и совершенно спокойно; только глянцевито-черные косые глаза из-под подпухших век особенно блестели. (Л. Н. Толстой. Воскресение)

没等多久，玛斯洛娃从边门出来了。她脚步轻盈地走到聂赫留朵夫跟前站定，蹙眉瞧着他，一绺乌黑的头发像三天前那样卷成一圈圈的飘散在头巾外面，病态的、苍白的脸稍稍带点儿浮肿，但还是那样的可爱、安详，乌黑的、斜睨的眸子在臃肿的眼皮子底下越发亮了。

5. 翻译实践

分析文章文体特征并译成汉语。

Дверь наконец отворилась, и в комнату вошла дама лет сорока, высокая, полная, рассыпчатая, в шёлковом голубом платье. На ее краснощеком весноватом лице было написано столько тупой важности, что я сразу как-то почувствовал, почему ее так не любит Докукин. Вслед за полной дамой семенил маленький, худенький человечек в пестром сюртучке, широких панталонах и бархатной жилетке, — узкоплечий, бритый, с красным носиком. На его жилетке болталась золотая цепочка, похожая на цепь от лампадки. В его одежде, движениях, носике, во всей его нескладной фигуре сквозило что-то рабски приниженное, пришибленное ... Барыня вошла и, как бы не замечая нас, направилась к иконам и стала креститься.

— Крестись! — обернулась она к мужу.

Человечек с красным носиком вздрогнул и начал креститься.

— Здравствуй, сестра! — сказал Докукин, обращаясь к даме, когда та кончила молиться, и вздохнул.

Дама солидно улыбнулась и потянула свои губы к губам Докукина.

Человечек тоже полез целоваться.

— Позвольте представить ... Моя сестра Олимпиада Егоровна Хлыкина ... Ее муж Досифей Андреич. А это мой хороший знакомый ...

— Очень рада, — сказала протяжно Олимпиада Егоровна, не подавая мне руки. — Очень рада ...

Мы сели и минуту помолчали.

— Чай, не ждал гостей? — начала Олимпиада Егоровна, обращаясь к Докукину. — Я и сама не думала быть у тебя, братец, да вот к предводителю еду, так мимоездом ...

— А зачем к предводителю едешь? — спросил Докукин.

— Зачем? Да вот на него жаловаться! — кивнула дама на своего мужа.

Досифей Андреич потупил глазки, поджал ноги под стул и конфузливо кашлянул в кулак.

— За что же на него жаловаться?

Олимпиада Егоровна вздохнула.(А. П.Чехов. Последняя могиканша)

第四章 文学作品人物语言翻译

4.0 引言

文学作品用来创造艺术形象的手段正是语言,而人物语言是艺术描写的特别重要的对象之一,是表达典型化、个性化人物性格的重要手段,也是作品故事情节展开、人物形象塑造、主题思想表现所依托的重要因素。作者借助这些语言手段来表现人物的性别、年龄、生活经历、文化水平、思想性格、气质修养、处境心情、身份地位、职业工种等特点。

文学作品人物的每个用词、每段话语,不管是独白还是对白,都承担着一定复杂的艺术任务:人物独白可描写人物,介绍他所处的时代,表达他的想法和感受;人物对白则可从不同视角展示不同人物的身份、不同的情趣、不同的性格及不同人物之间的关系,同时还可提供与人物有关的各种背景情况,从而推动着作品故事情节的发展变化。

4.1 文学作品中表达人物语言的手段

为了表达人物语言的个性化特征,作者会使用各种手段:

1. 人物的语言会反复表达人物对所关心(或困扰人物)问题的想法,正是这类语言反映了人物的心理状态。
2. 一些人物的语言中也会出现明显的语言错误。
3. 人物语言中包含习语、成语、口语词汇、职业用语、行话、方言等。
4. 一些人物的语言会反映出人物的生理缺陷,如说话结结巴巴(一种情况是人物天生结巴,另一种情况是人物激动或恐惧所造成的结巴)。
5. 使用一些非语言手段,即描述伴随人物语言的人物动作、说话的语调、说话的节奏。

● 课堂练习

课堂分析、讨论以下作品中人物语言的特征。

– Где же отец?

Молчит.

– Чего ж ты молчишь?

– А вам чего?

– А того, что ты врешь. Чего тут делаешь?

Ну, резко, наверно, спросил. Пошел он.

– Да ты постой! – ухватил я его за руку. Он вырвался. Глядит так это зверовато и напугано. – Ты не бойся. Я плохого тебе не сделаю. Отец, мать есть?

Молчит. Но не уходит.

– Ну, чего ты молчишь? Ты говори.

– А зачем это вам?

– Опять двадцать пять! Да я, может, тебе помочь хочу. Родители есть?

– Отца нет.

– А мать?

– Бросила меня.

Бросила! Тут не знаешь, о чем и говорить дальше. Что ни скажешь, все невпопад.

– Может быть, есть хочешь?

– Не ...

– Ну как же "не" ... Идем!

Глянул на меня, словно проверяет, что из этого дальше для него последует.

– Не ...

– Да чего ты боишься? Шашлык закажу. Наверно, не каждый день шашлык-то ешь?

Усмехнулся. Дернул плечом.

– Идемте.

Ну, там этих столовок, буфетов хватает. Заказал по шашлыку. Я есть и не очень хотел, – уже привык к режиму, но ради него решил и сам пожевать, а то ему неловко будет.

– Как же она тебя бросила?

– А вам зачем это, дядя?

– Да жалко мне тебя. Так же она могла допустить такое? Или ты опять врешь?

– Не ... как отец умер, мы все вместе жили, и Галька с Зиной – это мои младшие сестренки, и я, и она. А потом дяденька стал к ней ходить. Не полюбил он чего-то нас, и она отдала и сестренок, и меня в детдом. А я убежал оттуда. И сказал ей, каждый раз буду убегать к ней. В Сочи мы тогда жили. А потом сюда переехали. Он не хотел меня брать с собой, но я упросил маму, чтобы она не отдавала меня, чтобы я с ней всегда был. Плакала она. Говорила – не отдаст. А сама уехала с ним. Я еще спал, когда они уехали. Проснулся – их нет, и вещей нет. Спросил хозяйку, где они. А она и сама не знает.

(С. Воронин. *Дорогие папа и мама*)

● 翻译举要

4.2 人物语言的翻译

人物语言是文学作品表达思想内容的重要手段。人物语言翻译的目的就是要使读者能够通过译文如见其人、如闻其声，感到如同置身于人物对话的现场。在翻译人物语言时译者要辨明作品中人物的身份，理清人物之间的关系，把握人物表达的方式和语气，考虑到人物所处的交际场合和交际现场气氛的变化，最后再选择译文中相应的语言手段把作品人物语言重新表达出来。

4.2.1 再现人物身份和性格

人常说："听其声，知其人。"人物语言是人们情感的自然流露，很容易暴露人物的身份和性格特点，所以翻译时为人物选择的语言一定要符合人物的身份和性格特点。例如：

① Так примерно думал Сашка. И тут вышел этот, в плаще.

— Слушайте, — двинулся к нему Сашка, — хочу поговорить с вами ...

Плащ остановился, недобро уставился на Сашку.

— О чем нам говорить?

— Почему вы выскочили заступаться за продавцов? Я, правда, не был вчера в магазине ...

— Иди, проспись сперва! Понял? Он будет еще останавливать ... "Поговорить". Я те поговорю! Поговоришь у меня в другом месте!

— Ты что, взбесился?

— Это ты у меня взбесишься! Счас ты у меня взбесишься, счас ... Я те поговорю, подворотня чертова! (В.Шукшин. *Обида*)

这时那个穿雨衣的人出来了。

"你听着，"萨什卡向他走过去，"我要和您谈谈。"

穿雨衣的人站住了，两眼不怀好意地盯着萨什卡。

"咱俩有什么可谈的？"

"您干吗平白无故跳出来袒护售货员？我昨天确实没去过商店……"

"你先去睡一觉醒醒酒！明白吗？他还想截住人……'谈一谈！'我让你谈！我给你找个地方谈去！"

"你怎么了，疯了？"

"要发疯的是你！我这就叫你发疯，马上……我让你谈，臭流氓！"

本例是舒克申的小说《委屈》中萨什卡同楚卡洛夫的初次谈话。原文中使用带口语功能色彩的语言手段来塑造人物性格。汉语译文再现了萨什卡平心静气的语气、并不粗鲁的谈吐和他那温和、正直的性格，而从楚卡洛夫粗野无礼、恐吓漫骂的对答中可以清楚地看到一个令人反感的形象，整个译文让读者产生如见其人、如临其境的感觉。

② – Прости меня, мать! – негромко сказал он. – Я еще мальчишка, – дурак ...

– Не тронь ты меня! – тоскливо крикнула она, прижимая его голову к своей груди. – Не говори ничего! Господь с тобой, – твоя жизнь – твое дело! Но – не задевай сердца! Разве может мать не жалеть? Не может ... Всех жалко мне! Все вы – родные, все – достойные! И кто пожалеет вас, кроме меня? ... Ты идешь, за тобой – другие, всё бросили, пошли ... Паша!

译文1："什么都不要说吧！上帝保佑你，你的生活是你自己的事情！但是不要让我生气吧！做母亲的哪能不担忧呢？那是办不到的……对于任何人，我都是担忧的！你们，都是我的亲人，是珍贵的人！除我以外，还有谁来替你们担忧呢？……你在前面走，其他的人们一定能够抛弃了一切跟上来的……巴沙！"

译文2："你别管我！"母亲伤心地喊了一声，把儿子的头搂在怀里。"什么也别说了！上帝保佑你，你愿意怎么生活就怎么生活吧！别惹我生气就行了！做母亲的哪儿能没有怜悯心呢？哪儿能呢？……你们个个我都心疼，你们大伙都是我的亲人，都是好样的！我不心疼，谁还心疼你们？……你只管去干吧，别人都会跟着你的，他们会什么也不顾，跟上来的——巴沙！"

我们知道，高尔基《母亲》中的母亲形象是生活在社会底层的劳动人民的代表，她文化程度不高，语言很朴素。把译文1和译文2对比，可以清楚地看出，译文1不符合原文，人为地拔高了母亲的形象，使其语言"典雅"化了；译文2人物语言形象、贴切，准确表达了人物的身份和性格。

4.2.2 考虑人物年龄和性别

文学作品中作者在创造不同年龄和性别的人物时所使用的语言是有明显区别的。例如：

① – Ты откуда пришла? – спросил я ее.

Она ответила:

– Сверху, из Нижнего, да не пришла, а приехала! По воде-то не ходят, шиш!

(М.Горький. *Детство*)

"你从哪儿走来的？"我问她。

她回答：

"从上边，从尼日尼来的，不是走来的，是坐船来的，在水上不能走，小鬼！"

原作中高尔基有意让小男孩阿廖沙违反俄语语言规范，用词错误，不分乘行和步行，把"приехала"说成"пришла"，用来表现其年幼无知的特点；而祖母则温存、耐心、细致地纠正其语言错误。汉语译文模仿原文小男孩的用词和祖母如何纠正小孩的错误，生动再现了祖孙二人对话的情景。

② – Братушка, пирожки! Пирожки забыл! ... Пирожки с картошкой! ...

Дуняшка козой скакнула к воротам.

– Чего орешь, дура! – досадно крикнул на нее Григорий.

– Остались пирожки-и! – прислонясь к калитке, стонала Дуняшка, и на измазанные горячие щеки, а со щек на будничную кофтенку – слезы.

(Шолохов. *Тихий Дон*)

"哥哥，小包子！小包子忘了！……土豆包子……"

杜尼娅希珈像跳山羊一样跳到大门口。

"笨蛋！你咋呼什么！"葛利高里没好气地对她吼道。

"小包子落下了嘛！"杜尼娅希珈倚在小门口，哽噎地说，大颗大颗的眼泪，掉在热辣辣、满是油污的腮帮子上，又从腮帮子落在那件家常穿的外衣上。

这是肖洛霍夫《静静的顿河》中哥哥葛利高里和妹妹杜尼娅希珈的对话。葛利高里要去当兵，临行前干粮忘记带了，小妹妹好心地追出来喊他。葛利高里因为大哥离家，心里难过，情绪烦躁，所以就对妹妹生气地吼了几句。汉语译文考虑到了人物年龄和性别的特点，把小女孩说话时嫩声嫩气和委屈、辩白的语气以及葛利高里这个小伙子烦躁生硬的腔调活灵活现地表达出来。

4.2.3 揣摩人物说话心理和情绪

作品人物的语言常常可以反映人物心理变化和情绪波动。同一个词或句，由不同的人在不同的场景（不同的心态）下说出来，其意思也会发生细微变化，有时还可能是截然相反的意思，所以翻译时得仔细揣摩人物说话时的情绪。例如：

– А-а-а, нет карманов! Так ты думаешь, я не знаю, кто мог сделать такую подлость – испортить тесто! Ты думаешь, что и теперь останешься в школе? Нет, голубчик, это тебе даром не пройдет. В прошлый раз только твоя мать упросила оставить тебя, ну а теперь уж конец. Марш из класса! – Он больно схватил за ухо и вышвырнул мальчишку в коридор, закрыв за ним дверь.

（Островский Николай. *Как закалялась сталь*）

"哼，没有口袋！你以为这样一来，我就不知道谁搞的恶作剧——糟蹋面团了！你以为这次还能留在学校里吗？不，小兔崽子，没那么容易。上次是你母亲恳求才把你留下的，这回可饶不了你。给我滚出去！"他狠狠地揪住男孩的耳朵，把他推到走廊里，随手关上了门。

原文中"голубчик"一词可以表示对男人或女人的昵称，有时带有责备、威胁、讥笑等意味，可译为"亲爱的、宝贝儿"。有译者把"голубчик"译为"小鬼"，我们认为"小鬼"一词与说话人情绪不符，因为汉语中"小鬼"常是一种亲昵的称呼。考虑到神甫说话恶狠狠的语气，译为"小兔崽子"可以完全再现神甫说话时的情绪。

4.2.4 把握人物的非规范性语言

所谓非规范性语言指的是作品人物有意或由于不精通所讲语言或受母语干扰而出现的违反所讲语言规范的现象。非规范性的语言可能涉及该语言体系的各个层面，比如语音不标准，词法、句法不规范，语义、修辞、逻辑等错误。不规范语言的使用同样也是作者源于生活、升华生活，是他有意识、精心设计的。作者把这种非规范性语言作为一种修辞手段，用来构筑自己的人物形象。非规范性的语言有俚语、方言、行话、黑话、古语、禁忌语、儿语、自造词语、错误语言等。例如：

Моя его знает. – радостно улыбался китаец. – Его клицала: "Длавствуй, товолиса!" Его больсевика – наса, молодой, холосая! – добавил он восхищенно, хлопая Серёжу по плечу.

(Н.Островский. *Как заклялась сталь*)

译文1："我认得他，"那个中国人高兴地笑着说。"在我们刚冲进镇上来的时候，他高声喊着，'同志们，万岁！'他是布尔什维克——是我们年轻的朋友！"那个中国人拍着谢廖沙的肩膀称赞了几句。

译文2："我的认得他，"那个中国人高兴地笑着，用半通不通的俄语说。"我们刚冲进城里，他的高声喊，'同志们万岁！'他的布尔赛维克，他，年轻的朋友，我们的人。"那个中国人拍着谢廖沙的肩膀，满口称赞。

原文中作者匠心独具的非规范性语言使一个身在异乡的中国人的形象跃然纸上——这个中国人心情激动，向同志们介绍"自己人"谢廖沙。由于俄语水平有限，表达思想时语音、语法错误频频，言语磕磕巴巴。

译文1展现在我们面前的是一个说一口地道俄语的中国人，原文中作者描写的语言错误一个接一个的中国人的形象已荡然无存。译文2发挥了汉语的优势，创造性使用汉语的不规范的语言手段，尽可能地再现了那个心情激动、语言错误一连串的中国人。难能可贵的是译文2使用"布尔塞维克"，而没使用约定俗成的"布尔什维克"。译者恰当使用汉语飞白辞格，特意误用汉语语音形式和书写符号（汉字），力求在音位层面（больсевика）上贴近于原文，再现原作人物语言"生动逼真"的修辞效果。

● **主题词汇**

авторская речь 作者语言	многоголосие 多声部
архаизм 古语	многостильность 多语体性
вульгаризм 粗鄙词	монолог 独白
диалектизм 方言词	несобственно-прямая речь 准直接引语
жаргон 行话	персонаж 人物
индивидуальность 个性	повествователь 局外叙事人
интонация 语气	поговорка 俗语
мелодика 旋律	полупрямая речь 半直接引语

просторечие 俚语
профессионализм 职业用语
разговорная лексика 口语词汇
рассказчик 局内叙事人

речь персонажей 人物语言
речевой портрет 言语面貌
речевая характеристика 言语特点
фразеологизм 成语

● 课后练习

1. 回答问题

（1）文学作品中人物语言的作用是什么？
（2）文学作品中人物语言的特点有哪些？
（3）如何翻译文学作品中的人物语言？

2. 佳译欣赏

Хамелеон

(отрывок)

— Врешь кривой! Не видал, так, стало быть, зачем врать? Их благородие умный господин и понимают, ежели кто врет, а кто по совести, как перед богом ... А ежели я вру, так пущай мировой рассудит. У него в законе сказано ... Нынче все равны ... У меня у самого брат в жандармах... ежели хотите знать ...

— Не рассуждать!

— Нет, это не генеральская ... — глубокомысленно замечает городовой. — У генерала таких нет. У него все больше легавые ...

— Ты это верно знаешь?

— Верно, ваше благородие ...

— Я и сам знаю. У генерала собаки дорогие, породистые, а эта — черт знает что! Ни шерсти, ни вида ... подлость одна только ... И этакую собаку держать?! ... Где же у вас ум? Попадись этакая собака в Петербурге или Москве, то знаете, что было бы? Там не посмотрели бы в закон, а моментально — не дыши! Ты, Хрюкин, пострадал и дела этого так не оставляй ... Нужно проучить! Пора ...

— А может быть, и генеральская ... — думает вслух городовой. — На морде у ней не написано ... Намедни во дворе у него такую видел.

— Вестимо, генеральская! — говорит голос из толпы.

– Гм! … Надень-ка, брат Елдырин, на меня пальто … Что-то ветром подуло … Знобит … Ты отведешь ее к генералу и спросишь там. Скажешь, что я нашел и прислал … И скажи, чтобы ее не выпускали на улицу … Она, может быть, дорогая, а ежели каждый свинья будет ей в нос сигаркой тыкать, то долго ли испортить. Собака – нежная тварь … А ты, болван, опусти руку! Нечего свой дурацкий палец выставлять! Сам виноват! …

– Повар генеральский идет, его спросим … Эй, Прохор! Поди-ка, милый, сюда! Погляди на собаку … Ваша?

– Выдумал! Этаких у нас отродясь не бывало!

– И спрашивать тут долго нечего, – говорит Очумелов. – Она бродячая! Нечего тут долго разговаривать … Ежели сказал, что бродячая, стало быть и бродячая … Истребить, вот и всё.

– Это не наша, – продолжает Прохор. – Это генералова брата, что намеднись приехал. Наш не охотник до борзых. Брат ихний охоч …

– Да разве братец ихний приехали? Владимир Иваныч? – спрашивает Очумелов, и всё лицо его заливается улыбкой умиления. – Ишь ты, господи! А я и не знал! Погостить приехали?

– В гости …

– Ишь ты, господи … Соскучились по братце … А я ведь и не знал! Так это ихняя собачка? Очень рад … Возьми ее … Собачонка ничего себе … Шустрая такая … Цап этого за палец! Ха-ха-ха … Ну, чего дрожишь? Ррр … Рр … Сердится, шельма … цуцык этакий …

Прохор зовет собаку и идет с ней от дровяного склада … Толпа хохочет над Хрюкиным.

– Я еще доберусь до тебя! – грозит ему Очумелов и, запахиваясь в шинель, продолжает свой путь по базарной площади.

(А.П.Чехов)

"你胡说，独眼瞎！你眼睛看不见，为什么胡说？官长是明白人，看得出来谁胡说，谁像当着上帝的面一样凭良心说话。……我要胡说，就让调解法官审判我好了。他的法律上写得明白。……如今大家都平等了。……不瞒您说，……我弟弟就在当宪兵……"

"少废话！"

"不，这条狗不是将军家的，……"警察深思地说。"将军家里没有这样的狗。他家里的狗大半是大猎狗……"

"你拿得准吗?"

"拿得准,官长……"

"我自己也知道。将军家里的狗都名贵,都是良种,这条狗呢,鬼才知道是什么东西!毛色不好,模样也不中看,……完全是下贱货。……他老人家会弄这样的狗?!你的脑筋上哪儿去了?要是这样的狗在彼得堡或者莫斯科让人碰上,你们知道会怎样?那儿才不管什么法律不法律,一转眼的工夫就叫它断了气!你,赫留金,受了苦,这件事不能放过不管。……得教训他们一下!是时候了。……"

"不过也可能是将军家的狗……"警察把他的想法说出来。"它脸上又没写着。……前几天我在他家院子里就见到过这样一条狗。"

"没错儿,是将军家的!"人群里有人说。

"嗯!……你,叶尔迪陵老弟,给我穿上大衣吧。……好像起风了。……怪冷的。……你带着这条狗到将军家里去一趟,在那儿问一下。……你就说这条狗是我找着,派你送去的。……你说以后不要把它放到街上来。也许它是名贵的狗,要是每个猪猡都拿雪茄烟戳到它脸上去,要不了多久就能把它作践死。狗是娇嫩的动物嘛。……你,蠢货,把手放下来!用不着把你那根蠢手指头摆出来!这都怪你自己不好!……"

"将军家的厨师来了,我们来问问他吧。……喂,普罗霍尔!你过来,亲爱的!你看看这条狗。……是你们家的吗?"

"瞎猜!我们那儿从来也没有过这样的狗!"

"那就用不着费很多工夫去问了,"奥楚美洛夫说。"这是条野狗!用不着多说了……既然他说是野狗,那就是野狗……弄死它算了。"

"这条狗不是我们家的,"普罗霍尔继续说。"可这是将军哥哥的狗,他前几天到我们这儿来了。我们的将军不喜欢这种狗。他老人家的哥哥却喜欢……"

"莫非他老人家的哥哥来了?符拉季米尔·伊凡内奇来了?"奥楚美洛夫问,他整个脸上洋溢着动情的笑容。"可了不得,主啊!我还不知道呢!他要来住一阵吧?"

"住一阵的……"

"可了不得,主啊!……他是惦记弟弟了……可我还不知道呢!那么这是他老人家的狗?很高兴……你把它带去吧……这条小狗怪不错的……挺伶俐……它把这家伙的手指头咬一口!哈哈哈哈……咦,你干吗发抖?呜呜……呜呜……它生气了,小坏包……好一条小狗……"

普罗霍尔把狗叫过来,带着它离开了木柴场……那群人就对着赫留金哈哈大笑。

"我早晚要收拾你!"奥楚美洛夫对他威胁说,然后把身上的大衣裹一裹紧,穿过市集的广场,径自走了。

(汝龙 译)

3. 译文对比

对比以下译文,指出哪个译文更切合原作中的人物身份和个性。

— Почему вы злы на Лещинского? — спросила Тоня.

— Барышня в штанах, панский сыночек, душа из него вон! У меня на таких руки чешутся: норовит на пальцы наступить, потому что богатый и ему все можно, а мне на его богатство плевать; ежели затронет как-нибудь, то сразу и получит все сполна. Таких кулаком и учить, — говорил он возбужденно.

译文1	译文2
"您为什么那样恨维克多呢?"冬妮亚问。 "那个男不男女不女的少爷崽子,没有灵魂的东西!我见了他,手就发痒。他仗着有钱,就觉得什么事都可以干,可是我不把他这个有钱的放在眼里。只要他敢稍微碰一碰我,我就好好收拾他一顿。对于这种人,只有用拳头去教训他。"保尔非常气愤地说。	"怎么一提维克多,你就这么大火气呢?"冬妮亚问。 "哼,男不男,女不女,波兰地主的狗崽子,没有灵魂的东西!我见了这种人手就痒痒:他仗着家里有钱,什么事都干得出,净想生着法儿挤对人!他有钱算老几,我才不稀罕呢!只要他碰我一下,我就叫他吃不了兜着走,这种人就得用拳头来教训。"保尔愤愤地说。

4. 译文校正

请校对以下译文,调整译文中人物语言表达不到位之处。

① — Давай помощь мне! Давай книг, да таких, чтобы, прочитав, человек покою себе не находил. Ежа под череп посадить надо, ежа колючего! Скажи своим городским, которые для вас пишут, — для деревни тоже писали бы! Пусть валяют так, чтобы деревню варом обдало, — чтобы народ на смерть полез!

(М.Горький. *Мать*)

"帮助我吧!给我一些书读读吧,要那些读了以后使人激动不安的书。应当把刺猬塞进脑壳里,浑身是刺的刺猬!告诉你城里的朋友们——替你们做文章的人们,叫他们给我们乡下人也写些东西吧!希望他们写出的东西能使乡村像受了滚水烫似的,使人民能够去赴汤蹈火!"

② — Эй ты, шляпа! Завтра приходи в шесть часов на смену.

— Почему в шесть? — спросил Павка. — Ведь сменяются в семь.

— Кто сменяется, пусть сменяется, а ты приходи в шесть. А будешь много гавкать, то фазу поставлю тебе блямбу на фотографию. Подумаешь, пешка, только что поступил и уже форс давит.

(Н. Островский. *Как закалялась сталь*)

"喂，小鬼！记好，明天早上准六点来接班。"

"为什么六点？"保尔问。"换班是七点钟。"

"谁要七点换班，就让他七点换班好了，你可得六点就来。你要多说废话，我就把你的脸打肿。你这小子，刚一来就想摆架子。"

5. 翻译实践

请把下文译成汉语，注意原作中人物语言的特点。

ЖУРНАЛИСТ

Григорий Мотылев, молодой журналист, после окончания университета устроился на работу в одну из газет и вскоре получил задание – написать статью о городских нищих, число которых за последнее время заметно увеличилось.

Григорий решил не ограничиваться опросом нищих о их незавидной доли. Воскресным днем, в полдень, он подошел к центральному универмагу. Усевшись на крыльцо, он положил рядом перевернутую шляпу для подаяний, а на груди повесил табличку, на которой было написано, что он, безработный интеллигент, умирает с голоду и ему нечем платить за квартиру.

Вскоре подошел еще один нищий. Судя по неграмотным кривым каракулям на грязной фанере, которая болталась на его груди, университетов он не кончал, но зато был инвалидом высшей группы, погорельцем и отцом десяти детей. Достав из сумки какие-то палочки, нищий ловко собрал из них два костыля. Положив на колени костыли и замусоленную кепку, он уселся рядом с Григорием.

– Здеся, ваще-то, Толян – слепой сидит, – сказал он хриплым, пропитым голосом. Но его сёдня не будет: он футбол по телеку смотрит. Так что ты сёдня сиди, а завтра посмотрим.

Подавали неплохо: через час Григорий насчитал сто три рубля – две бумажки по пятьдесят и три рубля мелочью.

– Неплохо подают, – заметил Григорий.

– Везучий ты, однако, – с завистью проворчал сосед-инвалид.

– Ладно, папаша, мне много не надо. Остальное ваше с Толяном.

Григорий собрался и ушел писать о том, как неплохо зарабатывают городские нищие.

А через неделю ему пришел денежный перевод и письмо от родителей:

– Здравствуй сынок! Высылаем тебе пока пятьсот рублей. Скоро продадим телочку – вышлем побольше. Наши с деревни, Митрофановы и Сорокины, были в городе. Видели тебя у магазина, как ты побирался. Разговорами тебя смущать не стали, постеснялись, а ты, видимо, их не узнал. Ты же у нас теперь городской – своих, деревенских, не признаешь. А они тебе в шляпу по пятьдесят рублей положили. Ну да ладно, мы тут рассчитаемся. Что же ты, сынок, отца с матерью на старости лет позоришь! Написал бы нам, что голодуешь. Неужто мы тебе не помогли бы. Или гордость не позволяет? Ведь говорили мы тебе, дураку, чтобы ты учился на агронома! Так нет – хочу в журналисты, хочу в журналисты! А теперь вот сидишь в городе со шляпой у магазина, а у нас в деревне который год агронома нет!

(Сергей Савченков)

政论篇

第五章 政论文体翻译

5.0 引言

政论文体用于社会政治领域。政论文本包括政府、党派团体、社会活动人士的讲话,国际、政府和社会组织的出版物,针对捍卫和平、缓和国际紧张局势、削裁军备等而撰写的文章,具体形式包含社会政治主题的书籍、文选、评论、论文、国情咨文、报告、演讲、宣言、决议、传单等等。

5.1 政论文体的特征

政治文本有很强的现实针对性、政治倾向性,充满激情、生动性、评价性、逻辑性和辩论色彩。该文本要么是向广大的读者(听众)传递某一思想、观点或政治计划,要么是针对某一问题表达一定的立场或观点,要么是批驳这样或那样的观点,要么是在说服人们信奉和坚守某一原则,文本的根本目的是对读者(听众)产生宣传鼓动效应。

政论文本根据用途或读者群可分为学术性政论文本和大众性政论文本。学术性政论文本的读者对象是有很高政治素养和完备理论知识的读者,其内容涉及社会政治主题理论性或试验性研究的成果,如历史学、社会学、政治学、哲学、人口学、考古学等。大众性政论文本要广泛得多,涉及历史、哲学、经济、科技、教育问题、人口问题、家庭教育等很多方面。虽说大众性政治文本也涉及社会政治主题,但该文本叙述通俗易懂,广大读者都能够接受。

5.2 政论文体的语言特点

5.2.1 词汇特点

政论文体中大量使用政治术语或政治词汇;使用一些带形象色彩和感情色彩的词语;使用有评价意义的形容词、名词;词汇隐喻化;使用成语和一些表示崇高敬意的词汇;使用固定短语（套语）；使用引文、格言、警句、典故等。

5.2.2　词法特点

政论文体积极使用外来语的后缀（如：-ия, -ция, -ация, -изация, -изм, -щина）；动词使用命令式；形容词和形动词名词化；词的单复数形式发生转化。

5.3.3　句法特点

政论文体的演讲中短句使用较多，而论文、评论中则大量使用长句；使用没有动词的句子；句式灵活多样，各种富于形象性、感染性的辞格，如比喻、对偶、层递、排比、复迭、设问等使用较多。

● **课堂练习**

请阅读下文，分析和讨论政论文体特征在文章中的具体体现。

Ко всем

Товарищи! Кровь пролилась, она льется потоками. Рабочие еще раз узнали царскую ласку и царскую милость. Они шли искать правды у царя и получили от него пули ... Вы видите, что значит просить у царя, что значит надеяться на него. Так научитесь же брать силой то, что вам надо, научитесь надеяться только на себя.

Вас сотни тысяч, но что вы сделаете голыми руками? Вооружайтесь, где только можно, чем только можно ... только силой и кровью добывается свобода и справедливость ...

Продолжайте стачку, держитесь твёрдо. Без ваших рабочих рук угнетатели-капиталисты и правительство слишком слабы, стачка бьет их больно, она сильное оружие. И лучше поголодать сразу, для борьбы, для победы, чем недоедать изо дня в день для удовольствия и прибыли грабителей. Держитесь твердо ...

Мы, социал-демократы, говорили вам уже раньше, что у царя и чиновников ничего нельзя взять просьбами и мольбами, что на них действует только сила, что они беспощадные враги, а не друзья ваши. И пусть пролитая кровь не пропадет даром. Пусть она принесет нам свободу и лучшее будущее. Объединяйтесь, вооружайтесь, надейтесь только на себя, товарищи рабочие.

Долой царя-убийцу!

● **翻译举要**

5.3 政论文体翻译

5.3.1 准确理解是前提,融会全文是基础

翻译政论作品时,一定要准确地把握原文作者(说话人)的政治态度、政治思想,要谨慎小心紧扣原文的思想精髓,切勿疏忽大意或主观臆断,有悖于原作的思想,犯一些政治错误。例如:

> Выстраданные и завоеванные европейской культурой идеалы свободы, прав человека, справедливости и демократии в течение многих веков являлись для вашего общества определяющим ценностным ориентиром.

译文1:许多世纪以来欧洲文化建立和征服的自由、人权、正义和民主思想一直是你们社会的决定性价值准则。

译文2:经过欧洲文化锤炼而获得的自由、人权、公正和民主的理想数百年来一直是你们社会明确的价值方向。

很显然,译文1对原文中的形动词和其后的五格名词的相互关系、词义的理解不准确,没有再现原作的全部思想,使译文所表达的意思与原文有很大的偏差。

5.3.2 确切表达原文中的政治术语、政治词汇

政论文体常常会使用大量的政治术语和词汇,它们承载着大量政治思想方面的语义信息。准确选择政治术语翻译是再现原作政治思想内容的前提和基础。例如:

> В ход были пущены и террор, и убийства, и погромы. Главными исполнителями переворота стали националисты, неонацисты, русофобы и антисемиты.

伴随这一进程而来的是恐怖、杀戮和种族迫害。政变的主要执行者是民族主义者、新纳粹分子、恐俄者和反犹分子。

翻译政治术语和政治词汇时,若译文语言已存在定译,则应该使用定译;若没有定译,则可以根据政治术语和政治词汇的意义或构词予以翻译。另外,翻译时还需注意在整个译文中保持政治词汇和政治术语译名的前后统一和稳定,切勿随意更改或替代,让读者或听众

莫衷一是。

5.3.3 把握作者情感，词义褒贬要鲜明

政论作品的翻译，不仅要再现原作的思想内容，还要注意这些内容在原作中是怎样表达的。政论作品的作者为了表达自己的立场或态度会使用一些具有明显褒贬色彩和形象色彩的词汇，翻译时要仔细揣摩和考量用词的政治含义和产生的影响力，准确地把原作情感色彩再现出来。例如：

Как они действуют на самом деле? Сами все нарушают, а потом ищут оправдание и назначают виновных. Но еще и своих сателлитов мобилизуют: они так аккуратненько, но все-таки американцам ПОДХРЮКИВАЮТ по этому вопросу. (В. В. Путин)

译文1：他们（指美国）实际上是怎么做的呢？先是自己违背所有规则，然后再寻找借口谴责他人。不仅如此，他们还要发动自己的附庸国。这些附庸国尽管行事谨慎，但仍然选择在这一问题上跟随美国并与之保持同一立场。

译文2：他们实际上是如何行动的？他们自己违反了一切规则，然后寻找借口并指出有罪方。但他们也在动员他们的附庸国：他们非常谨慎小心，但仍然在这个问题上为美国说话。

译文1和译文2虽说都把原文的基本意思表达出来，但原文中讲话人普京那讽刺嘲弄的口吻荡然无存。其关键在于对"подхрюкивать"一词的理解和表达上出了问题，"подхрюкивать"是普京即兴创造的一个非常个性化的新造词，"хрю, хрюк, хрюкать, хрюканье"表示猪等发哼哼声；（人）发出像猪的哼哼声。前缀"под"可表示"跟着重复某一动作"，"ива"则往往带有"长时间的、重复性行为"的含义。这样一来，"跟随美国并与之保持同一立场"和"为美国说话"均未表达出普京的用意。我们认为不妨译为"跟在美国人屁股后面像猪一样哼哼唧唧随声附和"，这样既表达了普京的用意，也把那些追随美国、默许美国肆意破坏国际秩序、干涉他国内政甚至颠倒黑白的欧洲国家的嘴脸形象地再现出来。

5.3.4 挖掘译文语言潜能，再现原文的表现手法

政论作品作者为了增强自己话语的感染力、使说理深入浅出、使自己的语言更好地发挥宣传鼓动作用，会有意识使用一些积极的修辞手法和生动的句式，如问句、反问、感叹句、重复、排比、比喻、递进、讽刺、使用形象性的词语。译者需挖掘译语的潜力，使用与原文功能一

致的语言手法。例如：

① И, во-вторых, самое главное – что же мы якобы нарушаем? Да, президент Российской Федерации получил от верхней палаты парламента право использовать Вооруженные Силы на Украине.

其次，最重要的是：我们违反了什么？是的，俄罗斯总统从上议院手中获得了向乌克兰动武的权力。

② Разве стремление жителей Крыма к свободному выбору своей судьбы не является такой же ценностью? Поймите нас.

克里米亚人民自由选择自己的命运，难道不正是体现了这高于一切的价值吗？理解理解我们吧。

③ Кто любит Россию, тот должен желать для неё свободы; прежде всего свободы для самой России, её международной независимости и самостоятельности; свободы для России – как единства русской и всех других национальных культур; и наконец – свободы для русских людей, свободы для всех нас: свободы веры, искания правды, творчества, труда и собственности.

爱俄罗斯，就应该愿意为她的自由奋斗；要为俄罗斯争取自由，就应该愿意为她的独立自主而奋斗；要为俄罗斯争取自由，就应该愿意为她的俄罗斯族和所有其他民族文化的统一而奋斗；最后，要为俄罗斯争取自由，也为我们所有人争取自由：信仰的自由、追求真理的自由、创造的自由、劳动和财产的自由。

例①中的设问句、例②反问句、例③排比均是作者有意识使用的积极修辞手法。翻译时译者充分发挥译文语言的潜能，采用相应的语言手段，极力传达了原文的语言特点，再现了原文的修辞效果和原作的鼓动性和感染力。

5.3.5 背景知识要输入，引文典故要查证

政论作品作者（或演讲人）为了给自己的观点寻找支持点，进而使自己的语言生动形象并富有感染力，在作品中会运用一些名言警句、轶事典故、人物形象。翻译时如果机械性地复制原文，则会让读者或听众莫名其妙，因此译者需查证核实这些名言警句、轶事典故、人物形象的寓意和出处，注入背景知识，予以补充说明。例如：

① Помощников у нас никогда не было и не будет. И поэтому нам важно быть сплоченной, единой, сильной командой. И пусть дружба и добрые надежды, которые объединяют всех сейчас, сопровождают нас в будущем, помогают в работе, в достижении общих целей.(В. В. Путин)

  俄罗斯从未有过帮手，也永远不会有帮手，因此俄罗斯应该保持团结，成为一支强有力的队伍。让亲密的友谊和美好的希望将我们团结在一起，伴随着我们走向未来，助力我们的事业，实现我们的共同目标。

  这是普京在2019年新年致辞中的一句话。普京此话既出，引起世界舆论一片哗然。如果不了解背景知识，就不知这句话有何历史渊源。

  *"俄罗斯没有朋友。我们只有两个坚定可靠的盟友，一个是俄罗斯陆军，一个是俄罗斯海军！"——沙皇亚历山大三世 ["У России нет друзей. У нас есть только два надежных друга: русская армия и русский флот!"(Император Александр III)]

  普京这句话之所以产生那么大的影响，是因为这句话是普京对沙皇亚历山大三世的一句名言的"改头换面"，其实是有着深刻的寓意。普京是想告诫俄罗斯国民：俄罗斯要加强国防建设，面对北约的军事威胁。俄罗斯的后人们自然是熟知这句名言的，而如果不给中国读者补充说明这句名言的历史渊源，那么汉语译文就无法产生原文这一名言的效应。

  ② Но уже всем стало предельно ясно, что именно намерены в дальнейшем делать украинские идейные наследники Бандеры – приспешника Гитлера во время Второй мировой войны.

  但是所有人心里都很清楚，这些第二次世界大战时希特勒的帮凶——班杰拉分子的继承人在将来会想要做什么。

  *斯捷潘·班杰拉——乌克兰民族主义者，第二次世界大战时纳粹支持的傀儡政客，波兰大屠杀的主犯之一。

  若不做任何的注解说明，仅仅复制原文，则可翻译成"希特勒的帮凶——班杰拉分子"。显然这样的译文使中国读者既不太清楚斯捷潘·班杰拉的具体身份，也不能理解普京愤慨的心情。

● 主题词汇

благосостояние 福利
высокоскоростной интернет 高速网络
Государственная Дума 国家杜马
демографическая проблема 人口问题
Договор о ракетах средней и меньшей дальности 中短程导弹条约
Евразийский экономический союз 欧亚经济联盟
жилищно-коммунальное хозяйство (ЖКХ) 住宅公共事业
законодательные гарантии 法律保障
законные интересы 合法利益
интернет вещей 物联网
искусственный интеллект 人工智能
материнский капитал 母亲基金
медицинская помощь 医疗救助
международная безопасность 国际安全
модель социального, экономического развития 社会经济发展模式
налог на недвижимое имущество 不动产税
национальная безопасность 国家安全

оборонная сфера 国防领域
обработка больших данных 大数据处理
подготовка кадров 人才培养
Послание 国情咨文
правоохранительный орган 护法机构
природоохранные стандарты 环保标准
религиозная организация 宗教组织
Совет Федерации 联邦委员会
социально-экономические показатели 经济社会指标
уровень инфляции 通货膨胀率
устойчивое и долгосрочное развитие 长久可持续发展
Федеральное Собрание 联邦会议
федеральный бюджет 联邦财政
финансовые ресурсы 财政资源
цифровая экономика 数字经济
экологически чистая продукция 绿色产品
экономическое уголовное дело 经济刑事案件

● 课后练习

1. 佳译欣赏

Новогоднее обращение Президента РФ В.В. Путина 2013

Дорогие друзья, мы провожаем в историю 2012 год. Для нашей страны он был важным. Хотел бы искренне поблагодарить вас за труд, за вашу работу и ее результаты. Поблагодарить за доверие и поддержку!

В эти минуты мы особо остро чувствуем, как летит время, как быстро растут наши дети, как дорожим мы своими родными и близкими, как любим их. Каждый вспоминает сейчас самые важные для него события, встречи, слова. И все мы ждем, что новогодняя ночь подарит нам удачу и немного чуда, а оно, как говорят, иногда случается. Но все же мы прежде всего рассчитываем на свои силы, на тех, кто рядом с нами, на то, что можем совершить сами в работе и учебе, творчестве и созидании, сможем изменить жизнь вокруг себя и сами станем немного лучше. Станем более чуткими и милосердными, щедрыми и заботливыми к своим близким, своим детям и родителям, друзьям и коллегам – ко всем, кто нуждается в нашем участии.

Встречая будущее, мы, конечно же, надеемся на добрые, радостные перемены. И наши личные планы неотделимы от России, от сердечных, благородных чувств к своей Родине. Ее развитие, продолжение ее тысячелетней судьбы полностью зависит от нашей общей энергии и труда, от нашего единства и ответственности, от нашего стремления сделать как можно больше полезного. Ведь только вместе мы, народ России, сможем уверенно идти вперед, противостоять любым испытаниям, решать самые сложные задачи, строить сильное, успешное государство, современное, благополучное и свободное общество.

Дорогие друзья, до наступления Нового года осталось всего несколько секунд. Желаю всем здоровья, любви и счастья! Пусть рождаются дети, реализуются все добрые помыслы, пусть в каждом доме, в каждой нашей семье царит радость и согласие! Тогда и Россия будет стоять прочно и нерушимо.

С праздником вас! С новым 2013-м годом!

俄罗斯总统普京2013年新年讲话

亲爱的朋友们，我们正在送走历史长河中的2012年。这一年对我们国家很重要，在此诚挚地感谢大家付出的劳动、工作和其带来的成果；谢谢大家的信任和支持！

在现在这个时刻，我们尤其深刻地感受到时间飞奔得有多迅速、孩子成长得有多快、亲朋好友有多珍贵、我们有多么爱他们。每一个人都在想着对他来说重要的事情、聚会和要说的话。我们都在期待新年之夜会馈赠给我们成功和一点点奇迹，而奇迹有时真的会发生的。但首先我们要依靠自己的力量，依靠在我们身边的人，依靠我们自己在工作和学习中、在创作和创造中来实现它。我们可以改变我们身边的生活，也让自己变得好一点点，变得善于体察一点宽厚一点，对自己的亲友、父母、孩子、同事，对所有需要我们参与的人变得慷慨一点和关爱一点。

在迎接未来的同时，我们当然期盼着善意的、愉悦的变化，我们个人的打算与俄罗斯不可分割开来,与对自己祖国真挚美好的感情不可分割开来。祖国的发展、其千年的命运的延续,完全依赖于我们共同的能量和劳作,依赖于我们的统一和责任,依赖于我们做出有益事情来的愿望。只有大家团结在一起,我们——俄罗斯人民才可以稳步前行,才可以经受考验,解决最复杂的难题,建设强大而成功的国家,建设现代、繁荣和自由的社会。

亲爱的朋友们,离新年的到来只剩下几秒钟了。我祝愿所有人健康、友爱和幸福。让孩子出生、让所有善意的想法得以实现。让每一个家庭里充满快乐与和谐。这样,俄罗斯就会变得坚不可摧。

节日快乐!2013年新年快乐!

2. 译文对比

对比以下两个译文,指出具体优劣所在。

Позади насыщенный, полный забот декабрь, когда мы торопились завершить неотложные дела, уточняли планы на будущее и, конечно, готовились к празднику. А сейчас мы с волнением и надеждой ждем наступления нового года. Видим восторженные глаза малышей; чувствуем, как рады родители, бабушки и дедушки, если вся семья в эти минуты вместе, а их сердца согреты чуткостью и вниманием.

И понимаем, что вот оно – новогоднее волшебство, и создает его наша душевная щедрость. Она востребована и в праздники, и в будни, когда мы поддерживаем тех, кто нуждается в помощи. Кто одинок или болен – ведь чужой беды действительно не бывает, а милосердие всегда откликается добром, дарит радость соучастия.

Дорогие друзья! У каждого сейчас свои ожидания, но по большому счету все мы хотим, чтобы близкие были здоровы, чтобы в доме царило согласие, дети радовали, а мечты, даже самые сокровенные, обязательно сбывались.

В новогоднюю ночь, как в детстве, мы загадываем желания, ждем везения и удачи, и пусть они будут. Но все же мы точно знаем, что добиться лучшего для себя, для своей семьи, для родной страны можно лишь собственными усилиями, общей слаженной работой.

Нам предстоит решить немало насущных задач в экономике, науке и технологиях, в здравоохранении, образовании и культуре. И главное – шаг за шагом добиваться повышения благосостояния и качества жизни. Чтобы все граждане России, каждый из нас, уже в наступающем году почувствовал перемены к лучшему. Сделать это можем мы только вместе.

Помощников у нас никогда не было и не будет. И поэтому нам важно быть сплоченной, единой, сильной командой. И пусть дружба и добрые надежды, которые объединяют всех сейчас, сопровождают нас в будущем, помогают в работе, в достижении общих целей.

译文1	译文2
充实且忙碌的12月即将过去，我们在月内解了燃眉之急，拟定了来年计划，为欢度佳节做好了准备。而现在我们满怀希望又迫不及待地期待新年的到来。我们看着孩子们热切的眼神，感受到父母和祖辈的喜悦，这一刻阖家团聚，亲人的内心因体贴和关怀倍感温暖。 我们知道，这就是新年的魔力，因内心慷慨而存在。这种慷慨，无论过节与否，都是被需要的，尤其当我们去帮助那些需要帮助的人时。对于那些孤身一人或身患疾病的人，虽无法亲身体会他们的痛苦，但慈悲心总会唤起人们乐善好施、给予同情。 亲爱的朋友们！我们都有着各自的期许，总是希望亲人健康，家庭和睦，孩子欢愉，梦想成真。 在新年来临之夜，我们，就像童年时一样，许下愿望，等待幸运和成功，希望有所实现。然而，我们确切地知道，只有通过自己努力、大家共同的努力奋斗，才可以为自己、为家人、为祖国创造更好的未来。 在经济、科学技术、健康、教育及文化等领域，我们都面临着许多紧迫的挑战。最主要的挑战是——逐步提升民众福利和生活质量。让所有的俄罗斯公民在即将到来的一年能感受到有好的变化。只有我们团结起来才能创造这一切。	即将过去的12月份，充实而忙碌，我们忙于完成各项紧迫任务，忙于规划未来，当然也在为迎接新年做着准备。此刻，新年即将到来，我们满怀激动和期待，孩子们的眼里洋溢着喜悦。此刻，家人齐聚一堂，父辈祖辈们内心欢畅，满心体贴和关爱。此刻，我们理解了，何为新年的魅力。 我们明白了，正是我们内心的富足创造了这份魅力。无论是节日，还是平时，我们都需要这种慷慨富足，关爱那些孤独或者生病的、需要帮助的人们。毕竟，我们都对他人的不幸感同身受，而仁慈总能唤起善意，回馈幸福。 亲爱的朋友们！这一刻，每个人都有着自己的期望。当然，我们大多还是希望亲人们身体健康，家庭和睦，儿女顺遂，生活祥和，希望梦想，哪怕是再微小的梦想，也能够成真。 在新年前夕，我们会像儿时一样许下愿望，期待好运降临、马到成功。不过我们也非常清楚，只有个人精诚努力、集体通力合作，才能让自己、家庭、祖国更上层楼！ 我们在经济、科技、卫生、教育和文化方面仍面临着不少重大问题。最重要的是，我们要逐步提高民众福祉和生活质量，使全体俄罗斯公民，使我们中的每一位，都能在新的一年中感受到积极的变化。若要实

我们过去没有帮手,将来也会自力更生。因此,对于我们来说成为一支有凝聚力的、统一的、强大的队伍是非常重要的。让亲密的友谊和美好的祝愿将我们团结在一起,伴随着我们走向未来,助力我们的事业,实现我们的共同目标。	现上述目标,唯有大家同心协力。 我们不曾有过助手,将来也不可希冀外力。因此,我们必须团结一致,成为一个强大的团队。就让此刻把我们凝聚在一起的友谊、善愿在未来继续与各位相伴,助力我们完成工作,达到共同的目标。

3. 翻译实践

把下列短文译成汉语,注意译文原文文体对等。

Именно в этот период в России происходили крайне значимые события. В нашем обществе вырабатывалась не только энергия самосохранения, но и воля к новой, свободной жизни. В те непростые годы народу России предстояло одновременно отстоять государственный суверенитет и безошибочно выбрать новый вектор в развитии своей тысячелетней истории. Надо было решить труднейшую задачу: как сохранить собственные ценности, не растерять безусловных достижений и подтвердить жизнеспособность российской демократии. Мы должны были найти собственную дорогу к строительству демократического, свободного и справедливого общества и государства.

Говоря о справедливости, имею в виду, конечно же, не печально известную формулу "все отнять и поделить", а открытие широких и равных возможностей развития для всех. Успеха – для всех. Лучшей жизни – для всех.

В конечном счете, на базе утверждения именно таких принципов, мы и должны стать свободным обществом свободных людей. И в этой связи нелишне вспомнить, как исторически в российском обществе формировалось стремление к свободе и справедливости, как оно вызревало в общественном сознании.

Прежде всего – Россия была, есть и, конечно, будет крупнейшей европейской нацией. Выстраданные и завоеванные европейской культурой идеалы свободы, прав человека, справедливости и демократии в течение многих веков являлись для нашего общества определяющим ценностным ориентиром.

В течение трех столетий мы – вместе с другими европейскими народами – рука об руку, прошли через реформы просвещения, трудности становления парламентаризма, муниципальной и судебной власти, формирование схожих правовых систем. Шаг за шагом, вместе продвигались к признанию и расширению прав человека, к равному и всеобщему избирательному праву, к пониманию необходимости заботы о малоимущих и слабых, к эмансипации женщин, к другим социальным завоеваниям.

  Повторю, все это мы делали вместе, в чем-то отставая, а в чем-то иногда опережая европейские стандарты.

  Убежден, для современной России ценности демократии не менее важны, чем стремление к экономическому успеху или социальному благополучию людей.

新闻篇

第六章 新闻文体翻译

6.0 引言

新闻文体整体上应归属于社会政论文体,其文本内容为通过报刊、广播、电视等传统媒体以及数字电视、手机等新媒体传播的信息。新闻涉及经济、政治、军事、外交、科技、文化、体育、日常生活等领域。

6.1 新闻文体的特征

新闻文体具有报道功能和感染功能,旨在报道社会上重要的新闻,对事件和事实进行评论,对民众和社会舆论产生影响。

新闻文本包括以下类型:

1. 信息型文本:新闻(短讯)、事件报道、采访、时事简讯、滚动新闻等。
2. 分析性文本:社论、通讯报道、评述性报道、解说、评论、述评、记者调查、新闻通报等。
3. 文艺政论文本:特写、演讲、小品文、抨击性文章、讽刺文、悼词等。

新闻文体呈多文体性特点,该文体把一些其他文体看似相互矛盾的特征融为一体:新闻文体既有程式化,又有形象性;既有逻辑性,又具有感情性;客观阐述中有主观评价;行文简洁却又意义完整且明白易解;信息量大却又用词精准、节约。

6.2 新闻文体的语言特点

6.2.1 词汇特点

1. 词汇使用呈多样性,有大量的书面用语词汇和崇高语词汇,例如:милосердие, благотворительность, меценатство, дерзание, долг, отчизна, Отечество, претворение, чаяния, миссия, священный, вдохновенный, ратный 等。

2. 口语词汇和俗语词汇,例如:крутой, зеленые, разборка, совок, беспредел, чернуха, верхушка,

шумиха, молодчик, отщепенцы, оголтелый 等。

3. 套语，例如：играть роль, иметь значение, процесс прошел, правовое государство, здравый смысл, поставить вопрос 等。

4. 新词，例如：спикер, дилер, имидж, хит, брокер, раскрутка, сольник, боевик, дистрибьютор, импичмент, киллер, крупье, дисплей 等。

5. 外来语词汇及外来语前缀和后缀构成的词汇，例如：антиконституционный, ультраправый, неоколониализм, приватизация, глобализация 等。

6. 新闻专业词汇，例如：интервью, дайджест, брифинг, информация, репортаж, корреспонденция 等。

7. 缩略语，例如：ООН, ТАСС, НАТО, ЕАЭС, АТЭС, ОПЕК, СВМДА, ДРСМД 等。

8. 专业词汇用于转义，例如：инкубатор преступности, конвейер милитаризма, маршруты технического прогресса; раунд, тур (переговоров), предвыборный марафон; драма народа, кровавая трагедия, политический фарс, пародия на демократию 等。

9. 固定词组，例如：эстафета поколений, шагать в ногу с веком, пустить утку, загребать жар чужими руками, петь с чужого голоса, погреть руки, трудиться не покладая рук, золотые руки, приумножить вековые традиции, внести свой вклад 等。

10. 修饰语，例如：судьбоносный этап, позитивные перемены, первоочередной вопрос, энергичный старт, твёрдая позиция, прорыв на переговорах, тяжелейший кризис, трудиться с полной отдачей, выполнить с честью 等。

11. 隐喻、换喻、拟人，例如：идеологическая диверсия, паралич экономики, болезнь общества, алле-ргия на контакты с прессой, реанимация промышленности, елый дом, Пентагон, Кремль, МВД составило "черный список" взяточников 等。

6.2.2 词法特点

1. 用词的单数形式表示复数意义，例如：... подлинная интеллигентность постепенно становится отличительной чертой не только инженера, врача, учителя, ...

2. 不可数名词使用其复数形式，例如：настроения, разговоры, свободы, круги, поиски, бизнесы, мафии, элиты, риски, власти, стратегии, приоритеты, бюджеты, подвижки 等。

3. 形容词最高级，例如：превосходнейший, самый лучший, шикарнейший 等。

4. 命令式被用作吸引谈话对方的手段，例如：посмотрите, давайте подумаем, вспомните, обратите внимание 等。

5. 使用现在时，现在时使人感到历历在目、真实可信，例如：Красива вечерняя Москва. Гирляндами огней высвечиваются улицы столицы. 现在时强调即将发生事件的现实性，例如：На следующей неделе открывается книжная ярмарка.

6. 与其他文体相比，动词过去时使用频率高，用来报道过去发生的事件，例如：Преступник сбежал после вынесения приговора.

7. 派生前置词使用较多，例如：в ходе, на основе, в качестве, на базе, на пути, в сторону, в духе, в интересах, с учетом, в условиях, по причине 等。

8. 单数第一、第二人称用得较少，表示概括意义的复数第一、第三人称用得较多。

6.2.3　句法特点

1. 大量使用简单句。

2. 多泛指人称句。

3. 多没有动词的不完全句，例如：Мы – в редакцию.

4. 多称名句，例如：следы недавних страстей.

5. 积极使用有情感表现力的结构，如感叹句、设问、反问句（如 Кто виноват?）、呼语（如 Дорогой читатель!）。

6. 多口语色彩的结构，如语气词、感叹词、逆词序（如 Законы нужно уважать）。

7. 多插入语，例如：к счастью, к сожалению.

8. 多使用对照（如 Теплая зима пока никого не согрела）、复指（如 Забота. Одна на всех …）、排比（如 Акции – вниз, прибыль – вверх）、递进（如 слово – дело – результат）、对称、分解结构（如 Пригласил прийти, завтра, или послезавтра）等句法手段。

● **课堂练习**

阅读下面新闻，确定文本类型，分析其语言特征。

ЕС хочет играть активную роль в проекте "Шелковый путь", заявила Меркель

МОСКВА, 26 марта–РИА Новости. Канцлер ФРГ Ангела Меркель заявила, что проект "Шелковый путь" очень важен и европейцы хотят играть в нем активную роль. "Проект как таковой является очень хорошей визуализацией того, что определяет нашу зависимость друг от друга и нашу взаимную связь", – добавила канцлер.

"Я считаю, что очень важен проект 'Шелковый путь'. Мы, европейцы, хотим играть в этом проекте активную роль и участвовать. Это должно вести к определенной взаимности", – заявила Меркель по итогам встречи с французским президентом Эммануэлем Макроном, председателем КНР и главой Еврокомиссии Жан-Клодом Юнкером в преддверии саммита ЕС-Китай, который пройдет 9 апреля в Брюсселе.

Концепция "Один пояс–один путь" – международная инициатива Китая по совершенствованию действующих и созданию новых торгово-транспортных коридоров, связывающих более чем 60 стран Центральной Азии, Европы и Африки, что призвано способствовать развитию торговых отношений между ними и Китаем.

Идея формирования "Экономического пояса Шелкового пути" была выдвинута председателем КНР и впервые прозвучала во время его выступления в Астане в рамках государственного визита в Казахстан в сентябре 2013 года.

● 翻译举要

6.3 新闻文体翻译

新闻文体体裁丰富多样,文体主要特点、写作手法、表现重心在各种体裁中的反映是各有不同的。

新闻报道主要用来报道国内外发生的新闻事件,整体上讲该体裁侧重事实,语气客观正式,句子严谨,表述清晰。

新闻评论则集新闻与评论为一体,通过对典型事件的分析和概括,以理服人。该文体主要使用书面语,术语使用较多,用语严谨,句式结构比较复杂,带有评价色彩的词语和其他富有表现力的语言手段使用较多。

特写是用来"再现"新闻事件、人物和场景的形象化的体裁,该体裁是一种融入了新闻报道、新闻评论、现场采访等成分的综合性体裁。特写除了提供充实的新闻内容,还广泛使用各种富有表现力的语言手段,用来激发读者阅读的兴趣。

读者和通讯社的要求不同,新闻翻译采用的方法也不尽相同,一般情况下多采用全译、编译、摘译等形式。

6.3.1 新闻全译

新闻全译对译文与原文在内容和文体对等方面的要求比较高。翻译时一定要考虑到各种新闻体裁的不同程式、语言特点和要求,不但要使译文与原文新闻内容一致,而且译文和原文文体要对应,篇章结构要一致。我们不妨以新闻报道的翻译为例:

6.3.1.1 再现新闻报道的程式和套语

新闻报道有自己固定的程式化结构:新闻标题、消息来源、导语、主体和结尾。

1. 新闻标题。新闻标题在新闻报道中起着非常重要的作用,标题的主要任务首先是要吸引读者的注意力,让读者感兴趣,甚至是让读者惊奇。其次,标题还有信息解释功能,其目的是告诉读者新闻的主题。标题一般使用简洁又醒目的语言来书写,即使用最紧凑、最简洁的语句,舍去所有的次要语义成分。俄语新闻的标题常使用称名结构(名词词组可承载大量的信息)。俄译汉时原文的称名结构常被译为句子或者是动宾结构,例如:Буря гнева(愤怒的风暴），Позорное молчание（可耻的沉默）；使用省略结构，例如：Франция Полиция против демонстрантов（法国出动警察对付示威者），ОПЕК не договорились（欧佩克未就进一步调整原油价格问题达成协议），可以看出翻译时需要使用加词法或引申法，补足或明示被省略的部分；使用缩略语，例如：НАТО（Организация Североатлантического договора＜北大西洋公约组织，北约＞），ДНЯО（Договор о нераспространении ядерного оружия＜不扩散核武器条约＞），如果俄语缩略语有对应的汉语缩略语，则套用即可，否则需译出其全称；使用冒号，例如：Ближний Восток: Где же выход?（中东：出路在何方？），Космос: тревоги и надежды（宇宙空间：不安和希望），带有冒号的标题在翻译时基本是仿照原文；使用有表现力的语言手段，例如：Бедный богатому не товарищ（富人不知穷人饥），В ногу со времени（与时俱进）。翻译富有表现力的语言手段时，要挖掘译语的潜能，再现原语的表现力。

2. 消息来源。消息来源一般由发稿地点、日期以及通讯社名称（有时还有记者姓名）几部分组成。翻译时要注意俄汉消息来源组成部分的顺序差异，表达时要顺应汉语的习惯，例如：МОСКВА, 16 апр. – РИА Новости（俄新社莫斯科4月16日电）；МОСКВА, 16 апр. – РИА Новости, Игорь Наумов（俄新社4月16日莫斯科电＜记者伊戈尔·瑙莫夫＞）。

3. 导语。导语是新闻报道不可分割的部分，它在新闻的第一段，其作用是吸引读者对新闻的注意力。书写导语的主要标准是简洁明快和信息量大，通过一小段话让读者能够明白新闻要说什么。导语中程式化的要素包括："что?""где?""когда?""кто?""каким образом?"。翻译导语时要使用凝练的语言把其中浓缩的信息表达出来，例如：

МОСКВА, 4 ноя –РИА Новости. Наибольшие шансы овладеть иностранным языком на уровне носителя имеют те, кто начал обучение в возрасте до десяти лет, выяснили специалисты центра нейро- и когнитивных наук Массачусетского технологического университета(MIT). Исследование опубликовано в журнале Cognition.

俄新社莫斯科11月4日电 麻省理工学院神经与认知科学中心的专家认为，10岁之前开始学外语最有可能把外语学到母语水平。研究结果发布在期刊《认知》(Cognition)上。

МОСКВА, 21 окт –РИА Новости. Президент США Дональд Трамп заявил, что Вашингтон выйдет из Договора о ликвидации ракет средней и меньшей дальности(ДРСМД).

俄新社莫斯科10月21日电 美国总统唐纳德·特朗普宣布，美国将退出《美苏消除两国中程和短程导弹条约》。

4. 新闻主体。新闻主体部分紧随导语之后,是新闻的主干,它是集中叙述事件、阐发问题和表明观点的中心部分,是整个新闻的关键所在。

5. 新闻结尾。新闻结尾在新闻的最后一段,其中包括对整个新闻主要问题的概括和总结,也可包括供读者在未来进行研究的新闻主题的必要信息。

6.3.1.2 准确表达各类术语和不同名称

新闻报道内容包罗万象,免不了使用国名、人名、地名、头衔、职务、机构名称等专有名词,会出现大量的政治、经济、军事、外交、科技、文化、文学、宗教、教育、体育、艺术、卫生、气象、环保等领域的术语。翻译时要尽可能使用译语中对应的术语,如果是新出现的专有名词或术语,则应采用适当的方法或技巧予以翻译。例如:

"Вымпелком" и Huawei договорились о развитии 5G

МОСКВА, 23 янв – РИА Новости/Прайм. "Вымпелком" (торговая марка "Билайн") и китайская Huawei подписали соглашение о совместном изучении и тестировании технологий, лежащих в основе сетей 5G, говорится в совместном пресс-релизе компаний.

…

В течение 2017 года компании намерены разрабатывать и тестировать технологии "интернета вещей" (Internet of Things, IoT), машинного взаимодействия (M2M), виртуального радио, а также решения для общественной безопасности. Кроме того, стороны договорились в этом году протестировать ряд возможностей, позволяющих увеличить скорость и уменьшить задержки в сети при передаче данных.

…

VimpeCom 和华为商定发展 5G 网络

据 1 月 23 日俄新社普拉伊姆报道,俄罗斯 VimpeCom(旗下拥有"Beeline"品牌)和中国华为两家公司的联合新闻稿称,双方已签订联合研究并测试基于 5G 网络技术的协议。

……

2017 年内,两家公司计划开发并测试系列技术,涉及"物联网"、机器通信(M2M)、虚拟无线电以及公共安全解决方案。此外,双方还商定将于年内测试可提高数据传输速度和降低其网络延迟的诸多方法。

……

6.3.1.3 再现有感情色彩和表现力的语言手段

有些新闻体裁(如通讯、小品文、特写等)会运用叙事、描写、评论、抒情等表现手法和各

种修辞手段,使得新闻妙趣横生、引人入胜。作者希望借此来吸引读者和感染读者,使读者接受作者的观点。例如:

Дракон улетел от птицы-тройки

Китай сегодня у всех на слуху, но всегда лучше один раз увидеть, чем тысячу раз прочитать или услышать. Автору этих строк на днях довелось вернуться в Поднебесную через 30 лет после первого свидания. Сразу признаюсь: увиденное повергло в шок. Страну просто не узнал. Золушка стала принцессой, из гнома вырос великан. Как у них это получилось?!

中国龙抛离三套车

如今关于中国的发展人尽皆知,但百闻不如一见。笔者日前有幸在时隔30年后第二次来到中国。老实说,所见令人震惊,完全认不出这个国家了。灰姑娘蜕变为公主,地精长成了巨人。他们怎么做到的?!

原文中使用了一些形象性词语、比喻、成语等修辞手段,译文中保留了形象性词语和比喻,使用了对应的成语,从而使译文语言活泼、形象生动。

6.3.1.4 译文句法结构要清晰

新闻的一些题材如新闻评论集新闻与评论于一身,用语严谨,有理有据,行文逻辑严密,多使用复杂的长句。例如:

① Китай со времен Дэн Сяопина проводил рыночные реформы, осуществляя мягкий переход от плановой экономики к рыночной.

而中国从邓小平时代起进行市场改革,实现了从计划经济向市场经济的平稳转型。

② 7 ноября в Пекине Председатель Правительства Российской Федерации Дмитрий Медведев и Премьер Государственного Совета КНР Ли Кэцян провели 23-ю регулярную встречу глав правительств России и Китая, по итогам которой было подписано свыше десяти документов, включая Совместное коммюнике.

11月7日,俄罗斯联邦总理德米特里·梅德韦杰夫与中国国务院总理李克强在北京举行了俄中总理第二十三次定期会晤。会晤结束后,双方签署了包括《联合公报》在内的十多份文件。

可以看出,原文的长句在翻译时都做了相应断切,从而使译文句子结构清晰、语义表达明畅。翻译长句式时不能机械地复制原文句法结构,为了避免语义含混不清和行文啰嗦,使译文语义更清晰和行文更顺畅,翻译时可以采用断句法。

6.3.1.5 背景知识要补充

新闻翻译时要考虑到译文读者或听众的知识范围和理解能力,对原文中存在的一些译文受众不太了解的背景知识要进行适当的解释或加注,以帮助受众理解新闻。例如:

> Госсекретарь США также обратился к обеим сторонам конфликта с просьбой проявлять сдержанность и соблюдать свои международные обязательства. Кроме того, он заявил о поддержке "нормандского формата" урегулирования ситуации на Украине.

> 美国国务卿同样呼吁冲突双方要保持克制和遵守国际义务。此外,他声明支持采用"诺曼底模式"("诺曼底模式"调解机制来源于2014年6月在法国举行的诺曼底登陆70周年纪念活动,其间俄、德、法、乌四国领导人就乌克兰局势进行了一系列磋商。——译者注)化解乌克兰紧张局势。

如果不注释相关的背景知识,有的读者可能会把化解乌克兰紧张局势的"诺曼底模式"误解为二战时期的诺曼底登陆。

6.3.2 新闻编译

新闻编译是指把一种语言所表达的新闻经过翻译、编辑,重新用另一种语言表达出来、供另外一种语言的媒体和读者使用的活动。由于原语和译语的社会形态、社会背景、文化习惯、价值观、思维方式、语言习惯、新闻需求、新闻创作方法有差异,再加之媒体版面、篇幅的限制,有时需要对原文进行重组、改写和深加工。例如:

> **Для России торговая война США с Китаем может обернуться благом**
> Москва становится для Пекина более важным партнером
> Владимир Скосырев

> Согласно источникам в Вашингтоне, одна из целей поездки госсекретаря США Майкла Помпео в Сочи состояла в том, чтобы вбить клин в российско-китайские связи, найти сферу, где Кремль и Белый дом могли бы сотрудничать против Пекина. Затея иллюзорная, особенно учитывая заявления РФ и КНР о том, что их отношения не подвержены влиянию извне. Но реальность такова, что китайские компании и банки, предвидя санкции США, опасаются вкладывать в Россию. Обострение конфликта с американцами может побудить китайский

бизнес к расширению инвестиций в РФ, считают эксперты.

Как передал телеканал Fox News, источник, знакомый с подготовкой встречи Помпео с президентом Владимиром Путиным и министром иностранных дел Сергеем Лавровым, гость собирался сосредоточить внимание на сфере совпадения взаимных интересов России и США. А это может высветить разногласия между Москвой и Пекином. Что было бы весьма своевременным, поскольку администрация президента США Дональда Трампа стала проводить жесткую линию по отношению к Китаю.

Нужно работать с Россией и найти области, где она сталкивается с Китаем. "Россия нервничает из-за Китая. Она боится того, как Китай проецирует силу на мировой арене – будь то Арктика или Афганистан. Разобщение России и Китая стало бы позитивным событием", – подчеркнул американский чиновник, оставшийся анонимным.

До чего коварны эти американцы. Но ведь это только при Владимире Ильиче Москва клеймила тайную дипломатию и обещала не вести переговоров за спиной народов. Увы! Сегодня тайная дипломатия – в порядке вещей. Поэтому кто может исключить, что идеи Госдепа так или иначе могли быть затронуты на встрече в Сочи?

С другой стороны, официальная позиция Москвы была четко изложена во время бесед в Сочи Путина и Лаврова с главой МИД КНР Ван И. Тогда было сказано, что сотрудничество России с КНР достигло беспрецедентно высокого уровня. В частности, по итогам 2018 года товарооборот увеличился на 24,5% и составил 108 млрд. долл. Хотя, как говорил Путин, изначально планка была поставлена в 100 млрд.

Еще один важный тезис, прозвучавший во время этих бесед: мир должен знать, что российско-китайские отношения "не будут подвергаться помехам и влиянию извне".

Таково желание правительств. Однако факт состоит в том, что на деле Китай и Россия глубоко интегрированы в мировую экономику; значит, отношения между ними не могут не испытывать влияния извне.

Газета South China Morning Post, выходящая в Гонконге, отмечает, что Россия и Китай сблизились до беспрецедентного уровня за 50 лет, минувших с тех пор, как между СССР и КНР произошло вооруженное столкновение. Китай стал главным торговым партнером России. Но более трех четвертей российского экспорта – это сырье, тогда как Китай продает России электронику и готовые товары. То, что Россия напоминает сырьевой придаток Китая, беспокоит Кремль.

А торговая война между США и Китаем меняет ситуацию. Спор двух сверхдержав оборачивается для Москвы благом. Она становится для Пекина незаменимым партнером.

Торговые войны могут оказать значительное влияние на такие отрасли Китая, как сельское хозяйство и энергетика. Например, Аденский залив и Малаккский пролив критически важны для безопасности Китая. Но движение нефти по этим путям может быть прервано. На этом фоне Россия становится для Китая надежным "страховым полисом": ее экспортные товары не нужно перевозить по морю.

В беседе с "НГ" главный научный сотрудник ИМЭМО РАН Александр Ломанов сказал: "Американцы прикладывали огромные усилия, чтобы навязать Китаю сжиженный природный газ с Аляски. Соответственно, пока продолжается спор, доступ американского газа будет закрыт. Это важно. Россия может также рассчитывать на расширение поставок мяса, сои, зерна и, конечно, газа. Это позитивный фактор, но не решающий, так как Китай и США могут прийти к какой-то договоренности. Самое главное то, что Китаю приходится менять сложившийся за 40 лет менталитет. Ведь реформы и открытость, провозглашенные в КНР, совпали по времени с восстановлением дипломатических отношений между Китаем и США."

Эксперт напомнил, как китайские эксперты говорили, что успех реформ превзошел все ожидания, а отношения с США с 1978 года достигли расцвета, которого никто не ожидал. А теперь конструкция начинает рушиться. И Китаю надо думать о том, как бы это не привело к разрушению базы реформ и открытости. "Если Трамп проведет так называемое рассоединение США и Китая, то китайские бизнесмены будут испытывать меньше страха из-за того, что американцы их покарают. В результате инвестиционная политика Китая в России станет более суверенной и осуществляемой без оглядки на США", – заключил Ломанов. (http://www.ng.ru/world/2019-05-14/6_7572_china.html)

俄媒：中俄关系"不会被外界干扰和影响"

参考消息网5月16日报道 俄罗斯《独立报》5月15日发表文章称，莫斯科正在成为北京更加重要的伙伴。

文章称，根据华盛顿消息人士的说法，美国国务卿蓬佩奥最近索契之行的目的之一是离间俄中关系,找到克里姆林宫和白宫能够合作对付北京的领域。

不过文章指出,在俄总统普京和外长拉夫罗夫于索契会见中国外长王毅时,莫斯科的官方立场得到了清楚阐述:中俄合作达到了空前的高水平。特别是2018年中俄贸易额增长24.5%,达1080亿美元,超过了此前设定的1000亿美元目标。

文章称,会谈期间发出的另一个重要信号是:世人应当知道,中俄关系"不会被外界干扰和影响"。

文章援引香港《南华早报》的观点称,中俄关系达到前所未有的程度。中国成为俄主要贸易伙伴。

"莫斯科正在成为北京不可替代的伙伴。"文章说。

(http://column.cankaoxiaoxi.com/2019/0516/2380263.shtml)

可以看出,原新闻稿篇幅很长,内容涉及中俄关系和中美关系,而译者在编译时把侧重点放到中俄关系上,对原文进行删减和重组,把涉及中美关系的和对中俄关系不友好的言辞句段删去,聚焦中俄关系。所得译文重点突出,篇幅大大缩减,行文规范流畅,清晰易懂,完全符合汉语表达习惯,使所编译新闻获得最佳的报道效果。

6.3.3 新闻摘译

新闻摘译是翻译新闻的要点和主要内容,主要摘取原新闻部分段落或句群以及句子进行翻译。具体摘译多少,要视原作的篇幅大小、信息含量、媒体要求(版面篇幅或播报时长)和译文潜在读者或听众的信息需求而定。

① Канцлер ФРГ Ангела Меркель заявила, что проект "Шелковый путь" очень важен и европейцы хотят играть в нем активную роль. "Проект как таковой является очень хорошей визуализацией того, что определяет нашу зависимость друг от друга и нашу взаимную связь".

德国总理安格拉·默克尔称,"丝绸之路"项目非常重要,欧盟希望能在该项目中发挥积极作用。默克尔还表示,"丝绸之路"项目直观体现了各国的彼此依赖和相关联系。

② Запрет на поставки в США оборудования китайской компании Huawei замедлит, но не остановит её развитие, заявил основатель и глава Huawei Жэнь Чжэнфэй на пресс-конференции в штаб-квартире компании в Шэньчжэне. Об этом сообщает Nikkei Asian Review.

据《日经亚洲评论》报道,华为创始人兼总裁任正非在深圳总部举行的新闻发布会上表示,禁止在美国市场销售华为手机会减缓公司发展,但无法阻止其发展步伐。

● 主题词汇

аудитория 听众
брифинг 新闻发布会
дайджест 报纸摘要
журналист 记者
заголовок 标题
заметка 短讯
интервью 采访
источник информации 信息源
комментарий 评论
комментатор 评论员
лид 导语
международный обзор 国际评论
на первой полосе 头版
на первой странице 首页；头版
на видном месте 以显著位置登载
новость 新闻
обозреватель 观察员

общественное мнение 舆论
очерк 特写
передовая статья 社论
подзаголовок 副标题
пресс-конференция 新闻记者招待会
пресс-релиз 新闻稿
пресс-служба 新闻机构
публицистика 政论；时评
рецензия 书评；报评
репортаж 现场报道
рубрика 专栏
СМИ 大众传媒
спецкор 特派记者
тираж 印数
ток-шоу 脱口秀
фельетон 小品文
хроника 短讯；新闻栏

● 课后练习

1. 回答问题
（1）新闻文体有哪些特征？
（2）新闻文体词汇有哪些特点？
（3）新闻报道由哪些部分组成？
（4）如何全译新闻？
（5）如何进行新闻编译？

2. 佳译欣赏

Заявление МИД КНР	中国外交部声明
Сегодня в Пекине представитель МИД КНР назвал несправедливым решение США ввести экономические санкции против Китая. Мы никогда не нарушали и не собирались нарушать Международное соглашение по контролю за распространением ракет и технологий, заявил он. Он также опроверг утверждение представителя госдепартамента США о том, что Пекин якобы в обход международного договора предоставлял Пакистану технологий создания ракет.（Информационное телевизионное агентство, 27 августа 2013 года）	中华人民共和国外交部发言人今天在北京声明：美国对中国实行经济制裁的决定是不公正的。 他说，我们从来没有违反过，也不想违反关于控制扩散导弹及其制造技术的国际协定。他还驳斥了美国国务院发言人关于中国不遵守国际条约，向巴基斯坦提供导弹技术的说法。（电视新闻通讯社，2013年8月27日）

3. 译文校正

对比原文和译文，完善译文不足之处。

ЗАЯВЛЕНИЕ МИД РОССИИ О РАКЕТНЫХ ЗАПУСКАХ КНДР	俄罗斯外交部关于朝鲜发射导弹的声明
Как стало известно, 4 июля в КНДР был произведен запуск баллистической ракеты большой дальности, а также пяти ракет средней дальности. Этот шаг был предпринят без предварительного уведомления и в нарушение моратория на ракетные пуски, установленного Пхеньяном ранее. Тем самым была поставлена под угрозу свобода международного судоходства в акватории Тихого океана, нарушена общепринятая мировая практика в отношении предупреждения о пусках. Кроме того, по поступившим сведениям, которые сейчас перепроверяются, обломки ракеты, запущенной КНДР, упали в непосредственной близости от российских берегов.	7月4日，朝鲜发射了一枚远程弹道导弹以及五枚中程导弹。这一行为未经提前声明，违反了平壤先前设定暂停导弹试射的规则，这一行为对太平洋国际间自由航行造成了威胁，并违反了预先通知导弹发射的海洋公约。除此之外，据现场检查情报，朝鲜发射的导弹碎片落入俄罗斯附近海域。

Российская сторона выражает серьезное беспокойство по поводу подобных действий, которые идут вразрез с ожиданиями международного сообщества, заинтересованного в укреплении регионального мира и стабильности, и могут осложнить перспективу урегулирования ядерной проблемы на Корейском полуострове.	俄罗斯方面对这种违背国际社会期望的行为表示严重关切，认为其不利于地区防御工事和地区稳定，并会使朝鲜半岛核问题解决的前景复杂化。
Российская сторона призывает КНДР к сдержанности, соблюдению взятых на себя обязательств в ракетной области и будет выстраивать свою позицию в данном вопросе в рамках международного права и с учетом задачи обеспечения региональной стабильности. Данная позиция доводится до сведения корейской стороны в Москве и Пхеньяне.	俄罗斯方面呼吁朝鲜保持克制，遵守在导弹领域的责任义务，明确在国际法框架下关于这一问题的态度，并考虑到维护地区稳定的责任。莫斯科和平壤方面也就这一观点达成会面机会。
МИД России проводит консультации со всеми участниками шестисторонних переговоров, в том числе в связи с предложением о созыве заседания СБ ООН для рассмотрения сложившейся ситуации.	俄罗斯外交部同六方会谈所有成员进行磋商，包括提议召开联合国安理会会议审议局势。

4. 翻译实践

把以下新闻全译或编译成汉语。

Российский бизнес надеется на китайский мониторинг делового климата

Подавляющее большинство российских руководителей (88%) считают, что заниматься бизнесом в России "сложно", почти каждый третий из них заявляет, что "очень сложно" (30%), и только 10% полагают, что это "скорее легко". Таковы итоги опроса 1 тыс. руководителей крупного, среднего и малого бизнеса, проведенного в сентябре-ноябре 2018 года PwC и НАФИ. Самыми сложными для ведения бизнеса в РФ названы сферы строительства, розничной торговли, изыскательной деятельности.

"Главные проблемы бизнеса, похоже, не меняются годами. Это жалобы на чрезмерное налогообложение, административные барьеры, бюрократию, на постоянные изменения в законодательстве", – говорит управляющий партнер PwC в России Игорь Лотаков. По мнению партнера инвесткомпании "Варданян, Бройтман и партнеры" Рубена Варданяна, фундаментальной проблемой является отсутствие уважения к предпринимателю и институту частной собственности в целом.

60% опрошенных не доверяют действиям правительства с точки зрения учета чиновниками интересов бизнеса. Большинство руководителей (70%) считают, что в России высокий уровень коррупции и экономической преступности (60%). Скептичны руководители и в ответах о перспективах экономического роста России: около 70% полагают, что в ближайшие шесть лет темпы роста ВВП будут ниже среднемирового показателя, и только 10% оптимистично считают, что они будут его опережать.

Мнение о том, что введенные в отношении России санкции оказали негативное влияние на экономику, разделили 59% опрошенных, еще 15% заявили об их крайне негативном влиянии. Однако каждый пятый руководитель (преимущественно из аграрной отрасли), напротив, заявил о позитивном влиянии санкций. Применительно к собственной компании ответы несколько иные: половина опрошенных отметили, что санкции никак ни повлияли на бизнес, 40% заявили об их негативном эффекте, 8% – о крайне негативном.

Несмотря на больший объем внешнеторгового оборота со странами ЕС (43,8% по итогам 2017 года), большинство опрошенных (66%) видят в Китае главного экономического партнера на ближайшие три года (см. диаграмму). Больше всего на партнерство с Китаем надеются в секторе коммунальных и социальных услуг, в розничной и оптовой торговле. Компании стран СНГ в качестве своих партнеров видят 12% опрошенных. (Газета "Коммерсантъ" №219 от 28.11.2018, стр. 2)

公文篇

第七章 行政管理文体翻译

7.0 引言

行政管理文体也称行政办公文体,它是公文事务性文体的分体之一。在讲授行政管理文体之前,我们首先了解一下公文事务性文体的文体功能、文体特征。

7.1 公文事务性文体的功能

公文事务性文体运用于法律和行政管理领域,服务于特别重要的公务和人际关系,如国家政权和居民之间,国家与国家之间,企业、组织、事业等单位之间,个人与社会之间的关系。

公文事务性文体具有信息功能和调节功能。在文本中其功能具体体现为确定责任和赋予权力,禁止某种行为,通知实施行政和法律行为,申请完成法律行为和做出决定等。

公文事务文体包括行政管理文体、法律文体和外交文体。该文体表述准确详细,用语清晰严谨;信息客观,语言具有规定性;语言手段单一,前后用语一致;表述非私人性,行文缺乏个性,缺乏情感和表现力;用语程式化,文本结构紧凑,语篇形式固定。

7.2 公文事务性文体的语言特点

7.2.1 词汇特点

除了使用书面语通用词汇和中性词汇外,公文事务性文体的词汇体系中还包括以下词汇:

1. 公式化表达法(办公用语,套语),例如: ставить вопрос, оказание помощи, предъявление иска, вступить в силу, довести до сведения, иметь место, нанести ущерб, в целях содействия, по истечении срока 等。

2. 术语，例如：вексель, индоссант, неустойка, коносамент, убытки, правоспособность, юрисдикция 等。

3. 办公用语，例如：надлежащий, исходящий, входящий 等。

4. 缩略语和简写词，例如：НИИ, ОАО, НДС, ТПП, ГОСТ, автокапремонт, р/с, г-н, тчк, ж-д, ч. 5 ст. 131 и ч. 5 ст. 132 УК РФ 等。

5. 不带情感色彩的词汇，例如：законодательство, конституция 等。

6. 古旧词语（文语），例如：кой, посему, оным удостоверяю, сей документ 等。

7. 不使用多义词和转义词。

7.2.2　词法特点

公文事务性文体经常反复使用以下词类或词形：

1. 表示行为特征的名词，例如：налогоплательщик, арендатор, свидетель 等。

2. 动名词，例如：возникновение, осуществление, изменение, прекращение, владение, пользование 等。

3. 带有否定意义的前缀 не- 的动名词，例如：неимение, недовыполнение, несоблюдение, непризнание 等。

4. 形容词和形动词短尾，例如：должен, обязан, необходимо, нужно; Все изменения к настоящему контракту действительны лишь в том случае, если они совершены в письменной форме и подписаны обеими сторонами 等。

5. 动词第三人称，例如：За неуплату взимается штраф. Настоящее соглашение ступает в силу с момента его подписания 等。

6. 复合前置词，例如：в интересах, в отношении, в пределах, в случае, на основании 等。

7. 复合词，例如：работодатель, ремонтно-эксплуатационный, вышеуказанный 等。

8. 动词不定式结构，例如：провести осмотр, оказать помощь 等。

9. 名词二格串用，例如：Предлагаем Вам варианты решений реконструкции систем отопления вентиляции жилых и производственных зданий.

10. 形动词和副动词使用频率也很高，例如：Однако, принимая во внимание наши длительные деловые отношения и то обстоятельство, ... Все споры, возникшие в результате выполнения настоящего контракта, должны быть улажены путем дружественных переговоров.

7.2.3　句法特点

公文事务性文体句子结构紧凑，语气客观，句法手段比较简单。

1. 广泛使用多成素的词组，例如：предложение в 3-х экземплярах на поставку запасных частей в соответствии с прилагаемой спецификацией。

2. 使用无施动结构，例如：Настоящий договор составлен в двух экземплярах。

3. 常使用同等成分的句子，例如：В предложении просим Вас указать полное наименование, тип, технические характеристики, материал, цену и вес по каждой спецификации, а также возможные сроки поставки。

4. 主要采用顺词序，例如：Покупатель имеет право с согласия Продавца возвратить товар и потребовать поставки товара надлежащего качества взамен забракованного。

5. 多使用复合句，尤其是带条件从句和限定从句的主从复合句，例如：Продавец несет ответственность за все недостатки товара, которые возникли после передачи его Покупателю, если причина их существовала до этой передачи ...

7.3 行政管理文体

行政管理文体用于处理国家机关、企事业单位、社会团体、个人的行政事务关系领域，通过具体文件或函件来完成信息沟通、组织管理、问题研究、业务处理等活动。

7.3.1 行政管理文体的特征

行政管理文体的体裁包括决议、决定、命令、指示、指令；证明、证书、鉴定、文据、收据、呈文、汇总、综述、信函、申请、说明；合同、协议、委托书、公函、商函等。

行政管理文体具有组织功能（如章程、条例、制度、指令等）、命令功能（命令、决定、指示、指令）、信息功能（呈文、调查表、证明书、文据）和调节功能（合同、借据、协议）。

行政管理文体内容客观，信息完整；行文有固定程式，套语使用多，讲究规范；语言正式简洁，用语准确庄重，不带情感色彩。

7.3.2 行政管理文体的语言特点

行政管理文体有特定的交际领域、交际对象、交际功能、交际程式，除了具备公文事务性文体的一些语言特点外，行政管理文体有其语言特点，选词造句时必须考虑到这些语言特点。以下结合行政管理文体具体例证展示其中的一些特点：

7.3.2.1 词汇特点

1. 术语和行话，如文件内容不同，使用的术语和行业用语就有可能不同，例如：экспорт, импорт, договор, просрочка, надбавка, заказ, предложение 等。

2. 行政管理类的非术语性词语，例如：надлежащий, должный, вышеуказанный, нижеподписавшийся, нижеперечисленный, настоящий (этот) 等。

3. 带修饰语的固定词组，例如：трудовое соглашение, единовременное пособие,

установленный порядок, вышестоящие органы, предварительное рассмотрение 等。

4. 套语，例如：поставить в известность, согласились в нижеследующем, вступать в силу, произвести оплату, нанести ущерб 等。

5. 表示国家、机构、组织名称的缩略语，例如：ИНН – идентификационный номер налогоплательщика, ЦБР – Центральный Банк России, МТБ – Московская Торговая Биржа 等。

6. 文秘类词汇，例如：документ, год документа, гриф, документооборот, реквизиты, входящий/исходящий номер, индекс, регистрационный номер, реестр 等。

7.3.2.2　词法特点

1. 使用表示人的身份、职务、职业的名词，例如：налогоплательщик, квартиросъемщик, наниматель, арендатор, заказчик, продавец, покупатель 等。

2. 使用带前缀 не- 的名词，例如：неисполнение, ненахождение, невыполнение, несоблюдение, непризнание 等。

3. 使用名词化复合前置词，例如：в целях, в отношении, в силу, в интересах, в лице, в порядке, на основании, в случае 等。

7.3.2.3　句法特点

1. 谓语多使用动词 + 名词形式，例如：оказать помощь, оказать содействие, произвести реконструкцию, провести исследование, сделать заявление, иметь применение 等。

2. 用否定句式来表示肯定意义，例如：Министерство не возражает ...; Коллегия не отклоняет ...; Учёный совет не отвергает ...

3. 使用被动句强调行为完成的事实，例如：Оплата гарантируется; Предложение одобрено; Документация возвращена. 等。

4. 常使用该文体一些程式化的惯用语和句子，例如：Настоящим доводится до Вашего сведения. Настоящим отвечаю на Ваше письмо от ...; В соответствии с протоколом о взаимных поставках прошу Вас ...; Считаем необходимым выразить своё несогласие с Вашими замечаниями по качеству выполнения работ ...

7.3.2.4　篇章特点

行政管理文体有自己一套相沿成习程式化的固定格式和内容要点，甚至对排版和文稿用纸都有要求。如果缺少某一项目或未按固定的格式书写，文件可能就会无效。

● **课堂练习**

阅读以下委托书范文，结合所讲内容分析其语言特点。

Доверенность

г. Москва   30 июня 2009 года

 Общество с ограниченной ответственностью «Перепелка» в лице генерального директора Козырева Николая Васильевича, действующего на основании устава, поручает бухгалтеру Солнцевой Ирине Викторовне (паспорт серии 45 09 № 638901, выданный ОВД «Текстильщики» г. Москвы 06.02.2004), следующее:

1) представлять интересы общества в ИФНС России по г. Москве № 5;
2) сдать налоговую отчетность за полугодие 2009 года;
3) совершать действия, необходимые для сверки налоговых расчетов;
4) передавать и получать документы, связанные с исполнением указаний настоящей доверенности.

Доверенность выдана на срок до 30 июля 2009 года без права передоверия.

Подпись представителя *Солнцева* удостоверяю.

Генеральный директор *Козырев* Н.В. Козырев

● 翻译举要

7.4 行政管理文体翻译

行政管理文体内容客观，信息完整；行文呈固定程式，套语使用多，讲究规范；语言正式严谨，用语准确庄重，不带情感色彩。鉴于行政管理文体的以上特点，在翻译时应注意以下事项：

7.4.1 正确理解和选用专业术语

行政管理文体多用于指令、磋商、答询等公务，内容会涉及某一具体领域，自然会使用相关专业术语和词汇，因此翻译时要准确理解这些术语和词汇，熟悉这些术语和词汇在汉语中的固定表达法。例如：

① Цена понимается ФАС порт ..., включая стоимость экспортной упаковки и стандартного комплекта запасных частей.

 价格系……港船边交货价格，含出口包装费和一套标准配件的费用。

② Условия платежа: Платеж производится посредством инкассо против представления счета, отгрузочных документов и сертификат о качестве товара.

 付款条件：付款应凭交货账单、发货单据和质量证明以托收方式进行。

以上两例中有关价格计算和付款条件方面的术语和词汇,翻译时应准确理解和选择。

7.4.2　正确理解和表达行政管理业务用语

在行政管理文本中一些词汇既不是专业术语,也不是尺牍用语,而是某一交际领域的业务用语,翻译时要知道如何转换。例如:

① Складирование оплачивается по скользящей шкале в зависимости от объёма(груза).

仓储费率因货物体积大小的差异而上下浮动。

② Мы заинтересованы в срочной поставке.

我方希望即期交货。

③ Наша компания в настоящее время полностью загружена заказами.

我公司目前订单甚殷。

④ Все товары всегда в наличии на наших складах в Москве.

所有商品我公司莫斯科仓库现货供应。

⑤ Копия: Торгпредство РФ в КНР, г. Пекин.

抄送:俄罗斯联邦驻华北京商务代表处。

7.4.3　正确理解和使用尺牍用语

行政管理文体在长期的发展过程中形成了一套起、承、转、合的公文惯用语,即尺牍用语。这些尺牍用语语义精准,礼貌得体,词语固定,用途专门。翻译时要根据情况适当地套用汉语的行政管理尺牍用语并使用汉语的一些文言古词(贵、兹、谨、惠寄、收悉、乞谅、期请、承蒙、敬颂、函复等),以突出文体色彩。例如:

① Ссылаясь на переговоры, проведенные в Москве в апреле 2019 г., ...

根据2019年4月在莫斯科进行的谈判,……

② В ответ на Ваше обращение сообщаем, ...

复贵方请求,现通知如下:……

③ ОАО "Все для дома" заявляет Вам о рекламации в связи с ненадлежащей поставкой стороной очередной партии продукции.

鉴于贵方这批供货存在问题,百家居股份公司提出索赔。

从①、②、③例可以看出,翻译行政管理文本开端的领叙词时,务必使公文前后过渡衔接紧密,自然地引出撰写公文的理由、根据或公文的具体内容。

④ Просим прислать нам последний альбом образцов.
请惠寄最新样品册一本。
⑤ Надеемся, что вы найдёте возможным удовлетворить нашу просьбу.
希望贵方能满足我们的要求。

行政管理文本为了营造相互尊重、和谐协作的气氛,会使用一些祈请词。④、⑤例译文中使用了汉语的祈请词"请""希望",来表达原文中的请求和希望之意。

⑥ Мы с интересом ожидаем Ваших заказов.
盼赐订单。
⑦ Заранее благодарим Вас.
预致谢意。
⑧ В ожидании Вашего ответа.
盼复。
⑨ С уважением
此致敬礼!

⑥、⑦、⑧、⑨例是公文结束后的结尾词。有的结尾词用来表示正文结束,有的用来再次明确行文的目的和要求,有的表示敬意,有的表示谢意。当然翻译时可根据汉语的表达习惯把一些惯用语调整或添加在公文的结尾处,如"特此告知""特此函复""敬请光临""谦甚"等。

⑩ Имеем честь сообщить Вам, что ...
谨告贵方……
⑪ Мы подтверждаем наше письмо от 05.03.2020.
兹确认我方于2020年3月5日的发函。
⑫ По получении заключения завода ответ на вышеупомянутое письмо Вам будет послан незамедлительно.
一俟得到生产厂的研究结果,即向贵方寄出对上述来函的答复。
⑬ Будем рады, если Вы сможете принять участие в мероприятии.
如蒙莅临,我们将十分荣幸。

⑩、⑪、⑫、⑬例中的"谨""兹""一俟""如蒙"几个汉语尺牍古词的运用使译文文牍色彩更浓,行文更加符合行政管理礼仪。

7.4.4 语义表达要明确,语句要严谨

行政管理文体内容详尽周密,表述高度准确,翻译时选词要准确鲜明,用语要质朴平匀,语气要郑重严肃。译文表达要服从原文行政管理文本行文的目的及其表现的主题,宜详则详,当略则略。例如:

① В ответ на Ваше обращение сообщаю, что в настоящее время руководство предприятия полагает нецелесообразным пересмотра порядка оплаты по соглашению о поставках продукции и взаимных расчетах на 2020 год.

复贵方请求,兹通如下:目前企业领导认为,根据2020年供货和相互结算协议,修改付款程序是不适宜的。

上例原文中为了使语义表达严谨,在句法结构方面积极使用多成素词组,句子结构紧凑,繁杂冗长。翻译时考虑到汉语的行政管理文体的行文习惯,进行了多处切分,从而使得语言规范地道、明白流畅、精炼顺达,更方便接受和理解。

② ...(дата выдачи свидетельства прописью)в нотариальное бюро с просьбой оформить настоящую доверенность обратился гр. ... (дата рождения гр., место проживания гр.), который, прочитав текст доверенности, и, ознакомившись с её содержанием и последствиями, подписал доверенность в моем присутствии, подтвердив, таким образом, ее оформление.

XXX(出生时间,居住地址)于……(发证日期)来到我处申办本委托书的公证。XXX在读完委托书,了解委托书的内容及其所产生的后果之后,在我的面前,在委托书上签名予以确认。

原文中使用连接词(который)、副动词(прочитав, ознакомившись, подтвердив),使内容和细节表达得详尽精确。译文为了表达清晰,该繁则繁,不遗漏只字片言,语义表达细致精准,再现公证文体行文的严谨性。

7.4.5 谋篇程式化,格式要规范

行政管理文体在长期发展过程中趋于程式化,形成了自己的内容要点、相沿成习的套语、文体格式、分层列段、结构章法甚至包括标点符号。行政管理文体篇章结构方面的程式

化体现在文本都具有标题或摘要、主送单位、正文、发文单位、负责人签字、发文时间和地点、公文编号等要项。行政管理文体篇章的程式化有利于行政管理行业的业务交流,行文时若没有依照固定的格式,有时可能使行政管理文本失去效力,所以在翻译时在语义表达清楚的前提下,一定要考虑到篇章结构和格式规范因素。例如:

① **Приглашение**

Уважаемый (ая) _____,

Торгпредство РФ в КНР и КГК "Машимпекс" имеют честь пригласить Вас на презентацию Красноярского производственного объединения по зерноуборочным комбайнам.

Презентация состоится 26 ноября с. г. в 15:00 в помещении Торгпредства РФ в КНР.

邀请信

尊敬的 _____:

谨定于今年9月26日下午3时在俄罗斯联邦驻华商务代表处举行克拉斯诺亚尔斯克谷物联合收割机厂推介会。

敬请光临!

俄罗斯驻华商务代表处
中国机械进出口总公司

② **Рекомендательное письмо**

Студентка Анохина И. В. в 2019 году окончила Московский технический университет связи и информатики, кафедру организация производства, аудит и бухгалтерский учёт факультета экономики и управления.

За время учёбы зарекомендовала себя способной студенткой, стремящейся к постоянному повышению своего уровня знаний. Является лауреатом конкурса "Лучший студент Московского технического университета связи и информатики". В коллективе пользовалась уважением и авторитетом. Активно участвовала в общественной и культурной жизни ВУЗа. Имеет неконфликтный характер, отличается высоким уровнем ответственности и трудолюбия.

Поэтому рекомендую Анохину И. В. для прохождения стажировки в Министерстве финансов Российской Федерации.

Заместитель проректора по учебной работе *Курасов* А.И.Курасов
д.э.н., профессор
15 июля 2019 г.

推荐信

　　学生 И. В. 阿诺欣娜于2019年毕业于莫斯科通讯与信息技术大学生产组织教研室经济管理系审计和会计核算专业。

　　阿诺欣娜同学在学习期间聪明有才,能不断提高自己的知识水平。曾获得"莫斯科通讯与信息技术大学优秀大学生"竞赛奖。深受集体尊重,享有威望。能积极参加学校的社会和文化生活。阿诺欣娜同学性格平和,责任心强,热爱劳动。

　　基于以上理由,我愿推荐 И. В. 阿诺欣娜在俄罗斯联邦财政部进行实习。

主管教学副校长、经济学博士、教授　А.И. 库拉索夫（签字）

2019年7月15日

③ **Удостоверительная надпись освидетельствовании верности копии документа**

Место выдачи свидетельства ＿＿＿＿＿＿ (полностью)

Дата выдачи свидетельства ＿＿＿＿＿ (прописью)

Я, (фамилия, имя, отчество), нотариус (наименование государственной нотариальной конторы или нотариального округа), свидетельствую верность этой копии с подлинником документа. В последнем подчисток, приписок, зачеркнутых слов и иных неоговоренных исправлений или каких-либо особенностей нет.

Зарегистрировано в реестре за № ＿＿＿

Взыскано госпошлины (по тарифу)

Нотариус (подпись нотариуса)

Печать

公证书

＿＿＿证字＿＿＿号

　　兹证明该复印件与原件相符。原件中无修改、添加和勾掉的词语,无其他任意变动或特别标注之处。

XXX 公证处（印章）

公证员　（签名）

年　月　日

　　对比可以看出,俄汉行政管理文体的程式是有区别的。例②推荐信俄汉两种语言中文本的惯用格式基本相同，仅是时间位置有所区别，俄语在整个文本的左下角，而汉语在整个文本的右下角，翻译时做了一点微调。例①③格式方面调整的幅度就比较大了，例①中关于起首的称呼语的位置和标点符号、邀请函的发出者以及正文内容的叙述顺序，两种语言的差异是非常明显的，汉语译文几乎是依照汉语格式对原文重组的。对比例③中的原文和译文可以看出，首部是公证文书的名称，俄文公证文书名称中则要体现公证的具体事项，而汉语在文书的上部正中只写"公证书"，具体的公证事项要在正文中交代；文书编号，俄文中证书编号要放在证词之后，而且不注明年份，汉语证书的编号是在"公证书"的右下方用阿拉伯数字先写年度的全称，然后写公证机关简称和编号，如："(2020)西雁证字126"；俄文公证书尾部对机关名称不予专门注出，因为在证词中已包含此项，而汉语公证书的尾部首先是制作文书的机关名称，如写"中华人民共和国××省××市(区、县)公证处"，机关名称之后是公证人(签名)；俄文公证书签发的年、月、日在正文之前，而汉语年、月、日在正文的最后；俄文公证书会注明公证费用，汉语中则没有此项内容。

总之，在翻译俄汉行政管理文体时，若两种文体程式相同则套用即可，若差异较大，在保留原文内容不变的前提下，宜依照汉语读者的接受习惯，顺应汉语行政管理文体的程式进行调整重组。

● 主题词汇

автобиография 简历	справка 证明
акт 文据；证书	указание 指示
доверенность 委托书	деловое письмо 商务信函
договор 合同	гарантийное письмо 担保函
докладная записка 报告书；呈文	заявление 申请
контракт 合同	оферта (предложение) 报价函
объявление 布告	ответ на запрос 复询价函
отчёт о ... 报告	ответ на оферту 复报价函
постановление 决议	письмо-благодарность 感谢函
приказ 命令	письмо-заказ 订货函
расписка 收据	письмо-заявление 声明函
распоряжение 命令	письмо-запрос 询价函
решение 决定	письмо-ответ 回函
соглашение 协议	письмо-подтверждение 确认函

письмо-поздравление 感谢函
письмо-приглашение 邀请函
письмо-просьба 请求函
письмо-рекламация 索赔函

письмо-сообщение 通知函
свободная оферта 虚盘
сопроводительное письмо 随函
твердая оферта 实盘

● 课后练习

1. 回答问题
（1）公文事务性文体有哪些特征？
（2）公文事务性文体有哪些分体？
（3）行政管理文体有哪些特征？
（4）如何翻译行政管理文本？

2. 佳译欣赏

Уважаемый господин Чжан Хуа! Позвольте ещё раз поблагодарить Вас за участие во встрече представителей Азиатского Дипломатического Клуба и нашего банка 25 июля 2019 года и интерес, проявленный к деятельности нашего банка. Надеемся, что эта встреча сможет стать началом плодотворного сотрудничества, и пользуемся случаем заверить Вас, что мы всегда готовы оказать всю возможную помощь Вам и Вашим соотечественникам, заинтересованным в развитии отношений с российскими предприятиями и организациями. С уважением, Начальник Управления　　А.Н.Сергеев развития и поддержки зарубежной сети	尊敬的张华先生： 您拨冗出席2019年7月25日亚洲外交俱乐部与我行的会谈，并关注我行业务，对此，请允许我再次向您致谢。 我们希望这次见面能成为卓有成效合作的开端，借此机会请您相信，我行将随时准备为您以及有意与俄罗斯企业、组织发展关系的贵国同胞提供一切可能的帮助。 此致 敬礼 国际开发局 局长 А.Н.谢尔盖耶夫

3. 译文对比

对比以下译文，分辨其优劣，指出不规范译文的不足。

Поздравление

Делегатам XVIII съезда Коммунистической партии Китая

Генеральному секретарю Центрального комитета Коммунистической партии Китая

товарищу Ху Цзиньтао

Дорогие друзья!

Центральный комитет Коммунистической партии Российской Федерации сердечно приветствует вас, делегатов XVIII съезда Коммунистической партии Китая.

К работе вашего съезда приковано внимание всего мира. Друзья китайского народа с удовлетворением воспринимают достигнутые КНР успехи в ходе социалистического строительства под руководством Коммунистической партии, превратившие вашу родину в одну из ведущих держав мира. Широко известны космические достижения Китая. Найден свой путь модернизации. Растет авторитет и роль Китайской Народной Республики в мировой политике.

КПРФ с удовлетворением отмечает углубление всестороннего сотрудничества наших стран, что отвечает коренным интересам российского и китайского народов. Наша партия будет продолжать вносить свой вклад в укрепление дружбы между Российской Федерацией и КНР.

КПРФ и КПК развивают свои связи в рамках Соглашения о сотрудничестве, которое многие годы является основой наших братских отношений.

Дорогие друзья!

Мы глубоко убеждены в том, что XVIII съезд КПК и принятые на нем решения послужат дальнейшему процветанию Китайской Народной Республики. Желаем больших успехов Коммунистической партии Китая, счастья и благополучия китайскому народу.

С братским приветом,

Председатель КПРФ   Г.А. Зюганов

г. Москва, 7 ноября 2012 г.

致中国共产党第十八次全国代表大会的代表们、中国共产党中央委员会总书记胡锦涛同志

亲爱的朋友们：

俄罗斯联邦共产党中央委员会向中国共产党第十八次全国代表大会的全体代表们致以诚挚的祝贺。

代表大会的召开吸引着全世界的目光。在中国共产党的领导下，那些在建设社会主义进程中所取得的成就正将中国变成一个世界强国。这让我们这些中国人民的朋友们十分欣慰。中国在航天领域也取得了举世闻名的成就。中国找到了适合自己的现代化道路。中华人民共和国在世界政治舞台上的地位也在日益升高。

俄罗斯联邦共产党欣喜地注意到，全面深化两国间的合作符合俄罗斯人民和中国人民的根本利益。我党将继续为巩固俄中两国间的友谊做出自己的贡献。

多年来，俄罗斯联邦共产党和中国共产党一直在合作协议的框架下发展着彼此间的关系。这也是两国兄弟般友好关系的基础。

亲爱的朋友们！

我们深信中国共产党第十八次代表大会和将在本次大会上通过的决议将使中华人民共和国走向新的繁荣。祝中国共产党取得更大的成就！祝中国人民幸福安康！

致以兄弟般的问候！

俄罗斯联邦共产党主席
根纳季·安德烈耶维奇·久加诺夫
2012年11月7日

尊敬的中国共产党第十八次全国代表大会代表们：
尊敬的中国共产党中央委员会总书记胡锦涛同志：
亲爱的朋友们：

俄罗斯联邦共产党中央委员会对中国共产党第十八次全国代表大会的全体代表表示真诚的祝贺。

中共十八大的召开举世关注。在中国共产党的领导下，中华人民共和国在社会主义建设过程中取得的成就把贵国变成世界的强国之一，我们作为中国人民的朋友对此感到由衷的高兴。中国在航空航天领域也取得了举世瞩目的成就。中国找到了自己的现代化道路。中华人民共和国在世界政治舞台上的声望和作用日益增高。

俄罗斯联邦共产党满意地指出，深化中俄两国的全面合作符合两国人民的根本利益。为此，俄罗斯联邦共产党将继续为巩固俄中两国的友谊做出自己的贡献。

多年来，俄罗斯联邦共产党和中国共产党的合作协议已成为两党兄弟般关系的基础，我们一直在这个合作协议的框架下发展两党的关系。

亲爱的朋友们！

我们深信，中国共产党第十八次代表大会以及这次大会即将通过的决议会让中国更加繁荣富强。祝愿中国共产党取得更大的成就！祝中国人民幸福平安！

致以兄弟般的问候！

俄罗斯联邦共产党主席
根纳季·安德烈耶维奇·久加诺夫
2012年11月7日，莫斯科

4. 译文校正

搜寻俄罗斯大学毕业证范文,根据其格式完善以下译文。

普通高等学校

毕业证书

中华人民共和国教育部监制

学生 李红 性别 女 一九九七年八月五日生,于二零一六年九月至二零二零年六月在本校音乐学(音乐教育)专业四年制本科学习,完成教学计划规定的全部课程,成绩合格,准予毕业。

校名:西北音乐学院　　　　　院长:徐苟

证书编号:2020710061　　　　2020年6月30日

Общий вуз

Диплом

Сделан под надзором Министерства просвещения КНР

№ 2020710061

Студентка Ли Хун, женского пола, родилась 5 августа 1997 г., обучалась по специальности музыкознания(музыкального образования) четырёхлетнего основного курса в нашей консерватории с сентября 2016 г. по июнь 2020 г., и с успехом окончила все дисциплины, требуемые программой обучения и годна в успеваемости, поэтому данный диплом выдан ей.

Название вуза: Сибэйская консерватория(печать)

Ректор: Сюй Гоу(печать подписи)

30 июня 2020 г.

5. 翻译实践

请将以下道歉函翻译成汉语。

Вице-президенту Компании "Сапфир"

И. А. Журбину

Глубокоуважаемый Иван Александрович,

Закрытое акционерное общество "Бриллиант" приносит Вам свои искренние извинения в связи с ненадлежащим исполнением обязательств по договору от 25 февраля 2019 г. Уверяем Вас, что задержки в поставке комплектующих изделий, имевшие место в декабре текущего года, носили временный характер и произошли по причинам, не зависящим от деятельности предприятия.

Позвольте, уважаемый Иван Александрович, выразить Вам наше огорчение в связи с этим неприятным фактом. Тем не менее, мы очень надеемся, что имевший место случай не отразится на перспективах нашего делового сотрудничества. Мы также хотели бы заверить Вас в том, что руководство ЗАО "Бриллиант" приложит необходимые усилия к тому, чтобы исключить повторение подобных случаев. Желаем Вам благополучия и процветания.

С глубоким уважением,

Директор-распорядитель ЗАО "Бриллиант"　　　　А. Н. Серков

Финансовый директор　　　　В. А. Вешняков

商贸篇

第八章 购销合同翻译

8.0 引言

合同是公文事务性文体的体裁之一,它是两方或多方达成的书面协议,其中规定了相互的权利和义务,用来调节合作双方的关系。

一份公正合理的合同通常会体现以下内容:1.自愿自由,即双方在没有外来压力和强迫条件下自由地参加某一交易,自由选择交易伙伴;2.互利互惠,即协议双方追求各自的目的和利益,合同所达成的条款要能为双方都带来较大的利益或者能够为双方都减少损失,要互利共赢;3.责任共担,即除了权利外双方还需承担相应的义务和责任;4.讨价还价,即合同的双方反复讨论和协商,双方都希望提出对己方有利的条款,使己方利益最大化。

从法律角度来看,根据合同法律的内容,可分为信贷合同、购销合同、租赁合同、劳动合同、婚姻契约。从经济角度来看,根据合同的有效期可分为短期的、中期的、长期的合同;根据达成协议的类型,可分为正式合同和非正式合同;根据契约当事人的数量,可分为单务合同和双务合同;根据合同的标准化程度,可分为标准合同和非标准合同等等。

8.1 合同的文体特征

合同通常信息容量大,内容完整,用语正式,叙述客观准确,思想表达具体清晰,语言逻辑性非常强,内容直接实用,文本具有法律效力,结构性用语、篇章结构具有程式化特点。

8.2 合同的语言特点

合同有其交际领域、交际对象、交际功能、交际程式,除了具备公文事务性文体的一些语言特点外,合同有自身语言特点,选词造句时必须考虑到这些语言特点。以下结合具体例证强调其中的一些特点:

8.2.1　词汇特点

1. 使用术语，其中包括经贸术语和一些专业术语，例如：продавец, покупатель, поставщик, заказчик, предмет контракта, упаковка, маркировка, штрафные санкции, страхование, претензия, арбитраж, непреодолимая сила, приложение 等。

2. 使用外来语词汇，例如：факс, брутто, нетто, инвойс, инкассо, фактура, форс-мажор, меморандум, СИФ, ФОБ, КАФ 等。

3. 使用固定词组和套语，例如：юридическое лицо, вступать в силу, нести ответственность, нанести ущерб, произвести оплату, в установленном порядке, расторжение Договора, возмещение ущерба, принять меры 等。

4. 使用表示法规意义的词汇，例如：иметь право, нести ответственность, обязываться, вправе, должен, обязан, необходимо, нужно, следует 等。

5. 使用缩略语，例如：КНР, РФ, ГОСТ, США, ООО, ЗАО, ОАО, ТОО, РНН, ОКПО, НДС, тон., млн., мм., млрд., кв.м. 等。

8.2.2　词法特点

1. 多使用动名词，例如：После подписания настоящего контракта все переговоры и предшествующая переписка по нему теряют силу.

2. 多使用名词转化来的复合前置词，例如：в лице, в случае, за исключением, в связи с, за счет, вследствие, в соответствии, на основании, в зависимости от 等。

3. 多使用现在时和将来时，例如：Продавец несет ответственность за все недостатки товара, ... Продавец принимает все меры предосторожности при упаковке товаров... Надлежащим доказательством наличии указанных обстоятельств и их продолжительности будут служить справки, выдаваемые ...

4. 动词不定式使用较多，常与 иметь право, вправе, должен, обязан, необходимо, обязываться, следует, запрещается 等词连用，例如：Покупатель обязан представить Продавцу все необходимые отгрузочные реквизиты не позднее 15 дней с даты подписания спецификации.

5. 名词重复，不使用代词和同义词，例如：При несоответствии качества или технических условий товаров, поставленных по данному контракту Продавцом, Покупатель вправе предъявить Продавцу рекламацию, подтвержденную соответствующими документами.

6. 多使用形动词（形动词短尾），例如：Цена на товары, поставляемые по настоящему контракту, установлена в долларах США и указана в спецификациях.

8.3.3 句法特点

1. 句子多使用陈述句, 例如: Платежи по настоящему контракту производятся Покупателем следующим образом: ...

2. 多使用无施动结构 (带 -ся 动词, 形动词或被动形动词) 短尾, 例如: Оплата по аккредитиву производится против следующих документов, ... Все изменения и дополнения к настоящему контракту действительны только при условии, что они совершены в письменном виде и подписаны полномочными представителями обеих сторон.

3. 长句使用较多, 句子结构复杂而紧凑, 例如: Отказ от товаров, не превышающий установленный контролерами предел, должен без доказательства их несоответствия, в пределах установленных сроков и в соответствии с надлежащей процедурой, быть признан Продавцом без возражений, при условии, что товары возвращены Продавцу без изменений или порчи.

4. 复合句, 特别是带条件从句和定语从句的复合句使用较多, 例如: Продавец несет ответственность за все недостатки товара, которые возникли после передачи его Покупателю, если причина их существовала до этой передачи и Покупатель предъявил рекламацию не позднее шести месяцев со дня приёмки товара.

5. 一些板块的句式结构比较固定, 呈模式化、程式化的特点, 例如合同的首段:

_____, именуемое в дальнейшем Продавец, с одной стороны, и _____, именуемое в дальнейшем Покупатель, с одной стороны, заключили настоящий контракт о нижеследующем:

再如合同的最后:

Настоящий контракт составлен в двух экземплярах, каждый на русском и китайском языках, один экземпляр для Продавца и один для Покупателя, причём оба текста имеют одинаковую силу.

8.2.4 篇章特点

俄文合同篇章结构一般由三大部分组成, 即合同的前文、本文、结尾, 其中又各自包括以下组成部分:

合同的前文包括: 合同标题, 合同号, 签约地点和日期, 签约方的名称。

以购销合同为例, 合同的本文包括: 合同的标的, 合同价格和总价, 供货期限和日期, 商品品质, 包装和标记, 支付, 商品交接, 保险, 品质保证, 索赔, 不可抗力, 罚则, 其他条款, 仲裁。

合同本文采用大小标题, 分章、分款、分条、分项排列, 层次清晰, 条理分明。

合同的结尾包括：签约方的法定地址，签约方签字，附件。

● 课堂练习

请结合所讲内容，分析以下合同的语言特点。

ДОГОВОР № 7

г. Москва   22 апреля 2019 г.

Товарищество с ограниченной ответственностью – производственное предприятие "Мастер-93", именуемое в дальнейшем "ИСПОЛНИТЕЛЬ", в лице директора Ганюшева Михаила Васильевича, действующего на основании Устава, с одной стороны, и ТОО "БЛОК", именуемое в дальнейшем "ЗАКАЗЧИК", в лице директора Герасимова Олега Алексеевича, действующего на основании Устава, с другой стороны, заключили настоящий договор о нижеследующем:

I. ПРЕДМЕТ ДОГОВОРА И ДРУГИЕ ОБЩИЕ УСЛОВИЯ

1.1. Заказчик поручает, а Исполнитель принимает на себя обязательства по изготовлению и монтажу передвижной книгофотовыставке в соответствии с требованием реестра № 68 ст. 3-12 в течение 25 рабочих дней со дня получения оплаты на р/с Исполнителя.

II. ОБЯЗАТЕЛЬСТВА СТОРОН

2.1. Заказчик обязуется:

произвести оплату услуг Исполнителя в соответствии с п. 3.1 настоящего договора;

оказывать помощь Исполнителю в выполнении им принятых на себя обязательств.

III. СУММА ДОГОВОРА И ПОРЯДОК ОПЛАТЫ

3.1. Общая сумма по настоящему договору составляет 34 000 (тридцать четыре тысячи) рублей.

3.2. Оплата производится предварительно или 100% в 5-дневный срок со дня подписания договора.

IV. ОТВЕТСТВЕННОСТЬ СТОРОН

4.1. При несвоевременной оплате услуг Исполнителя (в том числе при предварительной оплате) Заказчик уплачивает Исполнителю пеню в размере 0,2% от суммы договора за каждый день просрочки.

4.2. При несвоевременном выполнении Исполнителем своих обязательств он уплачивает Заказчику пеню в размере 0,2% от суммы договора за каждый день просрочки.

V. СРОК ДЕЙСТВИЯ ДОГОВОРА

Настоящий договор вступает в силу с момента подписания сторонами и действует до выполнения сторонами своих обязательств.

VI. ДОПОЛНИТЕЛЬНЫЕ УСЛОВИЯ И ЗАКЛЮЧИТЕЛЬНЫЕ ПОЛОЖЕНИЯ

Все остальные условия, не предусмотренные договором, регулируются действующим законодательством.

1. Договор составлен в двух экземплярах, из которых один находится у Исполнителя, второй – у Заказчика.

2. Юридические адреса и платежные реквизиты сторон:

ИСПОЛНИТЕЛЬ:	ЗАКАЗЧИК:
ИНН 6312008479	ТОО "БЛОК"
ТОО ПП "Мастер-93"	г. Москва, ул. 9-я Парковая, 17
г. Москва, ул. Свободы. 145/30	ИНН 6380507003
р/с 1467655 в Центральном ОСБ № 6991СБРФ	р/с 5342678 в Измайловском ОСБ № 28, СБ РФ код 843
код 043602606 г. Самара	тел. 325-31-42, факс 325-31-40
тел.(факс)123-90-04, 123-90-56	Директор ТОО "БЛОК"
Директор ТОО ПП "Мастер-93"	
_____ /Ганюшев М.В./	_____ /Герасимов О.А./

● 翻译举要

8.3 购销合同的翻译

对外经贸领域的购销合同根据一些特征又可细分为：1. 根据供货时间可分为一次性（一时性）合同、期货合同、长期合同；2. 根据支付的方法可分为货币支付合同、商品支付（易货）合同；3. 根据合同拟定的特点可分为草合同、专门合同、框架合同、意向书；4. 根据购销的对象可以分为物质材料商品购销合同、知识产权购销合同、许可证购销合同。合同种类不同，内容就有可能不同,翻译时务必对合同的语言仔细推敲,力求做到准确严谨,通顺规范。

8.3.1 准确理解专业词汇和术语

购销合同内容不同,涉及的专业知识就有所不同。购销合同的翻译时,除了涉及所购买商品的专业知识外,还需熟悉国际贸易、银行汇兑、国际货运、跨境保险、国际法律等诸多方面的知识,这些领域的专业术语和关键词汇都具有国际通用性,是译者准确理解和表达的基础,例如:

① Цена понимается ФОБ порт Шанхай.

价格系上海港船上交货价格。

② За недогруз судна по вине продавца расходы по оплате мертвого фрахта несёт продавец.

由于卖方的过失而造成船舶装载不足,其所产生的空舱费应由卖方支付。

③ Все сборы, включая комиссию банков, налоги и таможенные расходы на территории страны Продавца, связанные с выполнением настоящего контракта, оплачиваются Продавцом и за свой счет.

所有税费,包括与执行本合同有关的卖方国境内的银行手续费、税金和海关费用,均由卖方支付。

④ Покупатель обязуется в течение ... рабочих дней после подписания настоящего контракта открыть безотзывный, подтвержденный аккредитив на имя Продавца на общую сумму контракта ($ ...)(п. 2 настоящего контракта) со сроком действия не менее ... календарных дней.

卖方应在本合同签订后……个工作日内开立以卖方为受益人的不可撤销的保兑信用证,该信用证的总额(……美元)在本合同第二条中载明,其有效期至少为……天。

只有具备必要的专业知识,才能透彻理解原文中专业词汇和术语的具体意义,同时还应知道这些词汇和术语在汉语中的对应表达法。

8.3.2 掌握程式化用语及其在译语中对应的表达法

俄汉购销合同在其长期发展过程中也形成了一套程式化的用语和句型,购销合同的各个板块中都存在这些程式化的用语和句型。译者要善于积累俄语的这些用语和句型,翻译时要善于恰当地套用汉语中相应的程式化用语。例如:

① ...именуемый в дальнейшем "Продавец", с одной стороны, и ..., именуемый в дальнейшем "Покупатель", с другой стороны, заключили настоящий контракт о нижеследующем:

……（以下简称"卖方"）为一方，与……（以下简称"买方"）为一方，签订合同如下：

② Качество товара должно подтверждаться сертификатом качества, выданным соответствующим уполномоченным органом товарных экспертиз страны Продавца.

商品的品质应由所委托的卖方国商检机构出具的品质证明书证明之。

③ Во всём, что не предусмотрено настоящим контрактом, стороны будут руководствоваться "...".

本合同一切未尽事宜，双方均按"……"办理。

④ Все споры или разногласия, могущие возникнуть из настоящего контракта или в связи с ним, должны быть решены по мере возможности путём переговоров.

由于本合同所产生或与本合同有关的一切分歧或争议，应尽可能通过双方谈判解决。

⑤ После подписания настоящего контракта все переговоры и предшествующая переписка по нему теряют силу.

本合同签订后，一切谈判及在此前进行的与本合同有关的一切往来信函均告失效。

购销合同的前文、本文（支付、检验、保险、索赔、仲裁等板块）、结尾常使用一些套语和惯用句型结构。译者要多积累这些图式，翻译时要学会识别和套用，再现购销合同在商言商、语言表达程式化的鲜明特征。

8.3.3 权利义务要清晰，数据表达要准确

购销合同是一种正式程度较高的契约文本，规定了签约双方的权利和义务，对违约方所造成的损失、所应承担的责任及其罚则做出了明确的说明，对签约方具有法律约束力。翻译时务必谨慎从事，避免产生任何误解、歧义和遗漏，否则会给以后经济纠纷埋下伏笔。例如：

①Упаковка, в которой отгружается товар Продавца, должна соответствовать установленным стандартам и техническим условиям, обеспечивать сохранность товара во время его транспортировки.

卖方输出的商品包装应符合规定的标准和技术条件，要确保货物在运输时完好无损。

② Поставщик гарантирует нормальную работу поставляемого оборудования в течение ... месяцев со дня его запуска, но не более ... со дня поставки.

供货方应保证所供设备在投入使用之日起的……个月内，但不超过发货之日起的……月内正常工作。

③ Продавец не вправе передавать третьим лицам права и обязательства по настоящему контракту без письменного согласия Покупателя.

如果未征得买方书面同意，卖方无权将与本合同有关的权利和义务转让给第三方。

④ За просрочку поставки или за недоставку товара в установленный срок Продавец уплачивает Покупателю: за просрочку до 10 дней неустойку в размере 5 процентов, за просрочку свыше 10 дней – дополнительную неустойку в размере 7 процентов стоимости недопоставленного в срок товара.

如果在规定期限内交货延误或交货短少，卖方应向买方支付违约金：延误10天以下者，应支付交货短少价值5%的罚金；延误10天以上者，应支付交货短少价值7%的附加罚金。

例①③中使用了表示权利和义务意义的词汇 должна 和 не вправе，例②④ 使用动词现在时 гарантирует 和 уплачивает 表示法规意义，译文也同样准确地表达了这些意义，同时例④译文中对违约期限和罚金额度的表达也准确无误。

8.3.4　句子结构要严谨，表达要清晰

俄语购销合同为了使契约方的权利和义务表达得完整和明确，为了使信息表达得更加严密，不让人误解或曲解其义，常常是行文累赘、繁文缛节，所以造成俄文合同的句子结构非常复杂，句子也拖沓冗长，甚至一句话就是一段话，而汉语相对来说多使用短句。翻译时为了照顾汉语读者的阅读习惯，在准确把握俄语句子意义的基础上，需要对俄语句子结构进行加工处理。例如：

① На основании коммерческих актов, составленных представителями ж.д. обеих сторон, рекламации заявляются в том случае, если во время перегрузки товаров на погранстанции обнаружена недостача груза, а товар отгружен за весом отправителя при отсутствии фактов, подтверждающих вину железной дороги.

若货物的发运系按发货人确定的重量发出，而国境交接站双方铁路交接中发现货物短少，但缺乏事实证明是铁路方面的过失，则可根据双方铁路方面编定的商务记录提出索赔。

② Все споры или разногласия, которые могут возникнуть из настоящего контракта или в связи с ним, подлежат рассмотрению, с исключением обращения сторон в общие суды, во внешнеторговой арбитражной комиссии при Торгово-промышленной палате России в г. Москва в соответствии с правилами производства дел в этой комиссии, решение которой является обязательным для обеих сторон.

因本合同而产生，或与本合同有关的一切争议或分歧，双方均不得诉诸一般法庭，而应提交在莫斯科市的俄罗斯工商会外贸仲裁委员会，按照该委员会案件仲裁规则进行审理，其做出的裁决对双方具有约束力。

可以看出，汉语译文没有亦步亦趋，机械地复制俄语原文的语序，而是在理解清楚原文的含义后或断切或重组，根据汉语表达习惯调整语序，使译文更加符合汉语规范，进而使意思表达更清楚更易懂。

8.3.5 合同格式要规范

购销合同翻译时，在意义表达准确的前提下还要注意合同格式方面的问题。合同文本一般都具有固定和统一的格式，呈条款化和程式化之特点，翻译时应力求使译文格式符合译文合同规范和体例要求。

前文讲过，购销合同的文本采用大小标题，分章、分款、分条、分项排列，翻译时要依附原文，章节顺序不得随意更改，条目不得随意拆分或合并，条目序号不得随意改变。有些格式部分则需要顺应译文语言格式，如俄语购销合同的签约地点和日期是在合同正文之前，位置是地点和时间一左一右，或地点和时间均在右边，而汉语的时间和地点是在合同的最后，在法人代表的签名之下，翻译时需照顾到汉语的这一格式规范，不能盲目照搬原文。翻译时如果对原文合同的章节条款结构随意更改，译文违反汉语合同格式规约，会破坏合同的严肃性和权威性。

● **主题词汇**

аккредитив 信用证	прочие условия 其他条件
арбитраж 仲裁	реквизиты 要项
заказчик 订货人；发包单位	рекламация 索赔
качество товара 商品品质	сертификат о качестве 品质证明书
маркировка 标记	сроки поставки 供货期限
накладная 运单；发货单	спецификация 清单
непреодолимая сила 不可抗力	стандарт 标准
неустойка 罚金	страхование 保险
общая сумма контракта 合同总金额	технические условия 技术条件
покупатель 买方	упаковка 包装
предмет договора 合同标的	условия платежа 支付条件
претензия 索赔	форс-мажор 不可抗力
приложение 附件	цены контракта 合同价格
продавец 卖方	штрафные санкции 罚则
просрочка 延期	юридический адрес 法定地址

● **课后练习**

1. 回答问题

（1）合同的文体特征有哪些？

（2）合同的篇章特点有哪些？俄汉合同格式有什么异同？

（3）合同翻译时要注意哪些问题？

2. 佳译欣赏

……	……
1. Предмет контракта　Продавец продал, а Покупатель купил товары в соответствии со спецификацией №1, оговоренной ниже в п.4, которая приложена к настоящему контракту и составит его неотъемлемую часть.	**第一条 合同标的**　卖方出售、买方购买商品。商品应符合本合同第四条中所规定的清单№1。该清单为本合同的附件，是本合同不可分割的组成部分。

2. Цена и общая сумма контракта

Цены на товары, указанные в спецификации №1, устанавливаются в долларах США. Общая сумма данного контракта составляет ... Цены на товары включают все издержки до прибытия в ..., включая предварительную оплату издержек за пределами РФ, такие как упаковка, маркировка, хранение, погрузка, страховка.

3. Срок и дата поставки

Товары будут поставлены с предприятий в течение ... дней, начиная с того момента, как банк Продавца сообщит о подтвержденном и рабочем аккредитиве на сумму, указанную в п. 2.

Продавец имеет право поставить товары досрочно, а также право произвести одну или несколько частичных поставок по своему усмотрению.

4. Качество товара

Качество и количество по размерам будет совместно установлено Покупателем и Продавцом в отдельном письменном соглашении, названном спецификацией № 1, которая будет приложена в данному контракту, как указано в п. 1 выше.

...

第二条 价格与合同总金额

在清单№1中所载明的商品价格，均以美元计价。本合同总金额为……美元。

商品价格包括运抵……的一切费用，同时还包括俄联邦境外预付的包装、唛头、保管、装运、保险的费用。

第三条 供货期限和日期

商品应在卖方银行通知保兑的、与第二条所列金额相符的有效信用证时起……内从公司运往……

卖方有权提前供货，也有权视情况一次或几次供货。

第四条 商品品质

商品品质和数量由买卖双方以单独书面协议确定，在本合同附件清单№1中载明。清单№1附在本合同上（见第一条）。

……

3. 译文校对

12. Форс-мажор	**12. 不可抗拒的情况**
12.1. Ни одна из сторон не несет ответственности за полное или частичное исполнение любых своих обязательств по настоящему контракту, если оно явилось следствием обстоятельств непреодолимой силы, а именно: забастовок, наводнения, пожара, землетрясения и прочих природных бедствий, а также войны или военных действий, которые начались после заключения настоящего контракта. Если какое-нибудь из этих обстоятельств непосредственно повлияло на исполнение обязательств в срок, установленный контрактом, то срок исполнения обязательств отодвигается соразмерно времени, в течение которого действовали такие обстоятельства.	12.1. 如果出现不可抗拒的力量，在此指：罢工、水灾、火灾、地震和其他的自然灾害，以及本合同签署后开始发生的战争或者军事行为，由此引起的后果，任何一方均不用为本合同中规定的全部或部分义务承担责任。如果这些情形直接影响义务在合同中规定的期限内履行，那么义务履行的期限相应地推移到这些情形生效的时期之外。
12.2. Сторона, для которой создалась невозможность исполнения обязательств по данному контракту, обязана немедленно известить другую сторону о наступлении, предполагаемой продолжительности и прекращения вышеуказанных обстоятельств, однако не позднее 10-дневного срока с их наступления и до прекращения. Факты, содержащиеся в извещении, должны быть подтверждены Торговой Палатой (Торгово-промышленной) или другими компетентными властями или организацией соответствующей страны. Не уведомление или несвоевременное извещение лишает Продавца права ссылаться на какое-нибудь из вышеупомянутых обстоятельств в качестве основания, освобождающего его от ответственности за неисполнение своих обязательств.	12.2. 对一方来说，如果出现不能履行本合同义务的情况，有责任毫不迟延地通过书面形式把开始、假设延迟的时间和上述义务的终止通知另一方，然而，从开始到终止不能晚于10天。通知书陈述的事实必须由商务局或者其他权威性的部门或国家的相关机构来确认。没有通知或者不及时通知将使供应商丧失把质量理由推在上述情形的权利，使其承担不履行本身义务的责任。

4. 翻译实践

请将合同片段翻译成汉语。

7. Упаковка и маркировка

Оборудование должно отгружаться в упаковке, соответствующей характеру поставленного оборудования.

Упаковка и консервация должны предохранить оборудована от повреждений и коррозии при перевозке его морем, по железным дорогам и смешанным транспортом, с учетов нескольких перегрузок в пути, а также длительного хранения.

Поставщик обязан на каждое место составить подробный упаковочный лист, в котором указывается: перечень упакованных предметов, их тип（модель）, фабричный номер, количество, места, вес брутто и нетто, наименование Продавца и Покупателя, № контракта.

1 экземпляр упаковочного листа в непромокаемом конверте вкладывается в ящик вместе с оборудованием и 1 экземпляр, покрытый жестяной пластинкой, прикрепляется к наружной стенке ящика или непосредственно к оборудованию, если таковое отправляется без упаковки.

Ящики маркируются с 2-х боковых сторон.

На каждое место наносится несмываемой краской следующая маркировка:

...

На ящиках, высота которых превышает 1 м, должен быть обозначен центр тяжести знаком "..." и буквами ЦТ. Ящики нумеруются дробными числами, причем числитель будет обозначать порядковый номер ящика, а знаменатель – общее количество мест одной комплектной единицы оборудования.

Продавец несет ответственность перед Покупателем за порчу оборудования, вследствие некачественной или ненадлежащей консервации и упаковки, а также за убытки, связанные с засылкой оборудования не по адресу, вследствие неполноценной или неправильной маркировки.

法律篇

第九章 法律文体翻译

9.0 引言

法律文体也是公文事务性文体的分体之一。该文体广泛使用于立法、司法领域,用来传达一定的信息,具体说是这些文本中规定了国家与国家、国家与团体(个人)、团体与团体、个人与个人之间的权利和义务,调节它(他)们的相互关系。法律文体的具体体裁有:条约、公约、协定、议定书、宣言;宪法、法典、法令及法规;通告及行政指令;公诉书、判决书、司法建议、诉状、证词和誓章;合同、契约、遗嘱、公证书;公司章程、条例、细则等;法律教科书、建议信和政策报告等;报税单、许可证和公民身份申请表等等。

9.1 法律文体的特征

法律文体具有公文事务性文体的一切特征,如法规性(权威性、严肃性)、准确性、详细性、客观性(无人称、呈中性色彩)、高度程式化。这些文体特征也体现在相应的词汇、词法、句法的使用方面。

9.1.1 法规性

1. 使用具有"规定和命令"意义的动词不定式,例如:обеспечить своевременную выплату зарплаты; в возбуждении уголовного дела отказать; Прошу: 1. Взыскать с ответчика ..., 2. В обеспечение иска наложить арест на имущество ... 另外,动词不定式与其他词类合用来表达法规和命令意义,例如与 приказываю, постановлю, нужно, необходимо, следует, должен, обязан, обязуется, может, имеет право 等词连用。

2. 使用表示法规意义的动词现在时,例如:Предприятия несут ответственность за ...; Наниматель отвечает за имущество ...

3. 使用法规意义的形容词、形容词短尾及有表示"必须"或"可能"情态意义的动词结构,例如:должен, обязан, обязателен, подотчетен, подсуден, ответствен, должен

(обязан) осуществляться; подлежать исполнению, вправе расторгнуть, не может быть принято ...

4. 使用将来时,在一定的上下文中可表示"应该、规定、可能、必须"等意义,例如: Границы будут теми, какими они существовал на 1 октября 1941 г.; Военное командование выделит ...

5. 使用表示"应该"意义的动词,例如: следует, надлежит, вменяется, обязуется 等。

6. 使用表达意志(意愿)的词汇,例如: постановить, приказать, запретить, вменить; распоряжение, приказ, обязанность, обязательство 等。

7. 使用表示"存在、具有"意义的动词,例如: является, имеется; Лица, находившиеся на постоянном воспитании и содержании, обязаны содержать лиц, фактически их воспитавшим, если последние являются нетрудоспособными и нуждающимся в помощи.

9.1.2 准确性

1. 准确性是在表述时选词准确,使用词的本意,用语不含糊,所以法律术语使用得多。

2. 为了表达准确,常不厌其烦地重复核心词汇,而不用人称代词、指示代词、同义词替换。

3. 为了表达准确,文本中所使用的句子结构比较完整,行文逻辑性强,句式结构趋于复杂化。在法律文本中常使用一些带有形动词和副动词词组的句子、同等成分、表示条件和原因的从句进行限定,这样一来意思表达明确,句子衔接紧密。在内容方面法律文本表达准确详尽,唯恐遗漏细枝末叶。

9.1.3 客观性

1. 法律文件的客观性体现凡事以事实为根据,不允许表达个人主观想法,不使用第一、二人称;缺少情感表现力强的词汇;使用动词的现在时;常使用表示不定人称意义的动词第三人称以及人称代词。

2. 主语多使用语义比较概括的词汇,例如: каждый, никто, все граждане, следователь, прокурор, суд"等。再如:

① Каждый имеет право на объединение, включая право создавать профессиональные союзы для защиты своих интересов. Свобода деятельности общественных объединений гарантируется.

② Никто не может быть принужден к вступлению в какое-либо объединение или пребыванию в нем.

3. 客观性还体现在句子层面,多用被动结构,例如: рассматривается уголовное дело;

преступление наказывается; предъявлено обвинение; Не допускаются пропаганда или агитация, возбуждающие социальную, расовую, национальную или религиозную ненависть и вражду. Запрещается пропаганда социального, расового, национального, религиозного или языкового превосходства.

9.1.4 程式化

在法律领域一切都是规定性的，交际是按照一定程式进行的，除了文本结构是程式化（材料的排列方式常常是规定好的，是按一定标准执行的）以外，文本中还有很多具有法律意义的用语和固定词组，例如：вступать в законную силу, обжалованию не подлежит, в установленном порядке, в случае неявки, без уважительной причины, привлечь к уголовной ответственности, по истечении срока, возместить ущерб 等。

9.2 法律文体的语言特点

除了公文事务性文体所共有的语言特点及其上文中与法律文体特征密切相关的语言特点外，下面我们再结合具体例证，强调一下法律文体的其他一些语言特点：

1. 大量使用修辞上呈中性的词汇和书面词汇。

2. 经常使用动名词，例如：осуществление, вынесение, возбуждение, преследование, задержание, изъятие 等。

3. 广泛使用法律套语，例如：произвести обыск, подвергнуть штрафу, причинить телесные повреждения 等。

4. 使用对举词或反义词，例如：истец – ответчик; вменяемый – невменяемый; действие – бездействие; общие положения – подправило; преступник – потерпевший; обязательные признаки – факультативные признаки; субъект – объект 等。

5. 大量使用复合前置词和派生前置词，例如：в случае, в интересах, на основании, в отношении, в целях, в результате, за счет, путем, за исключением, в соответствии 等。

6. 使用从拉丁语借用来的词语，例如：де-юре, де-факто 等。

7. 使用一些古旧词语，使文本具有崇高色彩，例如：уголовное право, умысел, неосторожность, высылка, отрешение от должности, жилище неприкосновенно 等。

8. 使用表示被动意义的动词及词组，例如：Вина подсудимого подтверждается следующими обстоятельствами.

9. 广泛使用副动词、形动词词组，使语言衔接紧凑，例如：Не имеют права избирать и быть избранными граждане, признанные судом недееспособными, а также содержащиеся в местах лишения свободы по приговору суда.

10. 句子中间的词序为正词序，例如：расследованием установлено; предъявлено обвинение; было обнаружено и изъято.

11. 复合句使用多于简单句。

● 课堂练习

结合以下法律条款，课堂分析并讨论法律文体特征及语言特点在篇章中的具体体现。

Статья 14. Уставный капитал общества. Доли в уставном капитале общества

1. Уставный капитал общества составляется из номинальной стоимости долей его участников.

Размер уставного капитала общества должен быть не менее чем десять тысяч рублей.

Размер уставного капитала общества и номинальная стоимость долей участников общества определяются в рублях.

Уставный капитал общества определяет минимальный размер его имущества, гарантирующего интересы его кредиторов.

2. Размер доли участника общества в уставном капитале общества определяется в процентах или в виде дроби. Размер доли участника общества должен соответствовать соотношению номинальной стоимости его доли и уставного капитала общества.

Действительная стоимость доли участника общества соответствует части стоимости чистых активов общества, пропорциональной размеру его доли.

3. Уставом общества может быть ограничен максимальный размер доли участника общества. Уставом общества может быть ограничена возможность изменения соотношения долей участников общества. Такие ограничения не могут быть установлены в отношении отдельных участников общества. Указанные положения могут быть предусмотрены уставом общества при его учреждении, а также внесены в устав общества, изменены и исключены из устава общества по решению общего собрания участников общества, принятому всеми участниками общества единогласно.

● 翻译举要

9.3 法律文体翻译

9.3.1 法律术语翻译要准确

法律术语是构成法律文本最基本的单位,承载着主要的认知信息。法律术语和其他文体的术语一样具有语义单一、缺乏情感色彩、语义不依赖于上下文、语义精炼、表意准确、规范严谨之特点。其中一些术语不仅为法律界人士所熟悉,部分非法律界的人士也略知一二。对术语的正确理解和表达是法律文本翻译的前提条件,术语的翻译是再现原法律文本正式性和严肃性文体特征的基础。例如:

"бездействие"不能译为"无作为",而应译为"不作为";"квалификация преступления"不应译为"犯罪的法律适用",而应译为"定罪";"презумпция невиновности"不应译为"假定无罪",而应译为"无罪推定"。

有时,同一法律术语在不同的法律文本中意义有所不同,表达时应具体文本具体分析。例如:俄语中同一个术语"исковое заявление",如果是用在民事诉讼领域,就可以翻译为"起诉书";如果该词的使用与商务仲裁相关,那就应翻译成"仲裁申请书"。相应的"истец"可根据不同的场合译为"原告"或"仲裁申请人",而"ответчик"可根据不同的场合译为"被告"或"被申请人"。

可以看出,正确地翻译法律术语要求译者必须首先了解法律知识,才能在译入语中找到原文术语的等值词汇或意义和功能非常接近的正式词汇。

在翻译法律术语时还应该注意,一些普通的词汇在法律文本中可能会具有术语意义,为了避免干扰和误解,需要查询相应的法律专业词典和法律手册予以确定。

另外,各个国家都有自己的法律体系,相应地就会有自己独特的法律术语。有时在译入语中很难找到对等的法律术语,这时译者要熟练使用翻译技巧和方法,如可以使用解释法、音译法、移植(引进)法等等,力求达到法律内容或内涵的对等。

9.3.2 法律译文要精炼、流畅和规范

准确理解原文后,表达时要对字句进行仔细推敲,选择最确切的表达方式,切勿表达不精当,甚至是用语含混不清。法律译文既要精炼,又要流畅,还需符合法律文体的行文风格。例如:

> В Российской Федерации не допускается выдача другим государствам лиц, преследуемых за политические убеждения, а также за действия (или

бездействие), не признаваемые в Российской Федерации преступлением. Выдача лиц, обвиняемых в совершении преступления, а также передача осужденных для отбывания наказания в других государствах осуществляются на основе федерального закона или международного договора Российской Федерации.

译文1：俄罗斯联邦禁止将由于政治信念和由于俄罗斯联邦不承认为犯罪的行为（或不作为）而受到追究的人引渡给其他国家，引渡被控实施犯罪的人和移交被判处刑罚以便在其他国家服刑的人，应当根据联邦法律或俄罗斯联邦签署的国际条约进行。

译文2：在俄罗斯联邦，不允许向他国引渡因政治信仰以及在俄罗斯联邦不被认为是犯罪的行为（或无作为）而受到追捕的人。引渡被控告犯罪的人以及移交罪犯到他国服刑，须根据联邦法律、俄罗斯联邦签署的国际条约进行。

对比两个译文后可以发现，译文2较之译文1在用词上要精准得多，表达从整体上讲更符合汉语法律文体的规范，译文既精炼又自然。

9.3.3 法律译文脉络要清晰

法律俄语为了表达严谨，使用的句子结构比较复杂，长句子多，复合句多，其中不定式、前置词词组、形动词词组、副动词词组、时间从句、定语从句和条件从句前后穿插，往往一个句子就是一个条款，整个句子为一个段落。翻译时一定要理清句子的结构脉络，要分析清楚句子各个成分的相互关系，必要时要做适当的切分和重组。例如：

Функции ревизионной комиссии (ревизора) общества, если это предусмотрено уставом общества, может осуществлять утвержденный общим собранием участников общества аудитор, не связанный имущественными интересами с обществом, членами совета директоров (наблюдательного совета) общества, с лицом, осуществляющим функции единоличного исполнительного органа общества, членами коллегиального исполнительного органа общества и участниками общества.

如果公司章程做出规定，公司监察委员会（监察员）的职能也可以由公司参股人全体会议确认的，与公司、公司董事会（监事会）董事、行使公司执行机关职能的个人、公司执行委员会成员，和与公司参股人无财产上利益关系的审计员行使。

9.3.4 原文和译文篇章结构要一致

俄汉法律文本的语篇结构大体相当，都具有程式化之特点。翻译时要确保俄汉语篇结构一致——法律文本结构形式不符合规范、语篇结构不一致常常会使文本失去严肃性和权威性,其效力就会大打折扣。比如在翻译法律条文时,切勿随意合并条款或段落,不能把原文某一条款在译文中分成两条,各条款的序码不能随意更改,要和原文保持一致。

  法律翻译意义重大,翻译方面出现的错误会给用户造成精神或物质损失,甚至会引起纠纷或吃官司。难怪有人认为,法律文件应由专门的法律翻译人员来完成。从事法律翻译的译员至少应该有法律文件翻译的经验,翻译结束后最好把文稿交予法律方面的专业人士审阅润色,以避免产生误解。

● **主题词汇**

арест 逮捕	порядок обжалования 上诉程序
беззаконие 不法行为	потерпевший 被害人
возмещение вреда 赔偿损失	правонарушение 违法行为
главный преступник 主犯	правоспособность 权能
гражданские права 民事权利	привычный преступник 惯犯
действующие законы 现行法律	признание 招认
доказательство 证据	разглашение государственной тайны 泄露国家机密
жалоба 上诉	
задержание 拘留	расследование 侦查
защита 辩护	судебный порядок 诉讼程序
истец 民事原告	уголовная ответственность 刑事责任
компетенция 职权(范围)	уголовное судопроизводство 刑事诉讼
конфискация 没收	уголовный кодекс 刑事法典
лицо физическое 自然人	умысел 故意
лицо юридическое 法人	условное осуждение 缓刑
неявка 不出庭	установление факта преступления 确定犯罪事实
обвинитель общественный 公诉人	
ответчик 民事被告	частное обвинение 自诉
покушение 未遂	штраф 罚金
полномочие 职权	явка с повинной 自首

● 课后练习

1. 回答问题

（1）法律文体有哪些特征？

（2）法律文体有哪些语言特点？

（3）如何翻译法律文件？

2. 佳译欣赏

Статья 10. Особенности правового положения товарищества с ограниченной ответственностью, состоящего из одного участника

1. Товарищество с ограниченной ответственностью не может иметь в качестве единственного участника другое хозяйственное товарищество, состоящее из одного лица.

2. В товариществе с ограниченной ответственностью, состоящем из одного участника, решения, относящиеся к компетенции общего собрания участников, принимаются единственным участником единолично и оформляются письменно. При этом положения статей 44-50 настоящего Закона не применяются.

Статья 11. Права участников товарищества с ограниченной ответственностью

1. Участники товарищества с ограниченной ответственностью вправе:

（1）участвовать в управлении делами товарищества в порядке, предусмотренном настоящим Законом и уставом товарищества;

（2）получать информацию о деятельности товарищества и знакомиться с его бухгалтерской и иной документацией в порядке, предусмотренном уставом товарищества;

（3）получать доход от деятельности товарищества в соответствии с настоящим Законом, учредительными документами товарищества и решениями его общего собрания;

（4）получить в случае ликвидации товарищества стоимость части имущества, оставшегося после расчетов с кредиторами, или, по соглашению всех участников товарищества, часть этого имущества в натуре;

（5）прекратить участие в товариществе путем отчуждения своей доли в порядке, предусмотренном настоящим Законом;

2. Участники товарищества с ограниченной ответственностью могут иметь и другие права, предусмотренные настоящим Законом и учредительными документами.

Статья 12. Обязанности участников товарищества с ограниченной ответственностью

1. Участники товарищества с ограниченной ответственностью обязаны:

（1）соблюдать требования учредительного договора;

（2）вносить вклады в уставный капитал товарищества в порядке, размерах и в сроки, предусмотренные учредительными документами;

（3）не разглашать сведения, которые товариществом объявлены коммерческой тайной;

2. Участники товарищества с ограниченной ответственностью могут нести и другие обязанности, предусмотренные учредительными документами товарищества, настоящим Законом и иными законодательными актами Республики.

第10条　单个参股人组成的有限责任公司的特点

1.由单个参股人组成的有限责任公司不能拥有另一个由单个人员组成的经营公司。

2.由单个参股人组成的有限责任公司中,属于参股人全体会议的权限的决议,由参股人个人决定,并形成书面文件。在这种情况下,本法第44—50条不适用。

第11条　有限责任公司参股人的权力

1.有限责任公司参股人有权:

（1）根据本法和公司章程规定的程序参与公司管理;

（2）根据公司章程规定的程序获得公司经营情况信息,了解公司会计账目及其他文件;

（3）根据本法和公司章程,以及参股人全体会议的决定获得公司经营活动的收入;

（4）在公司撤销时,获得与债权人结账后所剩财产部分价值,或根据参股人协议获得所剩财产的部分实物;

（5）根据本法规定的程序出售自己的股份来终止参与公司活动。

2.有限责任公司参股人还可根据本法和组建文件,拥有其他权力。

第12条　有限责任公司参股人的义务

1.有限责任公司参股人有以下义务:

（1）遵守组建合同要求;

（2）根据组建文件规定的期限和数额缴纳注册资本;

（3）保守公司宣布的商业秘密。

2.有限责任公司参股人根据组建文件、本法和共和国其他法规,履行其他义务。

3. 译文对比

根据法律文体特征,对比所附译文的优劣。

Статья 15

1. Конституция Российской Федерации имеет высшую юридическую силу, прямое

действие и применяется на всей территории Российской Федерации. Законы и иные правовые акты, принимаемые в Российской Федерации, не должны противоречить Конституции Российской Федерации.

2. Органы государственной власти, органы местного самоуправления, должностные лица, граждане и их объединения обязаны соблюдать Конституцию Российской Федерации и законы.

3. Законы подлежат официальному опубликованию. Неопубликованные законы не применяются. Любые нормативные правовые акты, затрагивающие права, свободы и обязанности человека и гражданина, не могут применяться, если они не опубликованы официально для всеобщего сведения.

4. Общепризнанные принципы и нормы международного права и международные договоры Российской Федерации являются составной частью ее правовой системы. Если международным договором Российской Федерации установлены иные правила, чем предусмотренные законом, то применяются правила международного договора.

译文1	译文2
第十五条	**第十五条**
1. 俄罗斯联邦宪法在俄罗斯全境具有最高法律效力、直接法律效力，适用于俄罗斯联邦全部领土。俄罗斯联邦通过的法律和其他法律文件不得与俄罗斯联邦宪法相抵触。	1. 俄罗斯联邦宪法具有最高的法律效力和直接的效力，适用于俄罗斯联邦全境。在俄罗斯联邦通过的法律及其他法律文件不得与俄罗斯联邦宪法相抵触。
2. 国家权力机关、地方自治机关、公职人、公民及其联合组织必须遵守俄罗斯联邦宪法和法律。	2. 国家权力机关、地方自治机关、公职人员、公民及其团体都必须遵守俄罗斯联邦宪法与法律。
3. 法律应予以正式公布。没有公布的法律不得予以使用。未经公布并为公众所知的任何涉及人和公民权利、自由和义务的规范性法律文件不得使用。	3. 法律应正式颁布。未颁布的法律不能使用。任何涉及人和公民的权利、自由和义务的规范性法律文件，若未正式颁布为公众知悉，则不能使用。
4. 公认的国际法原则和准则、俄罗斯联邦签署的国际条约是俄罗斯联邦法律体系的组成部分。如果俄罗斯联邦签署的国际条约规定了不同于俄罗斯联邦法律所规定的其他规则，则使用国际条约规定的规则。	4. 公认的国际法原则和准则以及俄罗斯联邦签署的国际条约是俄罗斯联邦法律体系的组成部分。如果俄罗斯联邦签署的国际条约规定的规则与俄罗斯联邦法律规定的规则有不同之处的话，则以国际条约中的规则为准。

4. 翻译实践

把以下俄语法律文本译成汉语。

Статья 57. Ликвидация общества

1. Общество может быть ликвидировано добровольно в порядке, установленном Гражданским кодексом Российской Федерации, с учетом требований настоящего Федерального закона и устава общества. Общество может быть ликвидировано также по решению суда по основаниям, предусмотренным Гражданским кодексом Российской Федерации.

Ликвидация общества влечет за собой его прекращение без перехода прав и обязанностей в порядке правопреемства к другим лицам.

2. Решение общего собрания участников общества о добровольной ликвидации общества и назначении ликвидационной комиссии принимается по предложению совета директоров (наблюдательного совета) общества, исполнительного органа или участника общества.

Общее собрание участников добровольно ликвидируемого общества принимает решение о ликвидации общества и назначении ликвидационной комиссии.

3. С момента назначения ликвидационной комиссии к ней переходят все полномочия по управлению делами общества. Ликвидационная комиссия от имени ликвидируемого общества выступает в суде.

4. В случае, если участником ликвидируемого общества является Российская Федерация, субъект Российской Федерации или муниципальное образование, в состав ликвидационной комиссии включается представитель федерального органа по управлению государственным имуществом, специализированного учреждения, осуществляющего продажу федерального имущества, органа по управлению государственным имуществом субъекта Российской Федерации, продавца государственного имущества субъекта Российской Федерации или органа местного самоуправления.

5. Порядок ликвидации общества определяется Гражданским кодексом Российской Федерации и другими федеральными законами.

外交篇

第十章 外交文体翻译

10.0 引言

外交是使用和平手段化解国际分歧与争议的手段,是一整套调和国际关系的技术和艺术,有其一定的规则和习惯。

外交文体作为公文事务性文体的分体之一,使用于国际关系领域,体现一个国家的对外方针政策,确定国家之间在政治、经济、文化、军事等领域所承担的权利、责任和义务。

外交文体根据其对象、内容、目的、功能等特征可具体分为二三十种体裁,包括外交信函、外交电报、颂词、答词、国书、照会、全权证书、批准书、委托书、领事证书、领事任命书、护照、签证、公约、条约、协定、宪章、议定书、外交声明、备忘录、公报、宣言、最后通牒等等。

外交文体的主要功能有:

1. 信息功能。用来表达一定的信息,如备忘录、外交信函、联合公报、新闻发言、答记者问等。

2. 调节功能。用来调节国与国、国家与国际组织的相互关系,如公约、宪章、条约、协约、议定书等。

3. 影响功能。用来对国家、组织、个人施加影响,如照会、宣言、声明、最后通牒等。

10.1 外交文体的特征

外交文体主要有以下特征:

1. 正式性。任何一个外交文件都是正式的,大多以书面形式书就。

2. 准确清晰。在涉及国家重大利益、国与国关系、世界局势等问题时行文都是经反复修改和仔细推敲的,一些文件表述时分条列款,一目了然。

3. 委婉含蓄。在对待国际事件和国际问题时,外交语言有时婉转含蓄,具有一定的弹性。

4. 分寸感。在对国际问题表态时,因问题或事件发生的背景、时间、地域、原因、性质的不同,表态要有分寸,有轻重缓急。

5. 国际通用性。外交文件的文种和形式大都有一定的国际规范,在国际范围内是通行的。

6. 对等性。平等互利、礼尚往来是外交行文的基本原则。

从整体上讲,较之其他公文事务性文体,外交文体是最"开放的",比其他文体更接近于政论文体,这也就决定了外交文体的语言特征。

10.2 外交文体的语言特点

外交文体有自己的交际领域、交际对象、交际功能、交际程式,除了具备公文事务性文体的一些语言特点外,外交文体有自己的语言特点,选词造句时必须考虑到这些语言特点。以下结合外交文体的具体例证强调其中的一些特点:

10.2.1 词汇特点

1. 多使用外交术语和国际法术语,且主要是源自拉丁语和法语的外来语,例如:консул, конвенция, атташе, демарш, репарация, коммюнике, статус-кво, право вето, персона нон грата, аккредитация, ратификация 等;也有一些俄语固有的外交词汇,例如:советник, верительные грамоты, полномочный посол, чрезвычайный посланник, поверенный в делах 等。

2. 个别普通词汇也用于外交领域,例如:протокол, сторона 等。

3. 可使用一些形象性和情感性的词汇,特别是一些词汇用于转义,例如:балансирование на грани войны, политика с позиции силы, поджигатели войны, холодная война 等。

4. 有时使用书面语、崇高语词汇,例如:Высокий Гость, визит вежливости, сопровождающие лица, Высокая Договаривающаяся Сторона 等。

5. 可使用历史词,例如:господин, госпожа, Ваше Величество, Ваше Высочество, Ваше Превосходительство, Ваше Преосвященство, принц, королева 等。

6. 可使用套语,例如:конструктивный диалог, на высоком уровне, на высшем уровне, в интересах стабильности, на благо народов 等。

10.2.2 词法特点

1. 使用一些情态词,但"应该"意义不太明显,例如:может, имеет право, имеет возможность 等。如果不是特殊情况,就不能使用最后通牒式的语气,一些表示意志的情态词只能在抗议照会中使用。

2. 动名词使用频率较高,特别是在表示列举意义时,例如:
Стороны намерены предпринимать скоординированные целенаправленные усилия для раскрытия потенциала двустороннего практического взаимодействия по

следующим направлениям:

– обеспечение ...

– последовательное наращивание...

– продолжение ...

– укрепление ...

3. 动词不定式使用频率较高，特别是在表示列举意义时，例如：

Россия и Китай призывают все государства мира:

– уважать ...

– придерживаться ...

– разрешать ...

– способствовать ...

4. 名词转化来的复合前置词使用频率高，例如：в целях, в связи, в соответствии с, в отношении, на основании, в области, по причине, во избежание 等。

5. 副动词使用频率高，例如：

Договаривающиеся Стороны укрепляют равноправное доверительное партнерство и стратегическое взаимодействие, используя и совершенствуя механизм регулярных встреч на различных уровнях, прежде всего на высшем и высоком уровнях, проводя регулярный обмен мнениями и согласовывая позиции по вопросам двусторонних отношений, важным и актуальным международным проблемам, представляющим взаимный интерес.

6. 使用过去时来记录和确认事实。动词过去时常见于照会、备忘录、外交信函、宣言等文件中，例如：

Главы двух государств провели в Пекине официальные переговоры, присутствовали на церемонии открытия Года России и приняли участие в открытии Российско-китайского делового форума.

7. 通过现在时和将来时（包括一般现在时表示将来时）用来表示法规意义，比如在条约和协定中：

① Настоящий Договор подлежит ратификации и вступает в силу с даты обмена ратификационными грамотами, который будет произведен в Пекине.

② Стороны будут и впредь поддерживать тесные контакты между высшими руководителями двух государств, ...

10.2.3　句法特点

外交文体除了公文事务性文体所具有的句法特点外还有一些自身特点,该文体句法结构复杂、长句子多、副动词短语多、带各种类型的从句(限定从句、说明从句、条件让步从句)的主从复合句多、同等成分(如在备忘录、条约、宣言、声明中列举合作方向、任务、举措等时)分段排列。例如：

① Срок действия настоящего Договора автоматически продлевается на последующие пятилетние периоды, если ни одна из Договаривающихся Сторон не менее чем за один год до истечения соответствующего периода действия Договора не уведомит в письменной форме другую Договаривающуюся Сторону о своем намерении прекратить его действие.

② Стороны выражают намерение продолжить укрепление межпарламентских связей, которые играют важную роль в деле продвижения двусторонних отношений.

10.2.4　篇章特点

外交文件的文种不同,格式就不同,就会具有不同的篇章结构,例如：公约、条约、议定书、协定、联合公报、联合宣言、联合声明、会谈纪要等。这几个体裁的篇章结构大同小异,都比较接近于前文讲过的合同的篇章结构。

外交说贴和备忘录是对某一具体问题的详细说明和据此提出论点或辩驳的一种外交文书,目的在于方便对方记忆,避免发生误解。不管是面交的还是送交的外交说贴和备忘录,开头都是直叙事实,头尾都不加客套语。差别在于：面交的说贴和备忘录只需打印在普通纸张上,不写编号和抬头,也无需盖章；而送交的说贴和备忘录要打印在正式公文用纸上,需要注明编号和抬头,也需盖章,有的还标注"备忘录""说贴"字样。

俄语正式照会的篇章结构(见课堂练习)和外交信函基本相同(发信的地点、时间、收信人的位置有所不同),而俄语普通照会的篇章结构(见课后作业)和正式照会用语以及格式是有所差异的：正式照会一般用第一人称书就,需签名发出,一般不加盖机关印章；普通照会一般用第三人称书就,一般不需签名,但一定要加盖机关印章。

● **课堂练习**

请结合所讲内容分析正式照会的语言特点和格式特征。

```
Представительство
Министерства иностранных дел
Российской Федерации
                              город Орел, 22 августа 2016

Уважаемый господин Войчеховский,

прошу принять мою искреннюю благодарность за Ваше дру-
жеское поздравление по случаю успешного выступления
российских спортсменов на Международных Олимпийских
играх в Бразилии.
Полностью разделяю Ваше мнение, что этот успех стал ре-
зультатом серьезной подготовки российских спортсменов,
а также умения бороться и побеждать в сложных условиях.

С искренним уважением _____
                              (личная подпись)
Господину Войчеховскому
Генеральному консулу Республики
Польша
```

● 翻译举要

10.3 外交文体翻译

人常说：外交无小事。外交文件是一个国家对外政策的具体体现，表明一国政府对其他政府或国际社会的承诺或对国际问题的立场，关乎一个国家的利益、安全、尊严和形象。翻译外交文件时要做到内容准确无误，用语严谨，行文自然规范，格式对等。

10.3.1 把握原文，再现立场

外交文件的政治性和政策性是非常强的，主要阐述一个国家的对外政策和立场，具有浓厚的政治色彩，关乎国家间的关系及国际局势的发展，翻译时要准确理解原文，要避免任何误解和曲解。例如：

Российская Сторона подтверждает неизменность своей принципиальной позиции по тайваньскому вопросу, изложенной в политических документах, подписанных и принятых главами обоих государств в период с 1992 года по 2000 год. Российская Сторона признает, что в мире существует только один Китай, Правительство Китайской Народной Республики является единственным законным правительством, представляющим весь Китай, а Тайвань является неотъемлемой частью Китая. Российская Сторона выступает против независимости Тайваня в какой бы то ни было форме.

俄方重申1992年至2000年间两国元首签署和通过的政治文件中就台湾问题所阐述的原则立场不变。俄方承认,世界上只有一个中国,中华人民共和国政府是代表全中国的唯一合法政府,台湾是中国不可分割的一部分。俄方反对任何形式的台湾独立。

10.3.2　正确选择外交术语和套语

外交文件自然会涉及一定的专业领域,免不了会使用一些专业性很强、准确度很高的术语或专业词汇,翻译时一定要注意术语和词汇的专业性和规范性,切勿主观臆造。例如:

① Стороны особо отмечают, что ядерным державам следует отказаться от менталитета "холодной войны" и "игр с нулевой суммой", прекратить ничем не ограниченное развитие глобальной противоракетной обороны (ПРО), уменьшить роль ядерного оружия в политике национальной безопасности, на деле уменьшить угрозу ядерной войны.

双方特别指出,核武器国家应摒弃"冷战思维"和"零和博弈",停止毫无限制地发展全球反导系统,降低核武器在国家安全政策中的作用,切实降低核战争威胁。

② – продвигать развитие сотрудничества между российскими и китайскими компаниями в сфере электронной торговли, способствовать развитию трансграничной электронной торговли между сторонами;

– содействовать развитию практического сотрудничества в сфере биотехнологий, информационных технологий и программного обеспечения, аэрокосмических технологий и спутниковой навигации, кооперации в сфере "зеленых технологий".

——推动中俄电子商务企业合作,促进双边跨境电子商务发展;
——推动两国在生物技术、信息技术、软件技术、航空航天技术、卫星导航以及"绿色技术"领域的务实合作。

此外,在国际外交发展过程中也形成了许多相沿成习的套语和句式。外交文件翻译中最常用的、最行之有效的方法就是套用译语中约定俗成的句型和套语,这样更便于业内人士理解和接受。例如:

③ Российская Федерация и Китайская Народная Республика, далее именуемые "Сторонами" заявляют о нижеследующем:

中华人民共和国和俄罗斯联邦（以下称"双方"），声明如下：

④ ... свидетельствовать своё уважение ... и имеет честь сообщить следующее:

……向……致意，并谨通知如下：

⑤ ... пользуется случаем, чтобы возобновить ... уверения в своём высоком уважении.

顺致崇高的敬意。

10.3.3 把握分寸，用词得体

在外交文件中会对一些国际事件做出恰当得体的反应和评价，这也是外交文件中比较敏感的部分。因事而异，立场就会发生变化，用词也就会有轻重缓急，翻译时要注意选词的力度等级，准确地再现原文的分寸感。例如：

① Российская Сторона с пониманием относится к усилиям Китайской Стороны по мирному объединению страны на основе положений Закона КНР о противодействии деятельности по расколу государства ...

俄方理解中方根据《反分裂国家法》为实现和平统一所做的努力……

② Россия и Китай приветствуют работу Группы правительственных экспертов ООН, ...

中俄欢迎联合国政府专家组开展工作……

③ Стороны высоко ценят вклад Организации по запрещению химического оружия в избавление мира от этого вида оружия массового поражения.

双方高度评价禁止化学武器组织为构建无化武世界所做的贡献。

④ Стороны также твердо поддерживают Договор о всеобъемлющем запрещении ядерных испытаний(ДВЗЯИ).

双方还坚定支持《全面禁止核试验条约》。

可以看出，汉语译文中分别用"理解""欢迎""高度评价""支持"等词准确地再现了原文表示赞同的不同措辞，分寸感与原文保持一致。

⑤ Россия и Китай выражают сожаление в связи с тем, что США заблокировали принятие доклада в Группе.

俄罗斯和中国，对美国阻碍专家组通过报告表示遗憾。

⑥ Внимательно следить за развитием ситуации в Венесуэле, призывать все стороны соблюдать Устав ООН, нормы международного права и международных отношений, ...

密切关注委内瑞拉局势发展，呼吁各方恪守《联合国宪章》国际法和国际关系原则……

⑦ Россия и Китай выражают озабоченность тем, что уже долгое время не разрешается украинский кризис, ...

俄中对乌克兰危机久拖不决表示关切……

⑧ Серьезную озабоченность вызывает реальная перспектива гонки вооружений в космическом пространстве и превращения его в арену военной конфронтации, что ведет к подрыву стратегической стабильности.

外空军备竞赛，外空演变为军事冲突疆域，这样的现实前景威胁战略稳定，引发严重关切。

⑨ Россия и Китай с тревогой отмечают крайне опасные действия отдельных государств, которые ...

个别国家……的行为十分危险，中俄对此感到忧虑。

⑩ Министерство считает категорически неприемлемой и неправомерной ситуацию ...

（俄罗斯）外交部认为情况是绝对不合法的和不可接受的……

⑪ ... выступать против политики двойных стандартов в вопросах борьбы с терроризмом и экстремизмом, осуждать использование террористических и экстремистских группировок ...

反对在打击恐怖主义和极端主义问题上奉行"双重标准"，谴责利用恐怖和极端组织……

同样，原文在表达反对立场时用词是有区别的，翻译时要把握词义的细微差别。译文中分别使用"表示遗憾""表示关切""严重关切""感到忧虑""绝对不合法和不可接受""反对""谴责"等词，准确地表达了原文中不同程度的反对立场。

10.3.4　用词委婉，应晦则晦

外交辞令是外交领域表达思想的重要手段。在一定的交际场合，可能为了顾及对方的"颜面"或出于其他原因，在反驳批评或陈述事实时可以不直接"指名道姓"，而是用语委婉含蓄，表述可具有一定的伸缩性。例如：

① Выступать против политического диктата и валютного шантажа в международном торгово-экономическом сотрудничестве, осуждать стремление отдельных стран к ...

反对国际经贸合作中的政治垄断和货币讹诈,谴责个别国家企图……

② Стороны считают неприемлемым безответственный подход некоторых государств к выполнению своих обязательств по ДНЯО.

双方认为,一些国家在履行《不扩散核武器条约》自身义务方面的不负责任态度不可接受。

③ В этой связи Министерство обращается к Государственному департаменту с требованием обеспечить возможность доступа заинтересованных лиц (из числа сотрудников соответствующих российских представительств и членов их семей) в вышеупомянутые помещения в целях возвращения принадлежащего им имущества.

因此(俄罗斯)外交部要求(美国)国务院保证相关人员(包括有关俄罗斯办事处的工作人员及其家人)能进入上述场所拿回属于他们的财物。

以上例证中的 отдельный, некоторый, заинтересованный, соответствующий 以及 известный, определенный 等词,目的在于使交际气氛更加缓和,委婉含蓄地表达自己的异议,而不至于撕破脸皮,不留任何商量和回旋的余地,导致最后无法收场。

④ К сожалению, в данной сфере мы видим одностороннюю политику Вашингтона США там уже давно "играют первую скрипку".

不幸的是,在这方面我们看到的是华盛顿的单边政策。在这一方面美国早已"稳坐头把交椅"了。

原文在评价美国的行为时使用 играют первую скрипку(稳坐头把交椅、一枝独秀、唱主角),而没有用 гегемонировать、господствовать、быть гегемоном(霸权主义、霸道横行、称王称霸)等几个扎眼刺耳的词。对敏感词汇进行巧妙替换,目的在于避免使用过分尖锐、不礼貌的话语,达到既不违背外交礼节,又能委婉含蓄地表达自己的立场态度的效果。

10.3.5　变通顺应,自然规范

俄语外交文件的用词搭配习惯和汉语有差异,且句子结构常常复杂冗长。翻译时切勿机械复制原文,要合理运用翻译方法和技巧进行灵活变通,使译文适合汉语读者的思维习惯和阅读心理。例如:

① Россия и Китай приветствуют усилия государств-гарантов Астанинского процесса, направленные на улучшение положения в Сирии, подтверждают необходимость борьбы со всеми террористическими организациями на территории Сирии, в том числе включенными в списки террористических организаций по решению Совета Безопасности ООН, подчеркивают срочную необходимость оказания содействия Сирии в ее восстановлении (включая разминирование) и желание укрепить диалог и координацию по данному вопросу, отмечают важность скорейшего возвращения беженцев и внутренне перемещенных лиц в места их проживания в Сирии.

中俄欢迎阿斯塔纳担保国在改善叙利亚局势方面所作的努力，重申应打击叙利亚境内包括被联合国安理会列名在内的所有恐怖组织，强调叙利亚重建的迫切性，就排雷等向叙提供协助，并愿就此加强沟通协调，强调难民尽快回国和境内流离失所者重返家园的重要性。

译文根据汉语遣词造句的习惯，把原文中的名词 необходимость 和 желание 分别改用为汉语动词"应"和"愿"，从而使译文更通顺和流畅，更便于汉语读者理解。

② Это свидетельствует о необходимости восстановления культуры поиска компромиссов, опоры на дипломатическую работу, /которая может быть сложной, /даже изматывающей, /но которая остается, тем не менее, по сути единственным путем обеспечения взаимоприемлемого решения проблем мирными средствами.

这证明了重新寻求妥协的艺术和依赖外交工作的重要性。/ 尽管这些工作可能会很复杂，/ 甚至令人精疲力竭，/ 但这仍然是以和平的手段、采取大家都能接受的方式去解决问题的唯一途径。

通过对比可以明显看出，翻译时除了词类转译外，译者会根据原文句子的逻辑关系进行适当地调整，分别从 который 和形动词前断切，避免了复制原文结构使译文结构复杂、拖沓冗长，从而使译文更符合汉语的行文习惯，更利于读者理解和接受。

10.3.6 衔接照应，程式对等

在字、词、句正确理解和准确表达的前提下，翻译外交文件时还要考虑到句子与句子、语段与语段的连贯与衔接，章节与章节之间的前后照应，从而使外交语篇成为一个完整思想的单位。

另外，外交信函、外交电报、颂词、答词、国书、照会、全权证书、批准书、委托书、领事证书、领事任命书、护照、签证、公约、条约、协定、宪章、议定书、外交声明、备忘录、公报、宣言、最后通牒等俄语外交文件都有各自固定的公文程式，俄译汉时要顺应这些文件的汉语程式，做到形式的动态对等。如果机械地复制俄语的程式，会使这些外交文件失去其权威性和严肃性。

● 主题词汇

верительные грамоты 国书	меморандум 备忘录
вербальная нота 普通照会	международное право 国际法
декларация 宣言；声明	нота 照会
дипломатическая беседа 外交会谈	резолюция ООН 联合国决议
дипломатические документы 外交文书	памятные записки 说贴（备忘录）
дипломатическая переписка 外交函件	протокол 议定书
договаривающиеся страны 缔约国	совместное заявление 联合声明
договор 条约	совместное коммюнике 联合公报
заявление 声明	соглашение 协定
информационное сообщение 新闻公报	телеграмма 电报
конвенция 公约	ультиматум 最后通牒
личная нота 正式照会	устав 章程
личные послания 正式函件	частное письмо 便函

● 课后练习

1. 回答问题

（1）外交文体有哪些语言特点？

（2）如何翻译外交文本中的外交辞令？

2. 佳译欣赏

请对比欣赏俄语普通照会及其汉语译文，分析其格式和礼貌用语方面的差别。

№ _____

　　Министерство Иностранных Дел Российской Федерации свидетельствует свое уважение Исполнительному Комитету Содружества Независимых Государств и имеет честь сообщить, что Российской Стороной выполнены внутригосударственные процедуры, необходимые для вступления в силу Договора о зоне свободной торговли, подписанного 18 октября 2011 года в г. Санкт-Петербурге.

> Министерство пользуется случаем, чтобы возобновить Исполнительному Комитету уверения в своём высоком уважении.
>
> Москва, 14 апреля 2012 года
>
> ИСПОЛНИТЕЛЬНОМУ КОМИТЕТУ
> СОДРУЖЕСТВА НЕЗАВИСИМЫХ
> ГОСУДАРСТВ
> г. Минск
>
> (XX)X 字第 X 号
>
> 明斯克
> 独立国家联合体执行委员会：
> 俄罗斯联邦外交部向独立国家联合体执行委员会致意，并谨通知如下：
> 俄方已完成2011年10月18日于圣彼得堡签订的自由贸易协定生效所需的国内程序。
> 顺致崇高的敬意。
>
> 俄罗斯外交部（盖章）
> 2012年4月14日于莫斯科

3. 译文对比

请对比译文1和译文2，判断孰优孰劣，并指出具体优点和缺点所在。

Китай и Россия, являющиеся постоянными членами Совета Безопасности ООН, придерживаясь принципов партнёрства, добрососедства и дружбы, равноправия и доверия, взаимовыгодного сотрудничества и совместного развития, строго соблюдая принципы международного права, утверждают долговременные межгосударственные отношения нового типа, не направленные против третьих стран. Это важный практический опыт для установления нового международного порядка.

Стороны намерены активно использовать и укреплять сформировавшуюся систему контактов на высшем и высоком уровнях. Главы государств, главы правительств и министры иностранных дел двух стран проводят регулярный обмен мнениями по вопросам двусторонних отношений и важным международным проблемам.

Стороны, руководствуясь чувством исторической ответственности за мир и развитие во всём мире и будущее человечества, укрепляют координацию и сотрудничество в международных делах. Обе страны прилагают усилия для дружественного сосуществования и равноправного сотрудничества со всеми другими государствами, вносят свой достойный вклад в дело укрепления мира во всем мире и совместного прогресса человечества.

Человечество вступает в новую эру. Вопрос о том, в каком международном порядке будут жить люди в следующем столетии, все острее встает перед народами всех стран. Стороны призывают все страны развернуть активный диалог по вопросу о строительстве мирного, стабильного, справедливого и рационального нового международного порядка и готовы к совместному обсуждению любых выдвигаемых в этой связи конструктивных предложений.

译文1	译文2
中国和俄罗斯作为联合国安理会常任理事国，坚持睦邻友好、平等信赖、互利合作、共同发展，严格遵守国际法原则，确立新型的长期的国家关系，不针对第三国家，这是建立国际新秩序的重要实践。	中俄作为联合国安理会常任理事国，结成伙伴，睦邻友好，平等信任，互利合作，共同发展，恪守国际法原则，确立不针对第三国的新型长期国家关系，是对建立国际新秩序的重大实践。
双方愿意积极地利用和加固已经建立好的更高水平的联系机制，两国的国家领导人、政府首脑和外交部长就两国关系问题和重大国际问题定期进行意见交换。	双方愿积极利用和加强业已形成的最高级和高层接触制度，两国国家元首、政府首脑和外长定期就双边关系和重大国际问题交换意见。
双方遵循着全球和平发展以及人类未来的历史责任，加强在国际事务上的协调与合作，双方为了同其他所有国家友好共处、平等合作而努力，为巩固世界和平和全人类共同进步的事业而做出应有的贡献。	双方本着对世界和平发展和对人类未来的历史责任感，在国际事务中加强协调与合作。两国致力于同其他所有国家友好相处、平等合作，为巩固世界的持久和平和人类的共同进步做出自己应有的贡献。
人类进入新的历史纪元，问题在于在下个世纪人类将生活在怎样的国际秩序里，所有的尖锐问题将摆在全人类面前。双方号召所有国家在关于建立和平稳定的、公正的、合理的国际新秩序的相关问题上展开积极对话，并为在这一联系上所做出的任何建设性建议进行共同讨论而做准备。	人类即将步入新的纪元，下个世纪人们将生活在什么样的国际秩序之中，这一课题已日益尖锐地摆在各国人民的面前。双方呼吁世界各国就建立和平稳定、公正合理的国际新秩序问题开展积极对话，并愿共同讨论就此提出的所有建设性建议。

4. 译文校对

请根据所讲外交信函的语言特点及格式要求，校对汉语外交函件的俄语译文。

致：俄罗斯卡卢加州杜马第一副主席×××先生
尊敬的×××先生：

在您的大力支持下，陕西省代表团对贵州的访问取得了圆满成功。谨代表代表团全体成员，感谢您为代表团发来了邀请函，感谢您亲自会见代表团，并通过您，感谢贵州经济委员会特别是副主席×××先生对于会谈及参观考察等活动的精心安排。

此次访问，特别是西安市与卡卢加市合作备忘录，为下一步合作打下了基础。希望在以后陕西与贵州的合作方面继续得到您的支持，并欢迎您方便时来陕西访问。

顺致敬意

陕西省代表团团长　　　　（签字）

2019年8月5日

ПЕРВОМУ ЗАМЕСТИТЕЛЮ Калужской областной Думы господину ...
Здравствуйте, многоуважаемый господин ... !

Мы рады нашей успешной поездке в Вашу область при Вашей поддержке. Разрешите мне от имени всех членов делегации провинции Шэньси КНР высказать Вам нашу сердечную признательность. Благодарю Вас за искреннее приглашение, за теплый прием, за Вашу встречу с делегацией. Передайте от нас искреннюю благодарность председателю комитета экономики Вашей области господину ... за всё, что он сделал для нас.

Во время визита был подписан меморандум между городом Сиань и городом Калуга. И это создало хорошую основу для нашего будущего сотрудничества. Надеюсь, что в дальнейшем будут результаты этого меморандума при Вашей поддержке. Искренне приглашаю Вас приехать к нам с визитом в провинцию Шэньси в удобное для Вас время.

С уважением.
Глава делегации провинции Шэньси КНР

_____
(xxx)
05 августа 2019-го года

5. 翻译实践

（1）请套用汉语照会格式，翻译以下俄语普通照会。

ПОСОЛЬСТВО
РОССИЙСКОЙ ФЕДЕРАЦИИ
В УКРАИНЕ
КОНСУЛЬСКИЙ ОТДЕЛ
г.Киев

№ 59-Н

　　Консульский Отдел Посольства Российской Федерации в Украине свидетельствует свое уважение Департаменту Копсульской Службы Министерства Иностраниых Дел Украины и, ссылаясь на иоту Министерства №610/22-110-758 от 18.05.2015 г., в соответствии с положениями Статьи 13 Консульской конвенции между Российской Федерацией и Украиной, просит дать согласие на посещение консульским должиостным лицом Посольства задержанных граждан Российской Федерации Александрова Александра, 07.01.1987 г.р., и Ерофеева Евгения, 18.01.1985 г.р., а также сообщить место их содержания.

　　Консульский Отдел Посольства пользуется случаем, чтобы возобновить Департаменту Консульской Службы Министерства Иностранных Дел Украины уверения в своем весьма высоком уважении.

г. Киев, «19» мая 2015 года

ДЕПАРТАМЕНТ КОНСУЛЬСКОЙ СЛУЖБЫ
МИНИСТЕРСТВА
ИНОСТРАННЫХ ДЕЛ УКРАИНЫ
г.Киев

（2）分析俄语联合声明片段的文体特征，并把它翻译成汉语。

...

Вступая в новую эпоху, российско-китайские отношения получают дополнительные возможности для еще более масштабного развития. Принимая во внимание изменение ситуации в мире, руководствуясь общими чаяниями народов двух стран, стремясь повысить динамику отношений в новых условиях, Стороны провозглашают намерение прилагать усилия по развитию российско-китайских отношений всеобъемлющего партнерства и стратегического взаимодействия, вступающих в новую эпоху.

Содержание таких отношений будет формироваться в русле следующих целей и направлений:

стратегическая поддержка и взаимопомощь: еще более решительная и энергичная взаимная стратегическая поддержка, в том числе в вопросах следования собственному пути развития, защиты ключевых национальных интересов, обеспечения безопасности, суверенитета и территориальной целостности России и Китая, и для этих целей обеспечение дальнейшего развития доверительного сотрудничества в соответствующих областях;

глубокая интеграция и сближение: стратегическое взаимодействие и тесная координация в вопросах сопряжения национальных стратегий развития, расширение взаимовыгодного торгово-экономического и инвестиционного сотрудничества, укрепление дружественных связей между народами России и Китая, взаимообогащение и сближение культур;

опора на инновационный подход: последовательное обогащение и совершенствование концепций и механизмов сотрудничества Сторон, взаимодействие в новых областях, по новым проектам и с использованием новых технологий в целях наиболее полного раскрытия потенциала двусторонних отношений и формирования задела для их будущего развития;

всеобщая польза и взаимная выгода: дальнейшее объединение усилий со странами-единомышленниками в целях защиты мирового порядка и международной системы, в основании которых лежат цели и принципы Устава ООН; продвижение международных отношений нового типа, базирующихся на принципах взаимного уважения, справедливости и взаимовыгодного сотрудничества, и построение сообщества единой судьбы человечества на основе равноправного участия всех стран в глобальном управлении, соблюдения международного права, обеспечения равной и неделимой безопасности, взаимного уважения и учета интересов друг друга, отказа от конфронтации и конфликтов; урегулирование глобальных и региональных вопросов на коллективных началах; отстаивание справедливости в международных делах; содействие формированию более справедливого и рационального полицентричного мироустройства; осуществление взаимовыгодного сотрудничества на благо народов мира.

...

Российская Сторона поддерживает инициативу "Один пояс, один путь". Китайская Сторона поддерживает продвижение интеграционных процессов в рамках Евразийского экономического союза. Стороны активизируют согласованные усилия по сопряжению формирования ЕАЭС и "Одного пояса, одного пути".

Китайская Сторона поддерживает инициативу формирования Большого Евразийского партнерства.

Стороны считают, что инициатива "Один пояс, один путь" и идея Большого Евразийского партнерства могут развиваться параллельно и скоординировано, будут способствовать развитию региональных объединений, двусторонним и многосторонним интеграционным процессам на благо народов Евразийского континента.

...

科技篇

第十一章 科技术语及表义结构翻译

11.0 引言

科技文体广泛使用于科学和科技交流领域,其根本任务在于研究事物和现象,对其进行分类概括,认识其本质,提出某种想法,然后进行逻辑论证,得出规律,再把所获得的规律性知识用于实践,在实践中对其进行不断完善更新。

科技文体可分为学术分体、教材分体、科学普及分体、科技事务分体、科技评论分体、生产技术分体、科技广告分体等等,具体表现为科学专著、学术论文、科学报告、教材、教参、讲座、讲义、摘要、科普读物、词典、手册、技术说明、证明文件、广告宣传等体裁。

11.1 科技文体的特征

科技文体具有专业性、抽象性、概括性、准确性、严密性、紧凑型、逻辑性(理智性)、信息性、完整性等特征。科技文体中大量使用科技术语、行话、套语以及各种图表、公式、运算符号。除了科普读物、科技广告材料以外,科技文体几乎不使用情感丰富、表现力较强的语言手段,因为科技文本的重心不在于所表达内容的情感方面,而在于其逻辑性和准确性。科技文本的作者尽可能避免随意阐述对象的实质,因此科技文本中鲜有文学作品中常使用的生动形象的语言手段,如比喻、转喻及其他修辞格。这样一来,科技文本作者的个性就不像文学文本中表现得那样鲜明,大多科技文本的作者尽量避免使用个性化的语言手段,其目的在于确保科技语言的准确性和清晰性,因此我们就常感觉到科技语言冷冰冰、干巴巴,不具情感。

11.2 科技文体的语言特点

11.2.1 词汇特点

科技文体的抽象性和概括性决定了该文体鲜明的词汇特点,具体特点如下:

1. 科技文体在词汇方面的一个显著特点是选词准确和词义单一,为此科技文体中大量使用科技术语，例如：сопротивление, электрон, объём, инсульт, библиография 等。科学语言中很少使用转义，同义现象也很少，尤其不宜使用同义词或代词来代替名词，特别是代替术语。科技文本的其他词汇，如通用词语和书卷通用词语也不带感情色彩，呈中性。

2. 大量使用意义抽象的词汇，例如：применение, свойство, процесс, диалектика, система 等。

3. 普通词汇被用作术语或用来表示概括意义，例如：трубка, кольцо, серьга, муфта, катушка 等。

4. 广泛使用缩略语（专业缩略语和一般缩略语）、专业缩略语，例如：НТР, ЭВМ, НТД, ИСЗ, ОП, БР, ПО, ГОСТ, ТУ, ПК 等；一般缩略语，例如：т.д., т.п. 等。

5. 关键词汇或术语常重复使用。

11.2.2 词法特点

词法手段也是科技文体的重要手段。科技文体的词法特点具体如下：

1. 从词类上讲，使用频率最高的是名词，且多使用中性名词，以体现科学语言的抽象性和概括性。科技语体中经常使用动名结构，因为动名结构比相应的动词具有更大的表义潜力，能更好地满足科学语言准确性的要求。我们发现，与动词 производить (произвести) 搭配的名词数目居多，例如：ремонт, ампутацию, прививку, анализ, взвешивание, вычисление, действие, замыкание, зарядку, измерение, испытание, исследование, обработку, определение, опыты, операцию, преобразование, присоединение, проверку, работу, разложение, расчет, эксперимент, классификацию 等。

2. 动词在科技文本的上下文中获得超时间意义和概括意义，多使用动词的现在时和过去时形式，表达所描述事件的规律性，例如：Достижению цели способствует решение задач ...; Автор отмечает ...

3. 多使用未完成体动词现在时第三人称形式，例如：анализирует, решают, изучает 等。在一些语句中也使用未完成体复数第一人称形式，例如：покажем на примерах; рассмотрим ...

4. 多使用抽象名词和物质名词的复数形式，而在俄语的其他文体中则不常用，例如：строительные материалы, смазочные масла, растительные масла, высококачественные стали, научно-технические разработки, красные и белые глины, низкие температуры 等。

5. 复合词的使用频率较高，且复合词从过去的双词组合发展到多词组合，主要以名词+形容词为主，例如：машиностроение, теплозвукоизоляция, местоопределение, шарикоподшипник, телеуправление, сверхбыстроходный, удобообрабатываемый, техобслуживание, физиотерапевтический 等。

另外,还多用含连字符的复合词,例如:схема-график, ракета-носитель, ватер-машина, истребитель-мишень, станция-сопроводитель, автомобиль-амфибия, функция-ответ, монтажно-демонтажный, технико-производственный, индуктивно-импульсный 等。

6. 使用外来语前缀。通过外来语前缀 + 名词的形式组成复合词,例如:аэродинамика, биотехника, гидрогеология, гидроавианосец, монокристаллический, биохимия 等。

7. 在名词各格中,意义最为概括的二格使用频率最高,名词二格经常连串使用。例如:
Энергия освобождается при расщеплении ядер атомов этих металлов.
科技语体中多用被动态和被动短语,因此名词第五格的使用频率次之。例如:
Давление, создаваемое столбом жидкости высотой h, равно pgh.

8. 大量使用前置词和连接词,以此来准确反映事物的关系,从而使语句联系更加明确,更具有逻辑性。其中复合前置词和复合连接词使用居多,例如:под действием, в связи с, в отличие от, в зависимости от, в соответствии с, в результате, с помощью, на основе, за счет, в отношении, в качестве, путем, по мере, в случае 等。

9. 连接手段多样。除了广泛使用传统的连接词、关联词、代词、副词外,还可用名词、形容词进行连接,这也是科技俄语常见的语言现象,例如:исходя из чего, отсюда вытекает, что ...; в данном случае мы можем ...; этот последний процесс ...; указанные интегралы ...; изложенное относится к ...; в нижеследующей таблице ...

10. 动词的不定式用得较多,因为其意最概括。其中带 -ся 动词、无人称动词、形动词、副动词也广泛使用。例如:

① Механизировать и автоматизировать производство – это значит непрерывно совершенствовать его процесс и повышать качество продукции.

② При горячей обработке деталей металл вытягивается, изменяясь в размере.

③ В машинах недостает нескольких деталей.

11. 大量使用无施动结构(被动结构、无人称句、不定人称句),旨在突出行为状态本身,而不强调行为主体。例如:

① С помощью ультразвука получают однородные жидкости, которые обычно не смешиваются и не растворяются друг в друге.

② О том, как эти приборы устроены и действуют, рассказывается в нашей книге.

11.2.3　句法特点

科技文本反映了作者复杂的思维过程,而这种过程是通过判断和推理来实现的。这就决定了科技文本具有以下几个句法特点:

1. 句子中的词为正词序。

2. 句子结构完整,多使用双部句。

3. 经常使用无施动结构,如被动结构、不定人称句、无人称句。例如:

① Данное утверждение легко доказывается.

② Порошок помешают в пробирку.

③ Известно, что не существует метода …

4. 多使用插入语、独立语、同等成分、多成素静词性词组等,来表示话语各部分之间的关系,以强调其逻辑性,进而使简单句结构复杂化。例如:

① Применение сверхскоростных ракет и атомных двигателей, возможно, позволит ученым будущего открыть и эту тайну.

② Небольшие по размерам, эти машины нашли широкое применение в технике.

5. 复合句使用频率高。为了表达一个复杂的概念或阐述一个事实、道理,科技文本的作者往往要使用许多带有解释、限定、原因、条件、时间和结果从句的复合句,且句子层次繁多、结构完整严密,以体现科学说理的精密性和严肃性。例如:

Имея чертеж, рабочий знает, как обтачивать деталь, где и какого диаметра сверлить отверстие, где нарезать резьбу.

6. 科技文本常使用固定的句型(句构),比如表义结构和静词结构,这也是科技文本有别于其他文本的标志。

11.2.4 篇章特点

科技文体的各种不同体裁,不论是描述式、说明式的,还是议论式的文本,都会使用不同主题的、不同语法的和不同逻辑的连接手段,都有一套文本的逻辑结构和完整的篇章形式。以学术文体为例,研究人员一般都会按照如下结构模式撰写论文:说明研究问题实质的引言部分;研究的迫切性和新意;研究的对象或客体;研究目标或解决方案;文献综述;理论基础和使用的研究方法;术语界定和说明;研究的理论意义和实践意义;实验说明(如果做实验的话);研究结果和得出的结论。

● 课堂练习

请结合所讲内容分析下面科技文本的文体特征和语言特点。

Педагогика – совокупность теоретических и прикладных наук, изучающих воспитание, образование и обучение. Педагогикой называется также учебный курс, который преподается в педагогических институтах и других учебных заведениях по профилированным программам. Педагогика включает проблемы учебновоспитательной, культурно-просветительной, агитационно-пропагандистской работы со взрослыми.

Воспитание изучают и другие науки: социология рассматривает воспитание как функцию общества и государства; психология – как условие духовного развития личности. Педагогика исследует закономерности процесса воспитания, его структуру и механизмы, разрабатывает теорию и методику организации учебно-воспитательного процесса, его содержание, принципы, организационные формы, методы и приемы.

● 翻译举要

11.3　科技术语翻译

科技翻译之所以不同于其他文体材料的翻译，就是因为科技文本中含有大量的科技术语。

所谓科技术语，指的是可以表示科技领域里一定概念的中性词汇或词组。科技术语准确地表达某一知识领域、生产领域、技术领域的概念、过程和事物的名称。从词汇角度来讲，科技文献最基本的特点是大量地使用科技领域的专业术语和通用术语。专业术语表达的意义仅限于某一个知识领域，是该专业领域特有的词汇；而通用科技术语（如 сила, энергия, мощность, работа 等）则可使用于多个科学技术领域。所有术语从构成上又可分为简单的词组和复杂词组。较之其他词汇，科技术语要承担主要的语义负载，科技术语在阐述某一事物的概念内涵时具有准确性、明确性、经济性等特点，从而使人们能正确地理解所阐述问题的实质。由于科技作品含有大量科技术语，所以我们就得仔细地分析科技术语及其翻译问题。

11.3.1　术语的来源

1. 普通词汇用作专门术语。科技作品中许多专业术语来自普通词汇，一经用于某一专业知识领域就变成了专业科技术语，便具有严格的科技涵义。例如：серьга——钩环，套钩，回头缆，吊耳，套管；пята——拱脚，基座，底座；палец——销，把手，杆。

2. 词的复合法，例如：электрокардиограф, самолет, вертолет, луноход, лазер-усилитель, балка-упор 等。

3. 使用各种前缀、后缀构词，例如：переключение, торможение, расцепление, приводнение, дезориентация 等。

4. 使用术语性词组，例如：электрическая машина, заряженная частица, энергия

магнитного поля, обратное действие 等。

译者必须了解构成术语的每一个词的原始意义,因为在新的术语中词的原始意义多少会保存一点,新术语的意义一般也是逐词拼加而成的。科技工作者出于特殊目的而创造新词、新术语,这些词语的词义较固定,一经科技人员使用,便被人们沿袭使用。翻译这些新术语时除了要根据其构成来确定词义外,还要注意术语使用的稳定性、连贯性,以及术语的前后使用要统一。在科技翻译中,如果译者对同一意义的术语(包括新术语)不停地变换译名,就有可能使用户(读者)不知所云,产生误解。

11.3.2 术语的共同特点

1. 术语是单义的。词一般是多义的,要确定它的意义就得依靠上下文,依靠交际场景。术语可能是一个词或词组,但它的意义常常是单义的,也就是说术语常常指的是一个概念或对象(有时也指几个对象)。因此术语必不可少的特点就是在某一个科学或技术领域内它的意义是单一的,也就是说,在这一知识领域内要确定术语的意义是不需要依靠上下文的,即术语表示纯粹的称名作用。

2. 术语具有系统关系,即术语间的相互关系。术语都共同具有某一个特征,归属于同一个知识领域。与电学有关的术语我们就可以列举很多,例如:электромагнитное поле, электрический заряд, электрический ток, электрическая энергия 等。翻译时译者就要确定术语归属哪一个系统,其相互关系如何。

3. 术语具有简洁性,可产生不同的派生意义,这对分拆词义非常重要。在技术中常有这种现象,为了说明术语体系中的某一概念,可以同时使用两个或几个术语,一个非常准确,旨在详细解释词义,而另一个则非常简短,并且较简短的术语往往使用也较广泛。

4. 术语不具有民族性,不随语言的改变而改变。

5. 术语在修辞上是中性的,不带任何感情色彩。

11.3.3 如何翻译术语?

11.3.3.1 要注意术语的构成元素

1. 由名词+非一致定语构成的术语,一般由右至左进行翻译,例如:прибор ночного видения(夜视仪), напряжение при разрядке(放电电压)。

2. 由名词+一致定语构成的术语,一般按其构成顺序由左至右进行翻译,例如:электронагревательный прибор(电热器), взлетная мощность(起飞功率), поршневой двигатель(活塞式发动机)。

3. 复合词翻译时要辨明词干,例如:шарикоподшипник(滚珠轴承), графоанализатор(曲线分析器), электровоздухораспределитель(电动空气分配阀), дорожномашиностроение(筑路机制造业), туманообразователь(喷雾器)。

4. 复合词翻译时要判明前后的修饰与被修饰关系,例如:ракета-носитель(运载火箭)、трансформатор-выпрямитель(整流变压器)、тяга-тендер(松紧螺杆)、станок-автомат(自动机床)、магнитофон-приставка(多功能录音机)、экспресс-испытание(快速试验)、пространство-время(时空)、тележка-опрокидыватель(翻斗车)。

11.3.3.2 术语翻译的方法

1. 音译。一大部分国际性术语在翻译时多采用音译法,即借助译入语的音标,把原文中字词的音这一因素再现出来,使其在发音上与原文保持一致或近似,例如:шок(休克)、вазелин(凡士林)、мозаика(马赛克)、калория(卡路里)、ампер(安培)、мотор(马达)、логика(逻辑)、неон(霓虹)、ген(基因)、клон(克隆)、武术(ушу)、气功(цигун)。

2. 意译。如果术语在译入语中没有直接对应的术语,则采用意译法,例如:эпидемия(流行病)、информатика(信息学)、подпрограмма(子程序)、видеофон(录像机)、стереозвучание(立体声录放)、ракета-носитель(运载火箭)、сверхпамять(高性能存储器)、ноу-хау(最新技术)、针灸(иглоукалывание и прижигание)、望闻问切(осмотр, прослушивание, опрос и прощупывание пульса)。

3. 音译+意译。这种翻译方法一般把术语分成两部分,一部分用意译法译出,而另一部分用音译法译出,例如:фарадметр(法拉计)、берет(贝雷帽)、микромикрофарада(微微法拉)、вольтомамперметр(伏特欧姆安培表)、道家(даосская школа, даосизм, даосы)、太空人(тайкунавт)。

4. 形译+意译。所谓的形译(字译)是指借助译语字母对原语字母进行对应替换。西方语言与汉语分属不同语言体系,西方语言是字母文字,汉语是表意文字,大多数情况下这两种语言之间是不可能进行形译(字译)的。然而西方语言中一些表示形象的字母在译成汉语时是可以借用的,例如:T-образное соединение(T形连接)、I-балка(工字梁)、O-образное кольцо(O形圈〈环〉)、U-образная труба(U形管)、X-лучи(X射线)、обзор пространства V-образным лучом(V形射束空间扫描);тавровая сталь(丁字钢)等。

5. 零翻译,即不译。国际通用的术语、技术单位、企业名称及产品品牌等在翻译时可以不用转换,保留其通用语(英语)形式或通用语(英语)即可,例如:ABS(防抱死刹车系统)、iPhone 12 Pro(iPhone 12 Pro 手机)。再如:

Это можно проверить по списку совместимого оборудования(HCL), хранящемуся на веб-сайте корпорации Microsoft по адресу http://www.microsoft.com/hcl.

您可以查看 Microsoft 网站 http://www.microsoft.com/hcl/ 上的硬件兼容列表(HCL)。

11.4 表义结构翻译

除了前文提到的句法结构(无人称句、不定人称句、被动句等),在科技俄语中术语经常与一些特定表义结构合用，用来表示事物的类属、成分、性质、关系、变化及其研究过程等。这些结构是人们在科技文体发展的过程中从科技文献中总结归纳得来的，其使用模式也比较固定，所以进行科技翻译就必须熟练掌握这些结构的意义和译法。现将这些表义结构及其对应的汉语译法分述如下：

11.4.1 表示事物的类属的表义结构

1. что делится на что; что делят на что; что различается; разделяют что.

2. принадлежать к чему; относиться к чему; входить в группу чего; являться одним из чего.

① Нервная система делится на две части: центральную и периферическую.

神经系统分为两个部分：中枢神经和周围神经。

② Все силы, которые действуют на материальные точки данного тела, подразделяются на две группы – силы внешние и силы внутренние.

作用于该物体质点的力分为两类：外力和内力。

③ Осмий относится (принадлежит) к тяжелым металлам.

锇属于重金属。

④ Приборы можно отнести к "зеленым" лечебно-профилактическим средствам.

仪器可被视为"绿色"防治设备。

11.4.2 表示事物的组成及成分

1. что входит в состав чего; что содержится в чем; что образует что; что составляет что; что является составной частью чего.

2. что состоит из чего; что содержит что; что включает в себя; что имеет в своем составе что.

3. что составляет сколько; что содержит сколько; что содержится; приходится на долю чего; падает на долю чего.

① – Кислород входит в состав воды?

– Да, конечно, кислород является составной частью воды.

"水中有没有氧？"

"当然有，氧是水的组成部分。"

② – В органических соединениях содержится углерод?

– Да, углерод входит в состав органических соединений.

"有机化合物中有没有碳?"

"有,碳是有机化合物的组成部分。"

③ В состав лекарства входят только натуральные, экологически чистые компоненты.

药中只含有天然纯生态成分。

④ Препарат не содержит токсических веществ, абсолютно безвреден.

药剂不含毒素,绝对无害。

⑤ В прямоугольном треугольнике стороны, образующие угол, называются катетами.

在直角三角形中,构成直角的两边叫直角边。

⑥ Земная кора включает в себя фосфор, кислород, калий, натрий.

地壳中含有磷、氧、钾和钠。

⑦ Молекула белка имеет в своём составе азот.

蛋白质分子中含有氮。

⑧ В солнечной атмосфере водород и гелий составляет 90%. (В солнечной атмосфере почти 90% по весу приходится (падает) на долю водорода и гелия.)

氢和氦占太阳大气的90%。

11.4.3 表示事物的特征和性质

1. что есть что; что называется чем;

2. что получило название чего; что носит название чего; что имеет название чего;

3. что является чем;

4. что представляет собой что;

5. что имеет какое свойство; что обладает каким свойством; что приобретает какое свойство; что отличается чем; что характеризуется чем;

6. способен, устойчив, эффективно, полезен, удобно 等形容词短尾。

① Прибор для определения направления на земной поверхности носит название (получил название) компаса.

用来确定地球表面方向的仪器就叫做指南针。

② Алюминий представляет собой металл серебристого цвета.

铝是一种银白色的金属。

③ Алюминий является самым мягким металлом.

铝是最软的金属。

④ Данный аппарат обладает функциями конфиденциального приема, отложенной передачи и автоповтора.

该仪器有秘密接受、延缓发送和自动重复功能。

⑤ В результате кожа приобретает красивый и яркий оттенок, тело становится более упругим, фигура – стройнее.

其功效是使皮肤变得红润而又光泽，身体更加柔韧，身材更加苗条。

⑥ Влажный субтропический климат характеризуется большим осадком, жарким летом и тёплой зимой.

湿润的亚热带气候的特点是降雨量大，夏天炎热，冬天暖和。

⑦ Однако в последние годы ситуация кардинально изменилась: отечественные телевизоры теперь ничем не отличаются от импортных.

然而最近几年来情况则完全改观：国产电视机与进口电视机别无二致。

⑧ Движения и изменения в природе способны прямо либо косвенно влиять на человеческий организм.

自然界的运动和变化能够直接或间接地影响到人体。

⑨ Направленные антропогенные изменения в большинстве случаев необходимы человеческому обществу и носят позитивный характер.

在多数情况下人对自然界进行有目的的改造是人类社会所必需的，而且是积极的。

⑩ Увлажнитель имеет режим работы "Автоматический", "Сон" и "Выключен".

加湿器有三种功能模式：自动、睡眠和关闭。

11.4.4　表示事物的关系和作用

Параллельно с кем-чем; пропорционально чему; что вызывает что; что определяется чем; что обусловливает что; влиять; оказывать влияние; сказываться на чем; что зависит от чего; что приводит к чему; под воздействием чего; в зависимости от чего; под действием чего; что перпендикулярно чему.

① Та или иная реакция на стрессовое воздействие проявляется в зависимости от характера человека.

对应激作用所产生的反应因人而异。

② Прогресс науки и технический прогресс тесно связаны и взаимно обусловлены.

科学进步和技术进步紧密相连，互为条件。

③ Ожирение отрицательно сказывается на работоспособности и особенно у занимающихся творческим трудом.

肥胖对工作能力，尤其是对从事创造型劳动的人的工作能力产生不良影响。

④ Научно-технический прогресс вызывает нежелательные изменения элементов биосферы.

科技进步引起了生物圈诸因素的不良改变。

⑤ Это может привести к короткому замыканию и поломке прибора.

这会造成短路和受损。

⑥ Незначительная коррозия осадительных электродов, возникающая при длительной эксплуатации, не оказывает влияния на технические характеристики прибора.

在长时间的使用过程中，沉淀极上所产生的轻微腐蚀对仪器的技术性能没有影响。

11.4.5　表示事物的变化

Что превращается во что; что переходит во что; что ускоряет что; что ослабляет что; что расширяется; что отжимается; что усиливается; что повышается; что поднимается; что делает что чем; что придает чему что.

① Водяной пар превращается в капли воды при соприкосновении с холодной поверхностью.

水汽接触到冰冷（物体）的表面时就会变成水珠。

② Данный препарат стимулирует работу органов внутренней секреции, содействует выделению гормонов, улучшает конституцию, не вызывая при этом никакого побочного действия.

该口服液能刺激人体内分泌功能，促进激素分泌，改善体质，无任何副作用。

11.4.6　表示研究过程

Исследовать; проводить исследование; обрабатывать; анализировать; проводить эксперимент (испытание); вести наблюдение за чем; следить за чем; допустить; предполагать; высказать предположение; выдвинуть гипотезу; установить;

установлено; делать вывод; прийти к выводу(заключению); из чего следует.

① Знание предмета исследований позволяет выдвинуть рабочую гипотезу т.е. предположение о возможных путях решения поставленных задач.

了解研究对象使我们可以提出工作设想，即推想解决所提出任务的可能途径。

② Специалисты Международного агентства по изучению рака пришли к выводу, что риск развития рака кишечника уменьшится, если съедать три порции рыбы в неделю.

国际癌症研究所的专家得出结论，如果每周吃三次鱼，就可降低患肠癌的风险。

总之，科技俄语中的表义结构不在少数，译者一定要理解其含义的细微差别，在俄译汉时要准确翻译这些结构；同时也可以在汉译俄时合理地选用这些结构，使我们的译文简洁、规范、可读性强。

● 课后练习

1. 回答问题
（1）术语是如何产生的？
（2）术语有哪些特点？
（3）如何翻译术语？
（4）表义结构分几类？

2. 佳译欣赏
请指出原文中的科技术语和表义结构，并说明汉语中各自对应的表达法。

Кислоты - это соединения, диссоциирующие в воде с образованием ионов водорода. В результате раствор приобретает кислотность. Некоторые вещества, несмотря на существенные различия между ними, после растворения в воде образуют растворы, в которых наблюдаются общие свойства. К таким веществам относятся: апельсиновый сок, уксус, газированная вода, т. е. растворы, имеющие кисловатый вкус. Вещества, обладающие таким общим свойством, называют кислотами. Щелочи - это вещества,	酸是能在水中产生氢离子的化合物。氢离子能使溶液呈酸性。有些物质虽然种类各异，但是溶解于水中制成水溶液后常会显现出共同的性质。例如橘子汁、醋、汽水等尝起来都有一股酸溜溜的味道。人们将具备这些共性的物质命名为酸。碱能溶解在

которые растворяются в воде, способны взаимодействовать с ионами водорода, нейтрализуют кислоты с образованием воды и соли. Наиболее распространенными щелочами являются: гидроксид натрия (каустическая сода), гидроксид калия, гидроксид кальция и гидроксид магния. Почти все кислоты и щелочи растворимы в воде и образуют растворы. В природе чистые вещества встречаются крайне редко, а растворы являются основной формой существования веществ.

Кислоты – это соединения, в состав которых входит водород и еще, как минимум, один элемент. Например, серная кислота (химическая формула H_2SO_4) состоит из водорода (H), кислорода (O) и серы (S). Кислоты обычно существуют в жидкой форме.

Большинство кислот кислые на вкус, некоторые из них ядовиты, некоторые могут серьезно поражать кожный покров, другие – безвредные, есть даже такие, которые можно принимать в пищу. Организм человека выделяет соляную кислоту, которая помогает перевариванию пищи.

Кислота, которая почти полностью диссоциирует при растворении в воде и имеет очень сильную разъедающую способность, называется сильной кислотой. Сильная кислота может разъедать кожу, древесину, ткань и другие предметы. Серная, соляная и азотная кислоты являются наиболее известными сильными кислотами. Серную кислоту используют для производства химических удобрений, взрывчатых веществ, пластмасс, лаков, красителей, моющих средств и большого количества видов химической продукции.

Кислота, которая частично диссоциирует при растворении в воде, называется слабой. К таким кислотам относятся лимонная, уксусная, молочная кислоты.

水中并可以和氢离子反应,中和酸性,生成水和盐。常见的碱有氢氧化钠、碳酸钙和氧化镁等。几乎所有的酸和碱都能溶解于水,生成溶液。在自然界中,单纯的物质是极少的,溶液是最主要的物质存在形式。

酸是一种化合物,含有氢和另外至少一种元素,例如,硫酸(分子式H_2SO_4)就是由氢(H)、氧(O)和硫(S)三种元素构成的。酸通常以液态形式存在。

大多数的酸性物质味道都是酸的,有些酸有毒,有些酸会严重地灼伤皮肤。但是也有些酸是无害的,还有一些酸可以吃。人的身体会分泌胃酸帮助消化食物。

在水溶液中几乎可全部电离、腐蚀性非常强的酸称作强酸。强酸会腐蚀皮肤、木头、布料和其他物质。硫酸、盐酸和硝酸是人们最熟悉的三种强酸。其中,硫酸可以用来制造肥料、炸药、塑料、油漆、染料、清洁剂和多种化学品。

溶于水后只有部分电离的酸叫弱酸。柠檬酸、醋酸、乳酸都是弱酸。

3. 翻译实践

(1) 请分析下文的语言特点，并把它翻译成汉语，注意科技术语和表义结构的翻译。

Полная компьютерная система состоит из двух компонентов – аппаратной части и программного обеспечения. Что включает каждый из этих компонентов, понятно из самого названия. Аппаратная часть – это реальные устройства, которые можно увидеть и потрогать, такие как системный блок и монитор. Программное обеспечение – это различные программы и приложения, необходимые для работы компьютера, такие как, например, программы для рисования или игры. Аппаратная часть и программное обеспечение компьютера вставляют единое целое. Аппаратная часть – это материальная база функционирования программного обеспечения, ее можно назвать "телом" компьютера, тогда как программное обеспечение – это его душа, основа управления компьютером и работы на нем. Аппаратная часть и программное обеспечение взаимно дополняют друг друга и в совокупности составляют целостную компьютерную систему. Обычно компьютеры, которые мы знаем, состоят из трех основных блоков: системного блока, устройств ввода и устройств вывода. Самым важным является системный блок, это основа всей компьютерной системы. Пользователь с помощью таких устройств ввода, как клавиатура или мышка, вводит данные в цифровом формате в системный блок, где эти данные обрабатываются, а затем выводятся на устройства вывода – монитор или принтер. В корпусе системного блока установлены такие компоненты, как процессор, оперативная память, жесткий диск, материнская плата, оптический привод, видеокарта и звуковая карта. Процессор называют также центральным процессором, он управляет работой всего компьютера, подобно тому как человеческий мозг контролирует всю жизнедеятельность человека. Возможности компьютера по обработке цифровых данных и его быстродействие определяются в основном процессором.

(2) 请将下文译成俄语，注意术语的翻译和俄语表义结构的使用。

混合物和纯净物

由同一种分子组成的物质叫纯净物，由两种或两种以上的分子组成的物质叫混合物。自然界物质的种类尽管很多，但是纯净物是很少的，绝大部分是混合物。空气、海水、水果等都是混合物。要想得到纯净物，就必须对混合物进行处理。任何纯净物质，在一定的状况下，都具有一定的性质。例如，作为纯净物的水没有颜色，没有味道，比重是1，沸点是100℃，凝固点是0℃。

如果把食盐放入水中,变成食盐水溶液,沸点会升高,凝固点会降低。升高或降低多少,要看加入的食盐多少。食盐加入得多,沸点就升高得多,凝固点就降低得多;食盐加入得少,沸点就升高得少,凝固点降低得也不多。食盐水溶液是一种混合物,所以混合物的性质是不定的。

为什么纯净物在一定状况下有一定的性质,而混合物没有呢?因为一切纯净物都是由同种分子组成的,同种分子的性质相同;混合物是由几种不同物质的分子组成的,不同种分子的性质不同。由于组成混合物的各种分子的数量不同,所以混合物没有固定的性质。

第十二章 说明书翻译

12.0 引言

说明书是在科技翻译中常见的文本之一,它是向用户简要介绍商品使用注意事项的文字材料,是科技材料中具有标准意义和使用价值的书面材料。说明书也经历了一个长期的发展和专业化过程,说明书在发展过程中融入了其他言语体裁的特征。本章我们要着重讲解的是商品使用说明书(потребительная инструкция к товарам; руководство по применению чего; инструкция по эксплуатации чего)的文体特征及其翻译要求。

说明书的功能是传达重要、客观的信息,规定与这些信息有关的必要行为,即为产品使用者的行为制定相关细则。同时说明书还担负着宣传企业、推销产品、提高企业和产品影响力的任务。

说明书文字的特点是语言通俗易懂,内容实事求是,形容贴切,描述真实。说明书中包括介绍产品的结构、形状、尺寸、规格、材料、质量、性能等技术指标,说明使用、保养时应注意的事项或可能产生的问题以及排除故障和解决问题的方法等方面信息。

12.1 说明书的文体特征

12.1.1 文字叙述具有规约性

说明书中的文字描述要求消费者必须按照其规定操作使用,因此说明书中大量使用具有规定意义的词汇和不同程度带有命令意义的句式结构。

12.1.2 叙述内容具有科学性、客观性

说明书中很少使用其他文体中富有感情表现力的词汇和句式结构,使人觉得无情感、冷冰冰。说明书中又不排除使用一些带有命令性的语言手段间接地表达情感,如使用"切勿、禁止、尽量、最好、宜、建议"等词表示必须、应该、建议等祈使语义。

12.1.3 叙述形式程式化

说明书种类不同,篇幅长短不一,但均具有一定的程式,这些程式既有助于说明书的编制人员依规行文,也方便消费者快速地获取自己所感兴趣的信息。

12.1.4 叙述形式法律化

说明书是一种具有法律效力的文本,是消费者和制造厂家之间的一种特殊合约。消费者必须遵守使用规则,而生产厂家则必须在消费者遵守使用规则的条件下,确保其产品性能良好和绝对无害于人身健康。因此在说明书操作注意事项、担保责任板块中会经常使用一些表示法规意义的语言手段,如法律术语、法律方面的固定用语、特殊的句法结构等。

12.2 说明书的语言特点

12.2.1 大量使用相关领域的技术术语

说明书与某一技术领域有关,自然会使用该领域的术语、主题词汇、行话。例如:

① Лянъхуа Цинвень Цзяонан капсула для лечения простуды и гриппа против эпидемических вирусных заболеваний, удаляет яд, активизирует функцию легких и понижает жар.

② Экстракт персика – основной компонент крема для рук – активно увлажняет, восстанавливает, питает, тонизирует кожу, обладает противовоспалительными свойствами, делает кожу упругой, гладкой и ухоженной.

12.2.2 使用一些书面语体的公文文法

说明书用于正式交际领域,所以不使用口语语体的语言手段。例如:

В случае резких перепадов температуры или влажности внутри устройства может образоваться конденсат, а это может привести к короткому замыканию.

12.2.3 使用名词(动名词)性结构

和其他科技文体一样,说明书行文呈名词性特点。为了表达抽象的概念,名词的使用频率自然就高了,从而使语言更加简洁,意思更加浓缩。动名词使用频率高是由于动名词比相应的动词意义更为概括。例如:

Использование зарядного устройства или USB-кабеля сторонних производителей может привести к постоянной перегрузке устройства, увеличению времени зарядки, перегреву и даже повреждению или взрыву устройства.

12.2.4 使用技术性缩略语

说明书中常使用缩略语和缩写词。例如:

① При стандартной конфигурации ЦТ составит 4,350 К, а диапазон диаметра светового поля – 195-330 мм.

② ИЗГОТОВИТЕЛЬ: ЗАО "НОВАЯ ЗАРЯ", ул. Павла Андреева, д. 23 г. Москва, М-162, РОССИЯ, ГСП-8, 115162

③ ГОСТ 31460-2012

12.2.5 使用具有情态意义的词

为了突出产品的特点、规范操作方法或程序、强调注意事项，说明书中常常使用动词不定式、命令式等具有情态意义的语言手段，其目的在于明确地规定说明书中的各种细则，对操作使用进行规定和提示。例如：

① Перед началом использования устройства необходимо его установить и подключить в соответствии с данной инструкцией.

② Запрещается выключать устройства за сетевой шнур.

③ Не допускается мойка вне оборудованных для мойки мест, обеспечивающих экологическую безопасность.

④ Рекомендуется применять в любое время дня, наносить крем в направлении от кончиков пальцев до запястья …

⑤ Перед пользованием устройства прочтите все инструкции.

⑥ Уборку холодильника производить через каждые 20 дней.

12.2.6 使用程式化的用语和表义性结构

说明书中为了表示产品的成分、性质、特征、用途等抽象意义，需借助一些程式化的用语和表义结构。例如：

① Данное оборудование предназначено для выполнения нескольких операций, оно полностью автоматизировано и программируемо, управляется посредством пульта.

② Обладает высокой эффективностью увлажнения.

12.2.7 多使用无施动者结构

消费者关注的是产品的性能和产品如何使用，而不关心产生性能和使用产品的主体，所以说明书中常使用无人称句、被动结构、不定人称结构等，施动者往往被弱化了。例如：

① Не следует часто открывать дверцы холодильника.

② Используется посуда, дно которой изготовлено из материалов, не имеющих магнитных свойств, или диаметр дна меньше 12 см.

12.2.8 逻辑性较强，句式结构完整

说明书中为了表达描述对象之间的复杂关系、凸显行文的逻辑性，常大量使用各种前置词、连接词、副动词、形动词。为了向用户完整、精确地传达信息，说明书中不使用简缩式结构。例如：

① Во избежание ожогов лица и рук пробку горловины радиатора на горячем дизеле открывайте, пользуясь рукавицей или тряпкой.

② Для обеспечения дополнительной защиты рекомендуется использовать пароль, состоящий из 8 и более символов, содержащий буквы, цифры и специальные символы.

③ Применяйте топливо и масло только тех марок, которые указаны в настоящем руководстве.

12.2.9 使用复合句

说明书中经常会使用带各种疏状意义从句的复合句，如目的从句、条件从句、定语从句、原因从句等，其中表示动作（操作）目的的从句在说明书中使用较多。例如：

① Чтобы выйти из Простого режима, нажмите Обычный режим.

② Если Вы хотите вытащить емкость для воды, чтобы вылить ее или, чтобы помыть емкость, потяните верхнюю часть емкости и переведите переключатель в положение "open"（открыть）.

③ Откройте на компьютере папку "Мой Компьютер" и Вы обнаружите внешний диск, на котором хранятся сделанные видеозаписи и фотографии.

12.2.10 使用图表

图表是一种特殊的科技语言，用来形象、直观、真实、准确地传达科技信息。产品直观图、产品结构图、产品安装图、产品电路图等在说明书中较为常见，还有一些罗列性能、参数、故障排查及维修的表格。

12.2.11 体例相对固定，节段相对独立

不同的说明书有各自相对固定的版块，每个板块表达固定的信息，因此它的体例也相对固定。另外，说明书内容不同，各个板块排列顺序也不尽相同，各段节之间的逻辑关系也不太严密。

● 课堂练习

请结合所讲内容，分析以下说明书的语言特点。

> **КРЕМ ДЛЯ РУК**
>
> увлажняющий
>
> **ПЕРСИК**
>
> **БАРХАТНЫЙ**
>
> *Экстракт персика* – основной компонент крема для рук – *активно увлажняет*, восстанавливает, питает, тонизирует кожу, обладает противовоспалительными свойствами, делает кожу упругой, гладкой и ухоженной. Экстракт содержит витамины А, группы В, С.
>
> *Кожа восстанавливается, омолаживается, морщинки разглаживаются, микротрещинки заживают!*
>
> *Масло сладкого миндаля* – устраняет сухость кожи, питает, делает кожу мягкой и шелковистой.
>
> *Аллантоин, Д-пантенол и Витамин Е* – восполняют недостаток витаминов, увлажняют ногти, предупреждают раздражение кожи.
>
> *Крем для рук бережно и аккуратно*
>
> *позаботится о Ваших руках.*
>
> *Приобретая этот крем, Вы приобретаете*
>
> *"лучшего друга" для Ваших рук!*
>
> СПОСОБ ПРИМЕНЕНИЯ: рекомендуется применять в любое время дня, наносить крем в направлении от кончиков пальцев до запястья, мягко втирая его в кожу рук, а так же ногти.
>
> СОСТАВ: ...
>
> ИЗГОТОВИТЕЛЬ: ЗАО "НОВАЯ ЗАРЯ", ул. Павла Андреева, д. 23 г. Москва, М-162, РОССИЯ, ГСП-8, 115162
>
> ГОСТ 31460-2012
>
> Годен до: ...

● 翻译举要

12.3 说明书的翻译

12.3.1 说明书的结构及译例

说明书从结构上讲一般包括以下几个板块：

1. общие указания（总则）；назначение изделия（产品用途）。例如：

① Проигрыватель предназначен для воспроизведения цифрового звукового сигнала с оптического компакт-диска.

本功放机用于播放数字音频信号的光盘。

② Прежде чем включить вентилятор, внимательно ознакомитесь с настоящим руководством по эксплуатации.

在开风扇之前，应仔细阅读本使用说明书。

2. принцип действия（工作原理）。例如：

В ультразвуковом увлажнителе используется высокочастотный генератор, который разбивает воду на частицы с диаметром около 1-5 микрон. Система вентиляции выдувает этот водяной туман в сухой воздух помещения, где он испаряется и создаёт требуемую влажность.

超声波加湿器使用超声波高频振荡器把水分解为1—5微米的微粒，风动装置再把水雾吹到居室干燥的空气中，水汽散发，从而达到所需湿度。

3. технические данные（技术参数）；основные технические характеристики（基本技术特性）；техническая характеристика（技术性能）。例如：

① Модель изделия:

产品型号：

② Отклонение напряжения сети, В – 220: +10%

电网电压（220伏）允许误差为 +10%。

③ Габариты（не более）, мм: длина – 545, высота – 275, ширина – 182

外形尺寸（不超过）：长545毫米，高275毫米，宽182毫米。

4. комплектность（全套部件）；комплект поставки（成套供应）。例如：

В комплект поставки входят:

Увлажнитель – 1 штука;

Упаковочная коробка;

Гарантийный талон 1 штука;

Руководство по эксплуатации 1 копия.

全部套件包括：加湿器一台，包装盒一个，保修证一份，使用说明一份。

5. особенности（характерные особенности；отличительные особенности）устройства（设备的特点）。例如：

① Обладает высокой эффективностью увлажнения.

加湿效率高。

② Повышает и регулирует относительную влажность воздуха в помещении.

增加和调节居室的相对湿度。

③ Длительный срок эксплуатации.

使用寿命长。

6. правила безопасности（安全规则）；предупреждения и меры предосторожности（警告及预防措施）；требования безопасности（安全须知）；требования по технике безопасности и пожарной безопасности（操作安全和防火安全要求）；меры безопасности（安全措施）；указания по технике безопасности（安全操作细则）；внимание（注意事项）。例如：

① Прежде чем включить стиральную машину, убедитесь в отсутствии повреждений изоляции шнура и вилки. При повреждении изоляции, а также, если ощущается пощипывание при касании к машине, немедленно отключите его от сети и вызовите механика.

洗衣机通电前，要确认电源线及插头是否绝缘。如果绝缘不良，且触摸时有麻感，则应立即断电并请技术人员修理。

② Помните, что при пользовании электробритвой необходимо соблюдать меры предосторожности, как и при пользовании любыми электробытовыми приборами (не брать электробриту мокрыми руками, не включать на неизвестное напряжение, не пользоваться повреждёнными: шнуром, корпусом, ножевым блоком и т. д.)

切记：和使用其他电器一样，使用电剃须刀时，应遵守下列注意事项：不用湿手拿剃须刀，未知电压时不接通，不使用损坏过的部件（电线、机体、刀片组件等）。

③ Во время работы устройства прикосновение к воде или другим частям, расположенным в водяном резервуаре, не допускается.

设备工作时，请勿触摸水或水槽内的部件。

7. устройство изделия（产品结构）；краткое описание（简要说明）。这一部分介绍产品的结构，有的电器还附有 электрическая принципиальная схема（电器原理图），внешний вид с обозначением элементов управления（控制元件标识外观图），общий вид（全貌图），вид сзади（后视图），основные узлы и детали чего（主要部件位置及名称）。例如：

① Электрокамин состоит из отражателя, основания, нагревательного элемента, шнура с патроном.

电取暖炉由反射锅、底座、电热丝、带插头的电源软线等部分组成。

② Водонагреватель состоит из электронагревателя, стального бака, магниевого анода, теплоизоляции и других конструкционных деталей, выполняющих в приборе определённые функции.

热水器由电热器、钢桶、镁阳极、保温材料及其他功能构件组成。

8. подготовка к работе и порядок работы（准备工作及工作程序）。例如：

① Сухое глажение. Прежде чем приступить к сухому глажению, рекомендуется слить воду из бачка（если она там имеется）, отключив предварительно электроутюг от сети.

干熨。在干熨之前，请先将电熨斗的电源切断，然后把盛水槽内的水（如果有水的话）倒出来。

② Открутите крышку емкости для воды. Заполните емкость водой, плотно закрутите крышку и поместите её на основании прибора.

拧下水箱盖，给水箱加水，然后拧紧盖子，把水箱放在仪器基座上。

③ Убедитесь, что напряжение в сети соответствует требованиям прибора и подсоедините шнур.

请确认电网电压是否与仪器电压相符，然后再接通电源。

9. техническое обслуживание и правила хранения（技术维护与保存细则）；уход за машиной（机器的养护）；правила ухода за чем и его хранение（保养细则与维护）。例如：

① Храните холодильник в сухом помещении при температуре от +1 до +40 градусов.

冰箱宜置于温度1℃—40℃的场所。

② Если какой элемент увлажнителя повреждён, замените его новым. Ремонт должен производить квалифицированный специалист сервис-центра.

如果加湿器的某一部件受损,请更换新部件。应由技术服务中心的专业人员来维修加湿器。

③ В течение 10 дней неработающий компрессор может храниться без особой подготовки. При остановке на более длительный срок необходимо произвести консервацию компрессоров в следующем порядке.

压缩机停机10天,可不用做防护处理。如停机时间较长,压缩机应按以下程序封存。

10. возможные неисправности и методы их устранения（可能出现的故障及排除方法）; перечень возможных неисправностей и методы их устранения（常见故障及处理方法一览表）。这一部分经常用表格形式列出下列三项内容:

a. проблема（出现的问题）; характер неисправности（неполадок）и внешнее проявление（故障性质及外部显示）; наименование неисправностей, внешнее проявление и дополнительные признаки（故障名称、故障外部显示及其他特征）;

b. вероятная причина（可能原因）; проверка（检查）;

c. методы устранения（排除方法）; решение（处理方法）。

① Проблема:
Нет потока воздуха и водяного пара.
出现的问题:无风无雾。
Проверка:
a. Правильно ли включена вилка в розетку?
b. Горит лампа-индикатор дозаправки воды?
c. Правильно ли установлен водяной бак?
d. Возможно, истекло установленное на таймере время работы.
检查:
a.插头是否插好?
b.加水指示灯是否亮着?
c.水箱是否固定好?
d.有可能是定时器设定的时间已过。
Решение:
a. Включите вилку в розетку.

b. Долейте воды в бак.

c. Установите водяной бак в правильное положение на базе.

d. Нажмите клавишу POWER, чтобы включить прибор.

处理方法：

a. 把插头插好。

b. 给水箱加水。

c. 把水箱在基座上固定好。

d. 摁下 POWER 键，打开加湿器。

11. гарантийные обязательства(承保责任)；гарантии изготовителя（厂方担保）。这一部分说明承保的期限、范围等。有的还附有талон на гарантийный ремонт(保修单)。例如：

① С поврежденной пломбой или без нее, а также без отметки магазина о продаже претензии не принимаются.

如铅封损坏、没有铅封或没有商店的销售标记，(有关质量的)诉求不予受理。

② При условии соблюдения правил пользования и ухода завод-изготовитель гарантирует нормальную работу холодильника в течение 5 лет с момента ее продажи.

如果用户遵守使用及维护规则，制造厂家保证自出售之日起5年内冰箱正常运转。

③ В течение гарантийного срока эксплуатации потребитель имеет право на бесплатное техническое обслуживание, а в случае отказа изделия по вине предприятия-изготовителя – на бесплатный ремонт.

在保修期限内用户有权免费享受技术服务，若产品出现故障，且责任在生产厂家，则用户可享受免费维修。

④ Претензии к качеству работы не принимаются и гарантийный ремонт не производится, если отказ возник в результате небрежного обращения потребителя или несоблюдения правил эксплуатации, а также при отсутствии руководства по эксплуатации и гарантийных талонов.

如果故障是由于用户粗心或未遵守操作规范，同时使用说明书和保修单丢失，那么对质量诉求不予受理，也不予以保修。

12. свидетельство о приемке и продаже（出厂验收证明及销售证明）。例如：

这一部分需标明产品符合技术标准的标号、出厂日期、厂家质检部门及检验人员的图章、销售单位的名称、销售日期等。

① Телевизор соответствует ГОСТ 456-99 и признан годным к эксплуатации.

Дата выпуска: ...

Штамп ОТК (клеймо приемщика)

Артикул: ...

Цена: ...

Продан ... (наименование предприятия торговли и дата продажи).

电视机符合456-2000号国家标准，检验合格，准予使用。出厂日期：……技检科图章（验收员印记），产品型号，价格，销售单位及销售日期。

② Продукция выпускается под контролем Государственной приемки.

本产品经国家相关部门检验合格。

13. хранение(存放)；правила хранения（存放要求）。例如：

① Храните увлажнитель в сухом прохладном месте, желательно в оригинальной заводской упаковке.

加湿器应存放在干燥凉爽的地方，最好存放在厂家的原包装里。

② Перед хранением устройства в течение длительного времени очистить весь блок и дать всем элементам устройства полностью высохнуть.

设备若长时间不用，存放前要完全清洗并晾干所有组件。

12.3.2 说明书翻译的要求

从以上说明书各个板块的原文和译文的对比可以看出，说明书的翻译是一项复杂的工作，它不仅涉及语言转换，而且还与专业知识相关，与技巧训练和实践积累密不可分。

1. 专业知识要丰富。说明书虽说是面向消费者，但一定会涉及专业领域的知识，因此除了语言知识要扎实以外，译者要了解说明书中相关的专业知识，专业知识是说明书翻译的基础，它决定着译者对词义的理解和选择。

2. 信息表达要准确。说明书旨在向消费者传达与产品相关的信息，对说明书中包含的术语、词汇、概念的准确理解和表达是再现原文信息的前提。因此要多查词典，多请教技术专家，务必搞清楚术语和词汇的确切含义及其在译文中的对应表达法，做到术语精当准确，不讲外行话。

3. 语义表达要连贯,逻辑层次要清晰。说明书旨在告诉消费者如何正确操作和合理使用设备,所以有关操作指令或动作程序的描写一定要理清前后的逻辑关系,做到译文语言通顺,措辞严谨,逻辑清晰。

4. 宜简则简,当繁则繁。说明书因其种类、使用对象不同,行文自然就有所区别。例如,面向普通消费者的说明书专业性和技术性就稍弱一些,句式结构较为简单,行文浅显易懂;而面向专业人士的大型或成套设备说明书专业性和技术性就非常强,用语繁丰,结构复杂。在翻译面向普通消费者的说明书时要做到语言朴实,措辞简洁,浅显易懂;而在翻译专业性非常强的说明书时为了意义明确和表达清晰,译者可以对原文中的复句和长句进行断切或重组,按照译文的逻辑顺序进行适当调整,使译文符合读者的阅读习惯。当然,有时为了意思表达严谨,语句结构要严整,行文时该繁则繁。

● **主题词汇**

быстроизнашивающиеся части 易磨损材料
введение 引言
внимание 注意事项
гарантии изготовителя 生产商担保责任
гарантийный срок 保修期
главные части 主要部件
запчасти 配件
испытание 检验
комплектность 装箱清单
конструкция 结构
максимальная мощность 最大功率
маркировка 标签
монтаж 安装
монтажный чертеж 安装图
назначение 用途
наладка 调试
номенклатура изделий 产品目录
нормативная мощность 额定功率
нормативная нагрузка 额定负载
нормативное напряжение 额定电压
общие указания 总则
очистка 清洗
пломбирование 铅封
подготовка к работе 准备工作
порядок работы 工作程序
правила хранения 存放要求
применение 用法
принцип работы (действия) 工作原理
рабочие инструкции 操作指南(规程)
рабочие условия 工作条件
расходные материалы и запасные части
　　耗材及配件
ремонт 维修
свидетельство об испытании 检验证明书
сертификат о качестве 质量证明书
сведения о продаже 销售证明

свидетельство о приеме 出厂验收证明
смазка 润滑
спецификация 明细表（规格说明）
схема системы 系统示意图
схема технологического процесса 工艺流程表
схема электропроводки 电路图
стандарт 规格
техническая документация 技术文件
техническое обслуживание 技术服务
технические показатели 技术指标
технические характеристики 技术性能
топливо 燃料
транспортирование 运输要求
транспортировка 运输
установка 安装
характеристика 特点
характерные неисправности и способы их устранения 主要故障及其排除方法
чертеж 图纸
эксплуатация 使用

● 课后练习

1. 回答问题
（1）说明书的语言有哪些特点？
（2）说明书一般由哪些板块组成？
（3）如何翻译说明书？

2. 佳译欣赏
请先分析原文的语言特点，然后对比原文和译文，体会说明书翻译的特点。

Изделие содержит некоторое количество хладагента изобутан (R600a). Это высокоэкологичный природный газ, но он горюч. При транспортировке и установке изделия следует следить, чтобы ни один из элементов охлаждающего контура не был поврежден. Разбрызгивание хладагента из трубок может привести к возгоранию и к травме глаза. В случае обнаружения утечки избегайте открытого огня или потенциальных источников воспламенения. Проветрите помещение, в котором находится изделие, в течение нескольких минут.	本机包含少量异丁烷(R600a)，它是一种清洁高效的天然气，但也是可燃的。在运输和安装本机时，请注意不要破坏冷却回路的任何器件。从管路中喷出的制冷剂能够燃烧或伤害眼部。如果发现泄漏，请杜绝明火或潜在的火源，并且对放置本机的房间通风几分钟。

Во избежание создания огнеопасной смеси газа и воздуха, в случае обнаружения течи в охладительном контуре размер помещения, в котором будет помещено изделие, зависит от количества используемого хладагента. На каждые 8 гр. хладагента R600a внутри изделия должно приходиться 1 м² помещения. Количество хладагента в конкретном изделии указано на информационной табличке внутри изделия. Запрещается включать изделие, которое имеет какие-либо следы повреждений. В случае сомнений, свяжитесь с продавцом.	为了在冷却回路发生泄漏时防止可燃性气体混合物的产生，应根据制冷剂的用量确定放置本机的房间大小。在设备内每使用8克R600a制冷剂需要1平方米的空间。制冷剂的用量显示在您的设备内部的标识牌上。设备有受损迹象时切勿开机。如有疑问，请咨询您的经销商。

3. 译文对比

请对比以下译文，分辨其优劣并指出差异所在。

Гарантия изготовителя

1. Гарантийные обязательства изготовителя распространяются только на оборудование с действительным гарантийным талоном.

2. Гарантийные обязательства изготовителя не распространяются на периодическое обслуживание, установку（монтаж）, настройку оборудования.

3. Гарантийное обслуживание оборудования производится в специализированных сервисных центрах на территории РФ, уполномоченных производителем（поставщиком）оборудования. Адреса сервисных центров размещены на сайте www.espa.ru.

4. Гарантийные обязательства изготовителя не распространяются на дефекты оборудования, возникшие в результате:

4.1 Естественного износа деталей в процессе эксплуатации оборудования.

4.2 Нарушения правил транспортировки, хранения.

4.3 Механических повреждений.

4.4 Использования оборудования с нарушением правил эксплуатации, монтажа или не по назначению.

4.5 Затопления, размораживания, пожара и иных форс-мажорных обстоятельств.

4.6 Самостоятельной разборки/сборки, ремонта, вмешательства в конструкцию оборудования, произведенного лицом, не уполномоченным изготовителем（поставщиком）оборудования.

4.7 Неправильного электрического, механического, гидравлического подключения.

4.8 Несоответствия электрического питания, нестабильности параметров электросети, отсутствия или неправильной настройки автоматики защиты электродвигателя.

4.9 Попадания внутрь оборудования посторонних предметов, засорения песком и другими механическими примесями.

4.10 Запуск или работа оборудования при отсутствии перекачиваемой жидкости либо достаточного протока жидкости.

5. При сдаче оборудования в ремонт, потребитель заполняет акт рекламации (по форме, установленной сервисным центром ESPA), в которой указывает характер неисправности.

6. Диагностика оборудования, проводимая в случаях необоснованных претензий к работоспособности оборудования и отсутствия неисправностей, не подпадает под гарантийные обязательства производителя, является платной услугой и оплачивается потребителем по прейскуранту сервисного центра.

7. Оборудование в ремонт принимается в полной заводской комплектации в чистом виде. Все элементы, не входящие в заводскую комплектацию, должны быть демонтированы потребителем перед сдачей оборудования в ремонт. Сервисный центр имеет право отказать в приеме в ремонт оборудования, не отвечающего вышеуказанным требованиям.

译文1	译文2
制造商保证	**制造厂商的质保**
1. 制造商的保修义务仅仅是在设备携带的保障单的有效期之内生效。	1. 制造厂商的质保义务只涵盖具有有效保修证的设备。
2. 制造商的保修义务不适用于定期维护、安装、硬件配置。	2. 制造厂商的质保义务不包括设备的定期服务、安装、调试。
3. 设备的保障服务是由生产商在俄罗斯境内授权的专门服务中心来提供。服务中心的地址可在网站 www.espa.ru 找到。	3. 设备的质保服务由俄罗斯境内设备制造厂商（供货商）授权的专业服务中心来完成。服务中心地址详见 www.espa.ru 网站。
4. 制造商的保修服务不包括以下导致设备故障的结果（原因）：	4. 制造厂商的质保义务不包括因以下原因造成的设备故障：
4.1 在设备使用过程中部件自然磨损。	4.1 设备使用过程中零部件的自然磨损。
4.2 违背了运输和保存规则。	4.2 违反运输、存放规则。
4.3 机械故障。	4.3 机械性损伤。

4.4 在使用设备的时候违背了使用、安装规则或者未按规定使用。 4.5 进水、冷冻、失火及其他不可抗力情况。 4.6 由未获设备制造商授权的人员进行自主拆卸、组建、修理、干预到设备构造。 4.7 电气、机械、液压接入不正确。 4.8 电力电源不匹配,电力参数不稳定,没有或不正确地调整电机自动保护。 4.9 有无关的东西进入设备里面,沙子或其他机械杂质使设备发生故障。 4.10 在没有泵送液体或足够液体流动的情况下启动或操作设备。 5. 在把设备送去修理的时候,消费者需要填写索赔协议书(由 E-SPA 服务中心提供表格),在其上面说明故障性质。 6. 在设备可操作和无故障的不合理要求情况下进行的设备诊断不属于制造商的保修义务,是付费业务,并由消费者根据服务中心的价格表支付。 7. 所有设备都是在工厂的全套设备范围中进行维修,所有非工厂配件必须在设备维修前由消费者拆除。服务中心有权拒绝接受不符合上述要求设备的维修。	4.4 违反使用、安装规则或使用不当。 4.5 浸泡、冻裂、火灾或其他不可抗力因素。 4.6 由未经设备制造厂商授权的人员擅自拆卸、修理和改装。 4.7 水、电、机械连接错误。 4.8 电源不符,电网参数不稳,没有电机自动保护装置或该装置安装不当。 4.9 异物落入设备,沙石和其他机械杂质堵塞设备。 4.10 未向筒内注水或注水量不足的情况下启动或使用设备。 5. 在设备交付维修时,消费者要填写质量投诉书(按照 ESPA 服务中心提供的模板填写),其中要注明故障特征。 6. 检测设备后,若发现是对设备性能投诉不当或设备没有故障,此类检测不属于生产厂商的质保义务范围,该检测为收费服务,用户应按服务中心价目表予以支付。 7. 送交维修时,设备应干净整洁,厂家原配套应齐全,所有不属于厂家配套的零件应由消费者在交付维修之前全部拆除。服务中心有权拒绝维修不符合上述要求的设备。

4. 翻译实践

请把下文翻译成汉语。

Поиск и устранение неисправностей

Перед обращением в сервисный центр, выполните проверки по следующему перечню.

Проблема	Возможные причины и методы их устранения
Холодильная и морозильная камеры не работают	● Возможно отсутствие контакта между вилкой сетевого шнура и розеткой. *Плотно вставьте вилку в розетку.* ● Перегорел бытовой предохранитель или отключился автоматический выключатель. *Проверьте и (или) замените предохранитель и включите автоматический выключатель.* ● Сбой в электросети. *Проверьте бытовую систему освещения.*
Температура в холодильной или морозильной камере слишком высока Вибрация, тряска или ненормальный шум	● Регулятор температуры установлен в неправильное положение. *См. Раздел "Регулировка температуры".* ● Холодильник размещен близко к источнику тепла. ● Теплая погода и частое открытие дверцы. ● Дверца оставлена открытой на длительное время. ● Упаковка продукта не позволяет плотно закрыть дверцу, или закупорен воздуховод в морозильной камере. Пол, на котором установлен холодильник, может иметь неровности, или холодильник размещен в неустойчивом положении. *Отрегулируйте положение холодильника с помощью регулировочного винта.*
Иней или кристаллы льда на замороженных продуктах	● Позади холодильника находятся посторонние предметы. ● Дверца могла быть оставлена приоткрытой или упаковка продукта не позволяет плотно закрыть дверцу. ● Слишком часто или надолго открывается дверца. *Иней внутри упаковки не указывает на неисправность.*
На поверхности корпуса холодильника образуется влага	● Это обычное явление в сыром помещении. *Вытрите влагу сухим полотенцем.*

Внутри накапливается влага	● Слишком часто или надолго открывается дверь. ● В сырую погоду влага попадает внутрь холодильника с воздухом при открытии дверцы.
В холодильной камере появился запах	*Продукты с сильным запахом следует плотно упаковывать или заворачивать.* *Проверьте, нет ли испорченных продуктов.* *Поверхности камеры нуждаются в чистке.* *См. Раздел "ЧИСТКА"*
Дверца не закрывается должным образом	● Упаковка продукта не позволяет дверце закрыться. *Переместите упаковки, препятствующие закрытию двери.* ● Холодильник установлен неровно. *Установите его ровно при помощи регулировочных винтов.* ● Пол, на котором установлен холодильник, может иметь неровности, или холодильник размещен в неустойчивом положении. *Слегка приподнимите переднюю часть холодильника с помощью регулировочного винта.*
Не горит лампа внутреннего освещения	● Отсутствует напряжение в сетевой розетке. ● Требуется заменить лампу. *См. Раздел "Замена лампы"*

第十三章 标书翻译

13.0 引言

标书是集公文事务性文体与科技文体特征为一体的文件,是包含与招标有关的组织、技术、商务等信息的一揽子文件,主要阐明所需货物(如粮食、石油、机床、计算机网络等)或工程(如施工工程、装饰工程、水利工程、道路工程、化学工程等)的性质,通报招标程序将依据的规则和程序,告知订立合同的条件。标书既是投标单位编制投标文件的依据,又是采购人与中标单位签订合同的基础。标书具有法律效力,对采购人和中标单位起着制约作用。

13.1 标书的主要内容

标书的主要内容可分为三大部分:程序条款、技术条款、商务条款。具体包括:a.招标邀请函;b.投标人须知;c.招标项目的技术要求及附件;d.投标书格式;e.投标保证文件;f.合同条件(合同的一般条款及特殊条款);g.技术标准、规范;h.投标企业资格文件;i.合同格式。

13.1.1 招标邀请函

邀请函内容包括:此次招标的招标单位名称;招标项目名称及内容;招标形式;售标、投标、开标时间和地点;承办联系人姓名、地址、电话等。

13.1.2 投标人须知

这个部分主要明确本次招标的基本程序;投标者应遵循的规定和承诺的义务;投标文件的基本内容、份数、形式、有效期、密封及投标的其他要求;评标的方法、原则;招标结果的处理;合同的授予及签订方式;投标保证金等。

13.1.3 标书技术要求及附件

这个部分是招标书最重要的内容。主要包括拟将采购设备的规格、技术参数、质量性能指标、控制方式及自动化程度、工艺流程、检查验收方式及标准,还包括对原材料、零配件、工具、包装的具体要求和对安全、环保、节能、劳动保护等方面的要求。附件通常包括典型零件加工图纸等。技术要求及附件部分的科技特色是非常明显的。

13.1.4 投标书格式

投标书格式是对投标文件的规范要求,其中包括投标方授权代表签署的投标函;投标具体内容和总报价说明;对遵守招标程序和各项责任、义务的承诺,确认在规定的投标有效期内投标所具有的约束力;给定技术方案内容的提纲和投标价目表格式等。

13.1.5 投标保证文件

这个部分是投标有效的必检文件,常采用三种形式——支票、投标保证金和银行保函。项目金额少可采用支票和投标保证金的方式,一般规定为2%。投标保证金有效期要长于标书有效期并和履约保证金相衔接。

13.1.6 合同条件

这部分也是标书的一项重要内容,涉及面很广。如以供货合同为例,它可能包含有合同号、缔约双方的名称、合同对象(商品名称和数量)、商品品质、价格、交货地点和交货日期、包装和标记要求、付款条件和程序、货物交接条件、运输条件、保证条件和罚则、保险条款、检验条款、有关技术资料的条款、索赔条款、不可抗力条款、仲裁条件等其他条款。

13.1.7 设计规范

招标时有的设备,如通信系统、输电设备等需要指明设计规范,这一部分又是标书科技文体特征的具体体现。设计规范是确保设备质量的重要文件,应列入招标附件中。技术规范应对施工工艺、工程质量、检验标准做出较为详尽的保证,这可有效避免和化解纠纷。技术规范包括:总纲,工程概况,分期工程对材料、设备和施工技术、质量要求,必要时要写清各部分及工程量计算的规则等。

13.1.8 投标企业资格文件

这部分要求投标方提供企业生产该产品的许可证及其他资格文件,如 ISO9001、ISO9002 证书等。有时还要求投标方提供业绩证明。

13.2 标书的文体特征

标书中规定了招标方和投标方的权利和所承担的义务,用来调节招标方与投标方的关系,具有法律约束力,融入了法律文体的元素。同时工程类招标的"标的"可能包括工程设计、勘察设计、土建施工成套设备、安装调试、维修等技术内容,而货物类招标的"标的"则会涉及商品规格、性能、型号、质量等要求,这些内容具有鲜明的科学技术因素。由此看来,标书既具有公文事务性文体特征,又兼备科技文体特征。下面我们将对标书的文体特征进行分析。

13.2.1 用语正式

标书的主要作用是调节招标方与投标方的关系,是企业与企业之间的交际,具有非私人性质。标书多使用客观、正式、严肃的书面语,不使用有感情色彩的、形象的、夸张的、口语式的语句,禁止使用不规范的语言手段。例如:

Участник конкурса несет все расходы, связанные с подготовкой и подачей своей конкурсной заявки, а Заказчик не отвечает и не имеет обязательства по этим расходам, а также иным расходам участников конкурса.

13.2.2 表述严谨

标书的另一个主要特征就是语言结构严谨,表述高度准确,容不得含糊其辞和模棱两可,更不允许表述出现明显的漏洞,让他人有空可钻。标书中对招投标双方承担义务和享受权利的对象界定是非常明确的。此外,标书中涉及技术层面的内容在表述上也是层次清晰,逻辑严密,结构紧凑。为此,会使用连接词、关联词、形动词、副动词、同等成分及其他各种限定手段。条件从句及短语、定语从句及短语使用频繁,句子结构复杂。例如:

Данные, касающиеся изучения, разъяснения и сравнения конкурсных предложений, а также рекомендации по определению победителя, не подлежат разглашению участникам или иным лицам, которые официально не имеют отношения к этому процессу, до того как будет объявлен победитель конкурса.

13.2.3 法规性强

标书中对招标方、投标方的权利和义务进行了明确规定,行文具有鲜明的法规性。为此,文中会大量使用具有法规意义的情态词,例如:не допускаться, не вправе, необходимо, не должны, нельзя, иметь право, обязан, оставлять за собой право 等词汇,以此来表达"应该、必须、负责(有义务)、有权、无权、禁止、不许"等意义。

13.2.4 程式化明显

标书中大多文本行文具有程式化特点,如招标邀请函、投标人须知、合同条件、技术要求、投标书、评标办法等部分,其用语和格式都具有程式化的特点。

● 课堂练习

请阅读以下中标通知书,分析标书的文体特征和语言特点。

Уведомление о присуждении контракта

Финансово-хозяйственное управление Мэрии Москвы уведомляет Вас о том, что в соответствии с решением Конкурсной комиссии от _____ г. (протокол № _____), победителем открытого конкурса по _____ признано _____, которое получает право на заключение контракта с Финансово-хозяйственным управлением Мэрии Москвы на _____ на предложенных им условиях:

Общая стоимость работ в текущих ценах, с учетом НДС _____ рублей.

_____ обязано в течение 20 дней с момента получения Уведомления о результатах конкурса подписать с Финансово-хозяйственным Управлением Мэрии Москвы контракт на _____

В случае, если по причинам, зависящим от _____, контракт не будет подписан до установленного срока (20 дней с момента получения Уведомления о результатах конкурса), _____, выплачивает Финансово-хозяйственному Управлению Мэрии сумму обеспечения на участие в конкурсе в качестве штрафных санкций, кроме того, право на заключение контракта будет передано участнику конкурса, предложения которого признаны Конкурсной комиссией лучшими после _____, и сохраняют силу.

● 翻译举要

13.3 标书翻译

标书是具有技术性、法律性和商业性的文件。从前文的文体分析中我们可以看出，标书的内容涉及的行业非常广，况且技术深浅也不统一，翻译时需要掌握的知识很庞杂。

13.3.1 了解招标的背景知识

国际投标与国内投标最大区别在于国际工程、服务、供货是跨国投标，因此要了解招标国政治、经济、法规、市场、金融、气候、地质、技术、习惯做法以及业主等方面的详细信息，这些信息对标书的翻译有很大的帮助。

13.3.2 理解原标书要准确，译文表达要完整

在翻译数据、指标时要以原文为准。投标人不能擅自更改招标人所提出的质量标准和设备档次。当然，招标人要的东西不一定是同类产品中最好的，而是他支付能力范围内最合适的。标书是整个招标过程最重要的一环，翻译标书必须表达出招标单位的全部意愿，不能有疏漏。标书文件中不清楚的地方要及时向招标方咨询，不要自作主张更改或猜定。标书

也是投标商投标和编制投标书的依据,投标商必须对标书的内容进行实质性响应,否则会被判定为无效标(按废标处理)。例如:

> Ценовое предложение на работы, не указанные в подпункте 1 настоящего пункта, услуги, не указанные в подпункте 2 настоящего пункта, признается демпинговым, если оно более чем на 30 (тридцать) процентов ниже среднеарифметической цены всех представленных ценовых предложений, не превышающих сумму, предусмотренную для закупки в плане закупок без учета НДС.

对于未在本条款第1分点中注明的工程和未在本条款第2分点中注明的服务,其报价若比提交的所有报价(不高于采购计划中不含增值税的拟用采购金额)的算术平均值低30个百分点以上,则将其视为倾销价格。

13.3.3 熟悉招投标行业用语

招标文件包括技术规范和商务条款,其中包含大量的专业术语和专业词汇。翻译时务必词斟字酌,切勿望文生义,要熟悉与招投标直接相关的用语,例如:раскрытие(вскрытие) конвертов с тендерными предложениями(开标), оценка тендерных предложений(评标〈议标〉), отклонение тендера(拒绝投标), принятие тендера(接受投标), определение победителя тендера(定标), выиграть тендер(中标), присуждение контракта(授标)等等。翻译时要使用译入语中对应的招投标行业固定用语,切勿盲目自造。

当然,招投标行业涉及的领域非常复杂,大的方面可分为货物、工程和服务几类,而若要细分的话,则有可能涵养石油、基建、食品、医药、化工、机械、核能、航空等领域,不同领域就会有不同术语。翻译时使用术语要谨慎细致,精炼到位,不能因术语使用不准确让人一下子就看出毛病,觉得行事不专业、不科学、不严谨。比如《中国经济周刊》报道过一个案例:2012年底的一个北欧项目。南车株机海外营销团队经过两年多的艰苦努力,离竞标成功只有一步之遥,对方企业CEO都已经同意,但最终因方案翻译错误而被对方技术专家否定。原来是译者在翻译时竟然把"刮雨器"译成了"抹布",出现了叫人哭笑不得的中式翻译。由此看来,翻译时对招投标专业用语、技术用语、商业用语的措辞选择有可能会直接影响到投标的竞争力和成功率。

13.3.4 明晰标书中规定权利和义务

标书中一些条款具有法律约束力,所以招投标文件中涉及法律意义条款的表达要准确到位。例如:

① К участию в конкурсе не допускаются поставщики, имеющие дебиторскую задолженность перед Заказчиком конкурса.

欠招标方债务的供货商不许参加竞标。

② Поставщики ни полностью, ни частично не вправе передавать свои обязательства по настоящему Контракту третьим лицам без предварительного письменного согласия со стороны Заказчика.

未经招标方预先书面同意，供货方无权将自己对本合同的义务全部或部分地转交给第三方。

③ Для участия в тендере необходимо иметь опыт и квалификацию в реализации подобных проектов и отвечать требованиям, представленным к тендерной документации.

要参加投标（的投标方）必须具备完成类似项目的经验和资质，必须符合标书所提出的要求。

④ Никакие изменения не должны вноситься в Конкурсное предложение после окончательной даты их подачи.

Конкурсные предложения нельзя отзывать в промежутке между окончательной датой подачи Конкурсных предложений и датой истечения срока их действия.

递交投标报价书截止日期后，不得对报价书作任何修改。

投标报价书递交日期与报价书到期日期间不得收回报价书。

⑤ В ходе оценки и сравнения Конкурсных предложений, Конкурсная комиссия и Экспертный совет имеют право вызывать претендентов для подачи технических пояснений к предъявленным комиссии предложениям.

在评比报价书的过程中，招标委员会和鉴定委员会有权要求竞标者对其提交给竞标委员会的报价做出解释。

⑥ Заказчик оставляет за собой право принять, или отклонить любое предложение, а также отклонить все Конкурсные предложения и аннулировать конкурс в любой момент до подписания Контракта, не неся при этом никаких обязательств перед участниками.

招标方保留在签订合同之前随时接受或拒绝任何投标甚至取消招标的权利，并且对竞标者不承担任何责任。

13.3.5 表达严谨，引文规范

招投标文件中为了保证内容不被曲解或误解，表述时句子结构往往严密而复杂。翻译时在理清俄语逻辑关系的前提下，要考虑到汉语读者的思维习惯，使译文符合汉语规范和行文习惯。例如：

Потенциальный Продавец вправе обратиться письменно с запросом о разъяснении положений Тендерной документации, но не позднее семи дней до истечения окончательно срока представления тендерных предложений. Организатор тендера обязан в трехдневный срок с момента регистрации запроса ответить на него и без указания, от кого поступил запрос, сообщить такое разъяснение всем потенциальным Продавцам, которым организатор тендера представил Тендерную документацию.

潜在的供货商有权书面要求(招标单位)对标书条款作以解释,但是至少应在递交投标报价书最后期限前七天之内提出要求。招标单位应在登记要求之日起三天内予以回复,并把这一解释告知所有收到标书的潜在供货方,但无须指明具体质询方。

13.3.6 格式要规范

标书中的招标邀请函、投标人须知、合同条件、技术要求、投标书、评标办法等部分都有相沿成习的格式和规范,翻译时要套用汉语的格式要求,使标书显得更规范,从而增加招标文本的可信度和权威性。例如:

исх. № 0509　　　　　　　　　　　　　　　　　от 13.09.17

ЗАЯВКА НА УЧАСТИЕ В ТЕНДЕРЕ

　　　　　　　　　　　　　　　　　　　　Дата 23 сентября 2017 г.

Наименование Организации-поставщика ООО "Мир Хомутов"

Уважаемые господа!

Изучив условия проведения Тендера на поставку материально-технических ресурсов, подтверждаю намерение по участию в Тендере.

В случае признания нас Победителем Тендера мы гарантируем заключение договора на поставку продукции в соответствии с представленными Вами техническими требованиями и проектом договора. Технические и коммерческие предложения, представленные нами в тендерном предложении.

Приложении:

　　1. Сведения о предприятии.

　　2. Технические характеристики на предлагаемую продукцию.

　　3. Коммерческое предложение на предлагаемую продукцию.

Генеральный директор　　_____(подпись)　　Либерман С.А.
ООО "Мир Хомутов"

　　(место для печати)

发函号：(略)

投标申请书

尊敬的先生们：

  我单位经研究物质技术资源供货招标条件，确认参加此次招标。

  如果我单位中标，将保证按照贵单位所提出的技术要求和合同草案签订产品供货合同。我单位所提出的技术标和商务标见投标书。

  附件：

   1. 企业介绍。

   2. 所提供产品的技术性能。

   3. 所供应产品的投标书。

"卡箍世界"有限责任公司总经理　　（签字，盖章）
2017 年 9 月 13 日

  另外，标书翻译成稿后最好由高水平的翻译人员在文字上把关、定稿。不能因翻译质量、投标书质量或出现文字表达失误而影响投标。在具体的工作中由于做标时间紧、标书编制量大，可能要多个翻译人员共同工作，翻译水平也就可能参差不齐，因此最后一定要有一位水平较高的翻译全面审核把关，力求从工程术语到当地语言习惯等方面都符合要求，做出高质量的标书。

● **主题词汇**

банковская гарантия 银行保函

валюта тендерного предложения
  投标货币

время и место проведения тендера 招标
  时间和地点

выиграть тендер 中标

график тендеров 招标进度表

договор подряда 承包合同

договор поставки 供货合同

единичный тендер 单独招标

заказчик тендера 招标单位

закрытый тендер 非公开招标

залог тендерного предложения
  投标保证金（押金）

затраты (расходы) на участие в конкурсе
  投标费用

заявка на участие в тендере 投标申请

изменение и отзыв тендерного предложения
  标函的修改和撤销

источники финансирования 资金来源

коммерческая часть 商务部分

конкурсные торги 竞标

критерии оценки тендерных предложений 评标标准
неустойка 违约金
номер тендера 投标号
определение победителя тендера 定标
отклонение тендера 拒绝投标
открытый тендер 公开招标
оформление тендерной документации 拟定标书
оценка тендерных предложений 评标（议标）
победитель тендера 中标者
предварительное заседание 标前会议
предварительный отбор кандидатов 遴选投标候选人
предмет тендера 招标项目
приглашение к участию в тендере 招标邀请函
принятие тендера 接受投标
присуждение контракта 授标
претендент 投标人
процедура тендера 招标程序
разъяснение тендерной документации 解释标书
ранжирование участников тендера 对投标人排序

раскрытие（вскрытие）конвертов с тендерными предложениями 开标
рассмотрение тендерного предложения 审查投标报价书
сообщение（извещение）о проведении тендера 招标通知
срок действия тендерного предложения 投标报价有效期
стоимость тендерного предложения 标额
тендерное обеспечение 投标保证金（押金）
тендерная комиссия 招标委员会
тендерное предложение 投标报价（书）
техническая часть 技术部分
требования к квалификации участников 对投标者资格的要求
требования к участнику тендера 对投标人的要求
уведомление победителя тендера о подписании контракта 授标通知
участник торгов 投标人
финансовое положение участников торгов 投标者的财务情况

● 课后练习

1. 回答问题

（1）标书的文体特征有哪些？请结合具体例证予以说明。

（2）标书具体由哪几部分组成？

（3）标书翻译时如何处理俄汉标书格式方面的差异？

2. 佳译欣赏

КОНКУРСНОЕ ПРЕДЛОЖЕНИЕ участника открытого конкурса на ... (предмет конкурса) Исполняя наши обязательства и изучив конкурсную документацию по проведению открытого конкурса по выбору... (предмет конкурса), а также проект контракта (договора) на выполнение вышеуказанного заказа мы _____ (полное наименование организации-участника конкурса по учредительным документам) в лице____ (наименование должности руководителя, его фамилия, имя, отчество (полностью) уполномоченного в случае признания нас победителями конкурса подписать контракт (договор), согласны выполнить предусмотренные конкурсом функции в соответствии с требованиями конкурсной документации и на условиях, которые мы представили в настоящем предложении (приложение 3). Мы объявляем, что до подписания контракта на выполнение заказа настоящее предложение и Ваше уведомление о нашей победе будут считаться как имеющие силу договора между нами. Мы согласны с условием, что в случае нашей победы на конкурсе и неподписания нами в установленные сроки контракта мы лишаемся своего обеспечения участия в конкурсе.	投标方对……（招标项目名称）公开招标的投标函 为了履行我方义务，在研究了对……（项目名称）公开招标的标书后，以……（负责人的职务、姓名）为全权代表的我方，……（竞标者的全称）（若我方被确定中标后），同意履行与标书要求一致和与我方报价书中所提出款项（见附件3）相符的职能。 我方声明，在订货合同签订之前，本投标报价书和贵方中标通知书将被视为我们双方的有效合同。 我方同意，如果我方中标，但未在规定期限内签订合同，则我方的投标保证金将被没收。 我方同意，贵方无须接受工程成本最低和招标项目完成期限最短的报价。 自标书中所指定的招标日期（开标日期）起，本投标报价书有效期为……天。

Мы согласны с условием, что Вы не обязаны принимать предложение с самой низкой стоимостью работ и минимальными сроками выполнения заказа по объекту конкурса. Срок действия настоящего конкурсного предложения составляет＿＿ дней с даты проведения конкурса (вскрытия конкурсных предложений), указанной в конкурсной документации. Приложение: 1. Сведения о предприятии. 2. Технические характеристики на прилагаемую продукцию. 3. Коммерческое предложение на предлагаемую продукцию.	附件： 1. 企业情况介绍。 2. 所供应产品的技术性能。 3. 所供应产品的商业报价书。

3. 对比分析

请对比分析俄语授权委托书及其汉语译文，说明两种语言授权委托书格式的差异。

ДОВЕРЕНОСТЬ № 2019-001

г. Санкт-Петербург   "01" ноября 2019 г.

Настоящей доверенностью ООО "Рога и копыта" в лице генерального директора Сидорова Петра Васильевича, действующего на основании Устава, уполномочивает начальника тендерного отдела Петрова Василия от имени и в интересах ООО "Рога и копыта" осуществлять следующие действия, связанные с участием в закупке №123123123123123:

– получение аккредитации на электронной торговой площадке sberbank-ast.ru;

– осуществление действий по подаче заявки и участию в электронных аукционах на электронной торговой площадке sberbank-ast.ru;

– внесение и выводу денежных средств с лицевого счёта ООО "Рога и копыта", открытого на электронной торговой площадке sberbank-ast.ru;

– подписание контрактов по итогам электронных аукционов на электронной торговой площадке sberbank-ast.ru.

Доверенность выдана без права передоверия сроком на 1 год.

Подпись уполномоченного лица ____   удостоверяю.

Генеральный директор ____   Сидоров П.В.

М.П.

委托书

委托人:"角与蹄"有限责任公司

受托人:瓦西里·西多洛维奇·彼得罗夫

根据企业章程,以彼得·瓦西里耶维奇·西多罗夫为代表的"角与蹄"有限责任公司兹委托投标部部长瓦西里·西多洛维奇·彼得罗夫为公司受托人,以公司名义完成与参加№123123123123123采购有关的以下事宜:

——在 sberbank-ast.ru 电子商务平台上获得认证;

——在 sberbank-ast.ru 电子商务平台上递交申请并参与电子竞标;

——在 sberbank-ast.ru 电子商务平台上开立的"角与蹄"有限责任公司户头存取钱款;

——竞标结束后,在 sberbank-ast.ru 电子商务平台上签订电子竞标合同。

本委托书有效期限为一年,受托人无转委权。特此委托。

_____ 确系受托人本人签字无误。

委托人:"角与蹄"有限责任公司总经理   (签字)

2019年11月1日于圣彼得堡

4. 翻译实践

(1)请将下面的企业资质证书翻译成汉语。

СИСТЕМА СЕРТИФИКАЦИИ РУССКОГО РЕГИСТРА

СЕРТИФИКАТ

СООТВЕТСТВИЯ СИСТЕМЫ МЕНЕДЖМЕНТА

Настоящим удостоверяется, что система менеджмента

Общество с ограниченной ответственностью

"ТД ГраСС"

Юридический адрес: Россия, 400074, г. Волгоград, ул. Циолковского, 21

Фактический адрес: Россия, 404109, Волгоградская обл.,

г. Волжский, ул. Пушкина, 87Д

была проверена и признана соответствующей требованием стандарта

ИСО 9001:2008

в отношении разработки, производства и продажи автохимии и автокосметики, оборудования для автомоек, средств для профессиональной уборки

№:13.0737.026

от 5 июля 2021 г.

_____ (подпись и печать)

Генеральный директор Ассоциации по сертификации "Русский Регистр"

Сертификат действителен до **5 июля 2021 г.**

（2）请把下面的招标邀请函译成汉语。

05 марта 2019 № 746   Руководителю организации

на № ____ от____

Приглашение к участию в тендере

Уважаемые господа!

Приглашаем Вашу компанию принять участие в тендере на поставку электротехнической и светотехнической продукции.

Условия проведения тендера

Для участия в тендере претендент должен представить следующие документы:

1. Заявку на участие в тендере в установленной форме (заявки принимаются до 14.03.2019 г.)

2. Коммерческое предложение с содержанием следующей информации (принимаются до 19.03.2019 г.):

*Предлагаемые условия договора.

*Дополнительные льготные условия (скидки и т.п.), которые могут быть предоставлены в случае выбора компании-участника победителем тендера.

3. Тендерное предложение принимается по адресу: Самарская обл., г. Тольятти, ул. Северная, д. 91, ЗАО "Лада-Имидж", для Сабурова Владимира Александровича или по электронной почте vasaburov@lada-image.ru.

После проведения сравнительного анализа коммерческих предложений будет выявлен победитель тендера. Данная компания будет проинформирована, с ней будет заключен договор.

Приложение:

1. Заявка на участие в тендере с указанием перечня необходимых документов на 1 л.в. 1 экз.

2. Техническое задание на 2 л. в 1 экз.

Директор филиала ЗАО "Лада-Имидж" в г. Тольятти   Н.Н.Курoченко

第十四章 标准翻译

14.0 引言

标准是一种规范性技术文件,对标准化对象的规范、规定、要求做出了一系列明确规定,经主管部门和有关机构核准后就付诸实施。标准既可以针对具体物质对象(如某一具体产品、样品等),也可针对某一活动(如某一项工作、服务等)制定相关的规范、规定和要求。

制定标准的目的是通过标准来确保产品、工作、服务等的安全性;保护环境、健康、财产;保证技术和信息的兼容性;保证产品的互换性;保证产品和服务、商品标识的统一性等等。国家或经济实体推行某一标准可提升产品质量和服务质量,提高统一化水平,使生产过程自动化和标准化,提高产品的使用和维修效率等。

若按标准化对象分,标准可分为技术标准、质量标准、管理标准和工作标准四类。若按标准的级别分,标准又可分为国际标准、国家标准、行业标准、地方标准和企业标准等。

14.1 俄语国家现行的标准

目前,中国和俄语国家的政治关系发展处于历史最高水平,与之相适应的是经济关系发展水平也在不断提高,合作领域不断拓展。随着俄语国家经济的发展和对外贸易合作揭开新的篇章,各方面的法规也在不断地趋于完善。这一切都为中国的资本、产品、技术和服务进入俄语国家市场创造了条件。为了确保中国和俄语国家经济技术合作的顺利进行,有必要深入地了解俄语国家现行国家标准的语言特点、结构、内容及其翻译方法。本章主要讲授俄罗斯国家标准,而其他俄语国家的标准与俄罗斯的标准也大同小异。

苏联解体后,独联体国家立即成立了独联体标准化组织并不断推出独联体标准(俄罗斯称为"多国标准"或"国家间标准",实质上是仅对独联体各国行之有效的标准)。之后不久,俄罗斯也很快成立了自己的国家标准化委员会并公布了一系列标准。俄罗斯国家标准的分类结构及其表示方法基本可以反映出俄语国家标准化的概况。

14.2 俄罗斯现行国家标准的分类

俄罗斯国家标准采用19个俄文字母作为分类号,各字母代号及其标准分类内容如下:

А——矿业、矿产;Б——石油产品;В——金属及其制品;Г——机械、设备与工具;Д——运输工具及包装材料;Е——动力与电工设备;Ж——建筑及建筑材料;И——陶土硅酸盐、碳素材料及其制品;К——木材、木制品、纸浆、纸张、纸板;Л——化工产品及石棉橡胶制品;М——纺织、皮革材料及其制品、化学纤维;Н——食品及调味品;П——测量仪表、自动化设施和计算技术;Р——卫生和保健用品;С——农业和林业;Т——通用技术和组织方法标准;У——文化生活用途制品;Ф——原子技术;Э——电子技术、无线电电子学和通讯。

14.3 俄罗斯现行国家标准的构成

现行的俄罗斯国家标准由以下几大类构成:

1. 苏联国家标准。
2. 苏联解体后制定的独联体国家标准。
3. 等同采用的原经互会标准。
4. 等效或等同采用的国际标准化组织(ISO)制定的标准。
5. 苏联时期加盟共和国的标准。
6. 苏联解体后俄罗斯联邦制定的国家标准(此类包括等效采用 ISO 的标准)。

14.4 俄语标准的语言特点

俄语的各类标准,集公文事务性文体与科技文体特征为一体,其中技术标准的科技成分要更多一些。标准文本以正式书面语体书就。其语言特点是用词准确,语义表达明了,陈述客观,行文严谨,段落层次分明。

14.4.1 大量使用专业术语

标准一定会涉及某一具体领域、某一具体专业,所以会出现许多专业术语及词汇。而且标准中为了明确一般术语或词汇在该标准中的具体含义,常常要缩小其词义的外延,扩大其内涵。例如:

В настоящем стандарте применены термины по ГОСТ 30602, а также следующие термины с соответствующими определениями:

3.1 **бармен:** Работник, обслуживающий потребителей за барной стойкой и в зале, занимающийся приготовлением и подачей алкогольных, слабоалкогольных, горячих и других напитков, а также несложных блюд и закусок.

3.2 **бариста:** Специалист по качеству кофе, его хранению, приготовлению и подаче потребителям.

3.3 **буфетчик:** Работник, обслуживающий потребителей в буфете, занимающийся приготовлением и отпуском несложных блюд, закусок и напитков.

14.4.2　使用各种缩略语和缩写词

这些词使表达言简意赅，使用方便。例如：

① Настоящий стандарт идентичен международному стандарту ИСО/МЭК 12207-2008* "Системная и программная инженерия ..."

② Массу нетто продукта указывают в г или кг, объем – в л или сл, или мл, или куб. см, или куб. дм.

14.4.3　名词（抽象名词、中性名词、动名词）使用频率高

名词用来表达抽象的概念、概括的意义，表示事物的特性或功能。例如：

① Теплостойкость, огнестойкость и стойкость к образованию токоведущих мостиков – по ГОСТ 27570.0.

② Соответствие требованию проверяют осмотром.

14.4.4　前置词（特别是复合前置词）、形动词使用频率高

这些词使语句衔接更紧密，表述更清晰。例如：

① Значение растягивающей силы устанавливают в ТУ на реле конкретных типов в зависимости от площади сечения выводов в соответствии с нормами, указанными в таб. 1.

② Допускается применять газоанализаторы, работающие на других принципах действия, отвечающих требованиям пп.1-3 настоящего приложения и дающих показания, идентичные с принятыми средствами измерений.

14.4.5　动词第三人称现在时使用频率高

动词的第三人称现在时除了可表示规律、性能等反复、常态性的意义外，在标准中还用来表示"需要、应该、准许"等规定性的意义。标准实质上就是一系列强制性或指导性的规则、指南、要求或特定性的文件。例如：

① Для приборов, имеющих более одной двери, испытание проводят на каждой двери отдельно.

② В информации о пищевых продуктах указывают срок годности и /или срок хранения и /или срок реализации.

③ Протокол подписывают лица, проводившие испытания, утверждает руководство предприятия-изготовителя после согласования с разработчиком.

14.4.6　使用法规意义的词汇

除了可用动词第三人称现在时表示规定性意义外，一些本身具有规定性意义的词汇在标准中的使用频率也是非常高的。例如：

① Патроны следует использовать только для включения ламп.

② Средства измерения должны соответствовать требованиям настоящего стандарта.

③ В процессе испытания не должно быть пробоя.

④ В ТУ на реле конкретных типов допускается устанавливать иные значения минимального срока службы.

14.4.7　无施动结构使用频率高

标准中常使用不定人称句、被动句、无人称句等。例如：

① С точки зрения настоящего пункта подсоединение к электрическим зажимам не считают местами соединения.

② При наличии раздельных выпускных систем у автомобиля измерение следует проводить в каждой из них отдельно.

③ Метод наращивания инея для холодильников приведён в п.11.102.

14.4.8　使用多成素词组

多成素词组的使用会使简单句复杂化。例如：

При хранении реле в условиях неотапливаемого хранилища, под навесом или на открытой площадке в течение части минимального срока сохраняемости, оставшееся время минимального срока сохраняемости для хранения реле в отапливаемом хранилище определяют как разность между минимальным сроком сохраняемости в условиях отапливаемого хранилища и произведением коэффициента сокращения минимального срока сохраняемости на фактическое время хранения в неотапливаемом хранилище, под навесом или на открытой площадке.

14.4.9　复合句使用较多

带条件从句、定语从句、目的从句的复合句在标准文本中尤为常用。例如：

① Если прибор имеет составные элементы, которые избирательно включаются устройством управления, то номинальной мощностью считается мощность, соответствующая максимально возможной нагрузке.

② Приборы должны быть сконструированы так, чтобы они могли работать во всех положениях, возможных при нормальной эксплуатации.

14.4.10　使用并列或平行结构

标准中经常使用并列成分或平行结构表示列举意义。例如：

Измерения следует проводить в последовательности:

– установить рычаг переключения передач (избиратель скорости для автомобилей с автоматической коробкой передач) в нейтральное положение;

– затормозить автомобиль стояночным тормозом;

– заглушить двигатель (при его работе);

– открыть капот двигателя;

– подключить тахометр.

14.4.11　有一套通用句型

在标准中表示标准制定、批准、通过、实施、归口、替代、范围、内容、文件引用、修订的句式已程式化（例证见下文标准结构的"前言""适用范围""引用文件"）。

14.4.12　使用图表（例证见"翻译举要"）。

14.4.13　有独特的篇章特点

一般的标准都由前言、适用范围、定义、正文和补充组成。各部分都有独立的标题，正文部分除了主标题外，还有分标题和小标题，采用序码标号，分节排列，逐节细分，从而形成一个逻辑上和形式上都很完整的文本结构。

● **课堂练习**

请结合所讲内容，分析下文的语言特点。

В настоящем стандарте изложены нормы, правила, и методы испытаний, которые дополняют, изменяют или исключают соответствующие разделы и (или) пункты ГОСТ 275 70. 0-87.

1. ОБЛАСТЬ РАСПРОСТРАНЕНИЯ

1.1 Настоящий стандарт распространяется на электрические холодильники с отделениями и камерами для хранения замороженных продуктов или без них, приборы для замораживания продуктов или без них, приборы для замораживания продуктов (морозильники) и комбинации для бытового и аналогичного применения (далее – приборы) и устанавливают требования по безопасности и методы испытаний.

Стандарт должен применяться совместно с ГОСТ 27570.0-87, кроме разд. 18, 32.

1.2 Настоящий стандарт не распространяется на:

приборы, предназначенные исключительно для промышленного применения;

приборы, предназначенные для эксплуатации в помещениях со специфическими условиями внешней среды – коррозионной или взрывоопасной (пыль, пар или газ);

отдельные двигатели ...

● 主题词汇

введение 引言	приложение 附录
государственные стандарты 国家标准	разработка 制定
классификация 分类	сертификация 认证
комплектность 配套	соисполнители 共同执行人
контроль качества 质量控制	срок действия 有效期
маркировка 标识	стандартизация 标准化
международные стандарты 国际标准	стандарты на методы контроля, испытаний, измерений, анализа 控制、试验、测量、分析标准
методы измерения 测量方法	
методы испытания 试验方法	
метрология 计量	стандарты на продукцию, услуги 产品、服务标准
нормативно-технические документы 标准技术文件	
нормативные величины 标准值	стандарты на процессы 过程标准
нормативные ссылки 规范引用文件	стандарты основополагающие 基础标准
область применения 适用范围	стандарты общественных объединений, научно-технических и инженерных обществ 社会团体、科技和工程协会标准
общие понятия 一般概念	
общие требования 一般要求	
отраслевые стандарты 行业标准	стандарты предприятий 企业标准
переиздание 再版	термины и определения 术语与定义
периодические испытания 定期试验	технические требования 技术要求
правила приемки 验收规则	технические условия 技术条件
правила эксплуатации 使用规则	типовые испытания 型式试验
указания по эксплуатации 使用说明	требования безопасности 安全要求
предисловие 前言	требования к надежности 可靠性要求

● **翻译举要**

14.5 标准翻译

14.5.1 标准翻译的意义

1. 标准的翻译是消除技术壁垒的工具。把现存的国际标准译为汉语有助于我国企业在拓展境外市场时做到"入境先问俗"。了解外国的标准，可以帮助我国企业强化企业质量管理和技术水平，使我国的产品能主动地去适应国外的技术要求，同时通过"达标"，促进企业产品和服务质量的提高，提升企业产品和服务的竞争优势，进而提高企业的经济效益。

2. 标准的翻译是对外宣传的手段。把我国现行的标准译成外语有助于促进国际合作。随着我国经济的发展和技术水平的提高，我国已经或正在制定相关经济技术领域的国家标准，其目的在于提高我国产品和服务的竞争力。我国标准的中译外有助于国外合作伙伴了解我国在某一领域的技术要求，为外国伙伴提供便利，进而促进双方经济技术合作。

14.5.2 标准的结构和译例

不同领域的标准其结构、常用句式也不尽相同。本章主要讲产品技术标准，其结构主要分为以下几个板块：

1. предисловие（前言）。大多数的标准都有"前言"或"引言"部分，这一部分主要提供该标准定制、实施、变化、修改、归口等方面的信息。例如：

① Разработан Научно-исследовательским институтом санитарной техники Российской Федерации.

（本标准）由俄联邦卫生技术研究所制定。

② Принят Межгосударственным Советом по стандартизации, метрологии и сертификации 21 октября 2015 г.

（本标准）于2015年10月21日由国家间标准化、计量、认证理事会通过。

③ Взамен ГОСТ 21-99.

代替国标21-99。

④ Утвержден и введен в действие Постановлением Государственного комитета РФ по управлению качеством продукции и стандартом от 29.04.2015 г. № 614.

（本标准）已于2015年4月29日由俄联邦国家产品质量及标准管理委员会第614号决议批准，并自批准之日起实施。

⑤ Разработчики: ...

（本标准）起草人：……

2. область применения（适用范围）。"适用范围"一般在标准正文的起始部分，在这一板块内要使用简洁明了的文字清晰指明该标准所适用的对象以及标准所涉及的各个方面，也可明确该标准不适用的界限。例如：

①Действие настоящего НСБУ распространяется на все объединения, предприятия, организации, учреждения на территории РФ, независимо от форм собственности, видов деятельности, ведомственной подчиненности, осуществляющие операции в иностранной валюте на территории РФ.

本国家会计核算标准适用于俄联邦境内所有进行外汇交易的各种所有制形式、各种业务范围、各种隶属关系的公司、企业、组织和机构。

② Настоящий стандарт устанавливает классификацию предприятий общественного питания, общие требования к предприятиям общественного питания различных типов и классов.

本标准规定了公共餐饮企业的分类和对各种不同类型和级别公共餐饮企业的一般要求。

③ Стандарт не распространяется на зеркала, применяемые в судостроении и железнодорожном транспорте.

本标准不适用于制造轮船、火车所用的镜子。

3. нормативные ссылки; ссылочные нормативно-технические документы（规范性引用文件＜引用标准＞）。标准中除了新制定的规定和要求外，还有可能引用其他相关的标准或文件，而这些被引用的标准或文件经过引用便成为该标准不可或缺的组成部分。在**翻译**时对于注明日期的引用文件应给出年号以及完整的名称，而对于不注明日期的引用文件，则无需给出年号。例如：

① В настоящем стандарте использованы ссылки на следующие стандарты:
ГОСТ Р 50647-12 Общественное питание. Термины и определения.
СанПиН 42-123-4117-13 Санитарные правила. Условия, сроки хранения особо скоропортящихся продуктов.

本标准引用了以下标准：
俄罗斯国家标准50647-12 公共餐饮。术语和定义。
卫生规定及标准42-123-4117-13 规定。特别易腐食品的存放条件及存放期限。

② Указанный ниже стандарт содержит положения, которые посредством ссылок в этом тексте составляют положения настоящего стандарта.

以下标准中的条款通过本标准的引用而成为本标准的条款。

4. термины и определения（术语和定义）。在"术语和定义"板块内要给出便于理解标准中某些术语所必需的定义，以避免概念模糊、理解不一、使用混乱。术语界定不严密有时会使标准采用者误解标准，进而妨碍技术交流和合作。因此在翻译时对于这些定义和术语要予以注意，确定其内涵和外延一定要依据原文，切勿随意删减或引申。例如：

① Турист – гражданин, посещающий страну (место) временного пребывания в оздоровительных, познавательных, профессионально-деловых, спортивных, религиозных и иных целях (без занятия оплачиваемой деятельностью) в период от 24 ч. до 6 мес. подряд или осуществляющий не менее одной ночевку.

游客是指以保健、考察、业务、体育、宗教和其他活动（不获取报酬的活动）为目的造访某国（某地）并滞留24小时至6个月或住宿不少于一夜的公民。

② Предприятие общественного питания – предприятие, предназначенное для производства кулинарной продукции, мучных, кондитерских и булочных изделий, их реализации и (или) организации потребления.

公共餐饮企业是指从事烹饪及面点、糖果、点心、面包类食品生产、销售和（或）组织上述消费的企业。

5. требования（要求）或технические требования（技术要求）。这一板块主要是直接或以引用方式给出标准所涉及的产品、过程或服务等方面的所有特性，如技术性能和要求；产品外形尺寸，机械、物理、力学、声学、热学、电学、化学、生物学等特性；健康、安全要求以及环境保护或资源合理利用方面的相应要求等。例如：

① Зеркала должны изготовляться в соответствии с требованиями настоящего стандарта и технических условий на конкретные виды зеркал по рабочим чертежам и технологической документации.

应按照本标准和具体镜子种类的技术要求、生产图纸、技术文件来制造镜子。

② По физико-химическим показателям сахар-песок должен соответствовать требованиям, указанным в таблице 2.

砂糖的理化指标应符合表2所列要求。

Таблица 2 – Физико-химические показатели
（表2：理化指标）

Наименование показателя（指标名目）	Норма для сахара-песка（砂糖指标）	Норма для сахара-песка для промышленной переработки（工业用砂糖指标）	Метод испытания（检验方法）
Массовая доля сахарозы (в пересчете на сухое вещество), %, не менее（蔗糖总糖分不少于，%）	99,75（99.75）	99,55（99.55）	По ГОСТ 12571（按国标12571执行）
Массовая доля редуцирующих веществ (в пересчете па сухое вещество), %, не более（还原糖分不大于，%）	0,05（0.05）	0,065（0.065）	По ГОСТ 12575（按国标12575执行）
Массовая доля золы (в пересчете па сухое вещество), %, не более（电导灰分不大于，%）	0,04（0.04）	0,05（0.05）	По ГОСТ 12574（按国标12574执行）
Цветность, не более:（色值不超过：）			
Массовая доля влаги, %, не более（水分不大于，%）	0,14（0.14）	0,15（0.15）	По ГОСТ 12570（按国标12570执行）
Массовая доля ферро-примесей, %, не более（不溶于水杂质不大于，%）	0,0003（0.0003）	0,0003（0.0003）	По ГОСТ 12573（按国标12573执行）

6. маркировка（标识）、ярлык（标签）和упаковка（包装）。标识、标签和包装板块规定了如何标注产品标志，包括生产者或销售者的商标、型号。这一板块还可包含对产品标签和（或）包装的要求、具体标明储运说明、危险警告、生产者名称、生产日期等。例如：

① Допустимые отклонения от среднего арифметического значения массы нетто пакетов с сахаром не должны превышать – ± 2%.

每袋净含量的平均偏差不得超过其含量的±2%。

② К каждому зеркалу водо-растворимым клеевым составом, нейтральным к защитному и отражающему покрытиям, должны быть приклеена этикета, содержащая: наименование и товарный знак предприятия-изготовителя; наименование зеркала; артикул; сорт; обозначение технических условий на конкретные виды зеркал; размер; дату изготовления; штамп технического контроля.

每块镜子要用水溶性的、对镜子保护和反射涂层无损害的胶水粘贴上标签，标签上需有以下内容：厂家名称，商标，镜子名称，型号，级别，镜子具体种类，技术条件标志，尺寸，生产日期，技术监督印章。

7. приемка（验收）、правила приемки（验收规则）和 методы испытаний（检验方法）。根据行业和产品特点对质量的检验可分为型式检验（例行检验）、定型检验（鉴定检验）、出厂检验（交收检验）等。不同的检验类别有不同的检验项目、抽样方案、质量判定标准。例如：

① Для проверки соответствия зеркал требованиям настоящего стандарта проводят приёмо-сдаточные, периодические, типовые испытания.

要进行交接试验、定期试验、典型试验，以检查镜子是否符合本标准之要求。

② Отбор проб для определения органолептических, физико-химических, микробиологических показателей, токсичных элементов и пестицидов осуществляется по ГОСТ 12569.

检测感官、理化、微生物指标、毒素、农药的取样按国标12569执行。

8. транспортирование（运输）。这一板块主要对产品运输提出具体要求，内容涉及运输的方式，指明运输工具等；运输条件，指明运输时的要求，如密封、保温等；运输中应注意的事项，指明装、卸、运方面的特殊要求以及运输危险物品的防护条件等。例如：

При перевозке сахара автомобильным транспортом мешки с сахаром необходимо укладывать на деревянные поддоны. При отсутствии поддонов кузов автомашины выстилают брезентом, бумагой или чистыми бумажными обрезками. После укладывания мешки с сахаром или ящики накрывают брезентом.

用车辆运输白糖时,糖袋下面应放置木质垫层。若没有垫层,则要铺上油布、纸或干净的碎纸。在堆放时糖袋或装有糖的箱子要用油布盖严。

9. хранение(储存)。标准的这一板块规定了产品的储存要求,特别是对有毒、易腐、易燃、易爆等危险物品规定了相应的特殊要求。储存方面的主要内容有:储存场所,指库存、露天、遮蓬等;储存条件,指温度、湿度、通风、有害条件的影响等;储存方式,指单放、码放等;储存期限,指规定的储存期限、储存期限内定期维护的要求以及储存期限内的抽检要求。例如:

① В помещении для хранения зеркал не должно быть химикатов, вызывающих разложение отражающих и защитных покрытий зеркала.

存放镜子的场所不能有可导致镜子反射和防护涂层衰化的化学制品。

② Конвекторы следует хранить в упакованном виде в закрытом помещении и обеспечить их защиту от воздействия влаги и химических веществ, вызывающих коррозию.

应该把对流器包装入箱并存放在密闭场所,以免受潮和被其他化学物质腐蚀。

10. гарантия предприятия-изготовителя(厂方担保)。这一板块规定了厂方和用户的责权、保修期限、厂方受理用户投诉的条件等。例如:

① Изготовитель гарантирует соответствие зеркал требованиям настоящего стандарта при соблюдении условий эксплуатации, хранения и транспортирования.

在(用户)遵守使用、储存、运输等规定的情况下,厂方保证镜子符合本标准之要求。

② Гарантийный срок при соблюдении потребителем требований по хранению, транспортированию, монтажу и эксплуатации, предусмотренных настоящим стандартом, – 24 мес. со дня ввода конвектора в эксплуатацию или продажи (при реализации через торговую сеть), но не более 36 мес. со дня отгрузки с предприятия-изготовителя.

在用户遵守本标准所规定的运输、安装、使用、储存等要求的情况下,自对流器投入使用之日或售出之日起(指通过销售网点售出之日),保修期为24个月,但自厂方发运之日起,保修期不超过36个月。

14.5.3 标准翻译的要求

1. 理解准确。如果说普通说明书的原文和译文的受众是一般消费者，那么标准的原文和译文的受众则是一些专业人士。标准种类繁多，涉及诸多生产或服务领域，所以其技术性、专业性比普通说明书更强。在动手翻译标准前译者要了解标准中所涉及的专业或行业知识，可通过阅读中外专业书籍，查证相关的技术手册，求证于技术专家，力求理解标准所表述的内容。

2. 表达精准。标准翻译旨在传递文本事务性和科技性方面的信息，其中详细规定了术语或定义、适用范围、技术要求（特别是技术标准中要规定有关技术性能、相关技术参数、技术指标）、验收、使用、检验、维修、存放等要求。这些内容在表达时要求特别精确，不精确的表达会导致信息失真，也就可能成为以后生产或服务中可能出现的隐患，最终影响企业经济效益。标准中忌讳遣词造句含混不清、模棱两可和条理不清。从这一点上讲，标准又具有法律文本之特征，具有法律效力，可作为仲裁技术纠纷的依据。

3. 术语地道。从前文标准的语言特点可以看出，为了定义准确，在标准中会大量使用术语，因此转换时要在译入语的具体领域中寻求对等的表达法，说得直白一些，就是要说行话。如"товар в пути"不要译为"在路上的商品"，而要译为"在途商品"；"материальные активы"不要望文生"译"——"物质资产"，要译为地道的行业用语——"有形资产"。另外在同一标准中某一术语的译名前后要统一，以免造成误解。

4. 句式规范。作为集科技性与事务性特点为一体的文本，标准的各个部分都形成了许多通用的、规范性的句式结构，翻译时要注意套用汉语标准中对应的句式结构。例如：

① Внесен Минстроем России.
（本标准）由俄罗斯建设部归口。

② Стандарт пригоден для целей сертификации.
本标准适用于认证目的。

5. 把握逻辑。标准作为科技文体和公文事务性文体的融合体，具有叙述严密、逻辑性强等特点，在客观、抽象的叙述中各个语义层次正是依靠逻辑连接贯通。翻译方法与技巧的使用必须以原作的逻辑为准线，或拆分、整合，或顺序、逆序，必须思路清晰，逻辑层次分明。翻译时切忌术语杂乱堆积，上下文主次不分，行文逻辑紊乱，让用户不知所云。

6. 保持原文的结构特点。翻译标准时在准确表达内容的前提下还要注意原文篇章结构方面的特点。前文标准的语言特点中已说过，标准一般都具有固定和统一的结构形式，呈条款化之特点，翻译时要力求使译文结构与原文保持一致，即主标题、分标题、小标题一致；条、款、项、点划分与原文保持一致；各项目的序码与原文保持一致。

● 课后练习

1. 回答问题

（1）俄罗斯现行的标准都有哪些？
（2）俄语标准的语言特点有哪些？
（3）俄语技术标准由哪些部分组成？
（4）翻译标准有什么意义？
（5）翻译标准的要求有哪些？

2. 佳译欣赏

2.3 Требования к электрическим параметрам и режимам	2.3 对电气参数和工作状态的要求
2.3.1 Электрические параметры реле при приемке (поставке), а также в течение минимальной наработки и минимального срока сохраняемости должны соответствовать нормам, установленным в ТУ на реле конкретных типов.	2.3.1 继电器在验收（交售）及最小磨损和储存期间，其电气参数应符合继电器专用技术条件规定的标准值。
2.3.2 Напряжения (токи) срабатывания и отпускания реле должны быть установлены в ТУ на реле конкретных типов.	2.3.2 继电器吸合和释放时的电压（电流）应在继电器的专用技术条件中规定。
2.3.3 Номинальные значения рабочих напряжений (токов) питания обмоток, и допускаемые отклонения от номинальных значений должны быть установлены в ТУ на реле конкретных типов.	2.3.3 继电器线圈的工作电压（电流）额定值及允许的偏差，应在继电器的专用技术条件中规定。
Номинальные значении рабочих напряжений питания обмоток выбирают из рядов:	线圈的工作电压额定值规定如下：
для постоянного тока: 1,2; 2,4; 3,0; 4,0; 5,0; 6,0; 9,0; 10,0; 12,0; 15,0; 24,0; 27,0; 36,0; 48,0; 60,0; 80,0; 110,0; 150,0; 220,0; 250,0; 300,0 (В);	直流(V)：1.2; 2.4; 3.0; 4.0; 5.0; 6.0; 9.0; 10.0; 12.0; 15.0; 24.0; 27.0; 36.0; 48.0; 60.0; 80.0; 110.0; 150.0; 220.0; 250.0; 300.0。
для переменного тока:	交流(V)：2.4; 6.0; 12.0; 27.0; 36.0; 60.0; 110.0; 115.0; 127.0; 200.0; 220.0; 380.0。

2,4; 6,0; 12,0; 27,0; 36,0; 60,0; 110,0; 115,0; 127,0; 200,0; 220,0; 380,0 В.

Допускаемые отклонения рабочего напряжения(симметричные, асимметричные, односторонние) от номинальных значений выбирают из ряда: 5,0; 10,0; 15,0; 20,0(%).

В ТУ могут быть установлены иные значения номинальных напряжений и допускаемые отклонении рабочего напряжения, а также указаны допускаемые отклонения рабочего напряжения(тока) в вольтах(амперах).

2.3.4 Время срабатывания и отпускания реле, а также, при необходимости, время дребезга контактов должны быть установлены в ТУ на реле конкретных типов.

2.3.5 Корпус реле не должен иметь гальванической связи с источником коммутируемого напряжения. В технически обоснованных случаях такая связь допускается, что должно быть указано в ТУ на реле конкретных типов.

2.3.6 Сопротивление обмоток реле постоянному току, пересчитанное для температуры 20 ℃, должно соответствовать значениям, указанным в ТУ на реле конкретных типов.

Допускаемые отклонения сопротивления обмоток от номинального значения при температуре 20℃ устанавливают в ТУ на реле конкретных типов в соответствии с нормами, указанными в табл. 2.

工作电压(对称的、非对称的、单向的)额定值的允许偏差为：5.0; 10.0; 15.0; 20.0(%)。

另外,继电器的专用技术条件中可以规定其他额定电压值和工作电压允许偏差值(V或A)。

2.3.4 继电器的吸合和释放时间及触点回跳时间应在继电器的专用技术条件中规定。

2.3.5 继电器壳体不允许与供电电源有电气接触,只有在技术上有特殊要求时允许有这种接触但必须在继电器的专用技术条件中规定。

2.3.6 继电器的线圈直流电阻是在20℃时的换算值并应符合继电器专用技术条件中的规定。

在该温度时线圈直流电阻额定值的允许偏差,应在继电器的专用技术条件中规定并符合表2中的标准值。

3. 翻译实践

请把下文翻译成汉语,注意术语的翻译方法。

2. МЕТОДЫ ИЗМЕРЕНИЯ

2.1. Общие требования

2.1.1. Выпускная система автомобиля должна быть исправна (определяется внешним осмотром).

2.1.2. Перед измерением двигатель должен быть прогрет не ниже рабочей температуры охлаждающей жидкости (или моторного масла для двигателей с воздушным охлаждением), указанной в руководстве по эксплуатации автомобиля.

2.1.3. Средства измерения (газоанализаторы, тахометры) должны соответствовать требованиям настоящего стандарта (см. обязательное приложение 2).

2.1.4. Средства измерений должны быть поверены в соответствии с ГОСТ 8.513-84.

2.2. Последовательность измерений

2.2.1. Измерения следует проводить в последовательности:

– установить рычаг переключения передач (избиратель скорости для автомобилей с автоматической коробкой передач) в нейтральное положение;

– затормозить автомобиль стояночным тормозом;

– заглушить двигатель (при его работе);

– открыть капот двигателя;

– подключить тахометр;

– установить пробоотборный зонд газоанализатора в выпускную трубу автомобиля на глубину не менее 300 мм от среза (при косом срезе выпускной трубы глубина отсчитывается от короткой кромки среза);

– полностью открыть воздушную заслонку карбюратора;

– запустить двигатель;

– увеличить частоту вращения вала двигателя до и проработать на этом режиме не менее 15 с;

– установить минимальную частоту вращения вала двигателя и, не ранее чем через 20 с, измерить содержание оксида углерода и углеводородов;

– установить повышенную частоту вращения вала двигателя, равную и, не ранее чем через 30 с, измерить содержание оксида углерода и углеводородов.

Примечания:

1. При наличии раздельных выпускных систем у автомобиля измерение следует проводить в каждой из них отдельно. Критерием оценки служат максимальные

значения содержания оксида углерода и углеводородов.

2. При проведении измерения или регулировки двигателя в закрытом помещении газоотвод, надеваемый на выпускную трубу автомобиля, должен иметь закрывающееся отверстие для введения пробоотборника газоанализатора.

3. Результат измерения следует зафиксировать на предприятии (организации), производящем проверку.

第十五章　专利翻译

15.0　引言

近年来,中国和俄语国家的经济技术交流与合作蓬勃发展,知识产权领域的合作与交流也随之不断加强,中国和俄语国家相互提交专利申请和授权的量也在逐年递增。双方科技人员通过专利文献的交流,了解相关技术领域的现状与发展动向,帮助科技人员破解技术难题,加快新技术和新产品的研制开发进程,最终促进科学和技术的发展。在这一过程中专利文献的翻译就成了双方科技人员交流、沟通和合作的桥梁,因而对专利文献翻译的研究和学习极具现实意义。

专利文献包括的范围较广,"广义地讲,包括一切有关专利的文件,如专利申请者的说明书、专利机关受理的专利申请、专利诉讼等的公告或文件,甚至包括根据此类原始文献编写的二次情报资料,诸如专利摘要、专利题目等。狭义地讲,专利文献仅指经专利机关审查通过并公布的专利说明书"。(方梦之,2011:200)限于篇幅,本章讲授的重点仅放在俄语专利说明书的翻译方面,试图对俄语专利说明书的语言特点、各板块的内容和功能及其翻译要求进行全面的讲授。

专利说明书的定义及作用:专利说明书是申请人向专利局申请专利时提交的基本文件之一。专利说明书是专利申请人期望获得专利的技术描述和专利权限范围的确定,其中包括发明目的、背景、详细内容、具体实施方式、权利要求等。专利说明书的描写应该清楚、完整,使所属技术领域的技术人员能够理解并实施该发明。

15.1　俄语专利说明书的分类

专利是政府权威机构颁发的文件,一经公布即承认专利持有人对知识产权对象具有特权,其中知识产权对象包括:патент на изобретение(发明专利);патент на полезную модель(实用新型专利);патент на промышленный образец(外观设计专利)。

15.1.1 发明专利

发明专利是指用于工业领域的技术方案。受专利保护的是一些新的、技术水平为他人尚未达到的发明。这些发明包括设备、方法、事物、微生物菌株等。发明专利不仅保护产品发明,也保护方法发明。俄罗斯发明专利的有效期为20年。

15.1.2 实用新型专利

实用新型专利是指对生产工具或产品所提出的形状、结构、组合方面的新技术方案。受专利保护的是一些用于工业领域的实用新型。实用新型只保护具备一定形状或构造的产品发明,俄罗斯实用新型专利的有效期最长为10年。

15.1.3 外观设计专利

外观设计专利是指产品形状富有美感并适于工业应用的新设计方案。获得专利的外观设计应该是新的、独特的,这种设计可以是平面图案,也可以是立体造型,或者是二者的结合。外观设计专利所保护的是产品视觉、产品形状的合理性、艺术表现力、设计的完整性、设计完成的功效。俄罗斯外观设计专利的最长有效期为5年,且有效期可以5年为单位多次顺延。

15.2 俄语专利说明语言的主要特点

专利说明书是供某一技术领域技术人员阅读和使用的一种技术文献。就其专业性来讲,和前几章中的普通说明书、国家标准相比,专利说明书的专业性、科学性、技术性要更强一些。专家、研究人员、技术人员可以通过专利说明书了解到相关领域某一技术发展的详细状况。

毋庸置疑,专利说明书文本具有鲜明的科技文体特征。专利说明书所表达的内容专业性强、抽象性强,用词非常正式,对事实的描述准确客观,对事实的论证全面充分,叙述语言结构严谨、逻辑性非常强,行文非常规范。这些特征充分地体现在专利的语言中。

15.2.1 科技词语多

专利中大量使用专业术语、惯用词组、技术类缩略语、数学或其他学科的运算符号。例如:

Цель изобретения – увеличение надежности работы муфты за счет уменьшения скапливания магнитных частичек в зазоре. Электромагнитная взрывозащищенная муфта содержит корпус, состоящий из индукторов 1 и 2, соединенных диамагнитным кольцом 3.

15.2.2 同一名词多次重复

专利说明书涉及的概念或对象比较多,为了表达明确清晰,避免误读或歧义,常常重复使用名词或概念,而不使用代词。例如:

Существенными отличительными признаками предлагаемого способа являются: трехступенчатый нагрев компота в воде температурами 60, 80 и 100 ℃ соответственно 4, 4 и 10 мин с последующим трехступенчатым охлаждением в течение 4, 4, и 8 мин и при этом процессы нагрева и охлаждения банок, кроме последних этапов нагрева и охлаждения, осуществляются одновременно в одних и тех же ваннах, и при этом в процессе тепловой обработки банку вращают с донышка на крышку с частотой 0,1 с$^{-1}$.

15.2.3　动名词、抽象名词使用频率极高

动名词、抽象名词可用来表达既复杂又精细的思想，同时也增添了专利行文的严肃和庄重感。例如：

Технический результат предлагаемого изобретения направлен на создание способа производства компота, способствующего: сокращению продолжительности процесса; сохранению биологически активных компонентов применяемого сырья; сокращению количества разваренных плодов и плодов с треснувшейся кожицей; упрощению процесса осуществления способа и конструкции аппарата для его осуществления, экономии тепловой энергии и воды, а также снижению себестоимости и повышению конкурентоспособности готовой продукции.

15.2.4　形动词使用频率极高

使用形动词可加强对前文某个概念或行为的限定。例如：

Способ производства черешни, включающий предварительный нагрев плодов в банках горячей водой с температурой 60 ℃ в течение 2-3 мин, заливку сиропа температурой 85 ℃, герметизацию банок, установку в носитель, обеспечивающий герметичность, и процессы обработки путем нагрева и охлаждения, отличающийся тем, что нагрев осуществляют одновременно в ваннах с водой температурами 75, 95 и 100 ℃ в течение соответственно 8, 8 и 25 мин одних банок с продуктом и ...

15.2.5　一般现在时使用多

发明创造都是在描述客观现实，所以常常使用现在时。例如：

Указанный технический результат достигается за счет того, что по предлагаемому способу расфасованные в банки плоды на 2-3 мин заливают горячей водой температурой 60 ℃, далее заменяют эту воду на сироп с температурой 85 ℃, банки закатывают, устанавливают в носитель, обеспечивающий механическую герметичность банок, и подвергаются предварительному нагреву в первой ванне с водой температурой, ...

15.2.6 使用一般过去时

特别是在有试验内容的专利中,用过去时表示发明创造使用过哪些方法,得出哪些结论或成果。例如:

① Источники, которым был проведен поиск по данному способу, показали, что прототипом предлагаемого способа является способ стерилизации консервов ...

② Способ восстановления функционального состояния проводили у спортсменов легкоатлетов-спринтеров различной спортивной квалификации ...

15.2.7 多使用被动句

使用被动句可以突出专利描述的客观性。例如:

① Технический результат предлагаемого изобретения направлен на создание способа производства компота, способствующего: ...

② На фиг. 1 показан разрез муфты с указанием основных узлов и пути следования магнитных потоков ...

15.2.8 长句子多

专利说明书中为了表达严谨常使用复杂长句,特别是在权利要求书中只能使用一个完整的句子,且句子非常长,一句话就是一段话。长句子的具体例证见前文"15.2.4 形动词使用频率极高"以及下文"15.3.5 权利要求"部分。

15.2.9 使用固定句式结构和篇章程式

在专利文件的摘要、专利说明书(所属技术领域、背景技术、发明内容、附图说明、具体实施例)、权利要求书等部分都有各自的句式结构和书写套路(具体例证见"翻译举要")。

15.2.10 使用法律用语

专利说明书又是一种法律文件,其中会涉及一些与专利保护相关的法律信息,会使用一套固定的法律用语,因此专利说明书又带有公文事务性文体特征,更准确地说,带有法律文体的色彩,所以不难理解专利说明书通常要由律师来代笔。

● 课堂练习

请结合所讲内容,分析以下专利文本的语言特征。

Изобретение относится к консервной промышленности. Способ включает предварительный нагрев плодов в банках горячей водой с температурой 60℃ в течение 2-3 мин, последующую заливку сиропа температурой 85 ℃. Затем банки с плодами и сиропом устанавливают в носитель, обеспечивающий герметичность. Тепловые процессы обработки ведут путем нагрева и охлаждения. В процессе нагрева банок с плодами нагрев осуществляют одновременно в ваннах с водой температурами 75, 95 и 100℃ в течение соответственно 8, 8 и 25 мин одних банок с плодами и охлаждение уже нагретых банок в тех же ваннах с водой температурами 95 и 75℃ в течение 8 и 8 мин с продолжением охлаждения в потоке атмосферного воздуха температурой 20-25℃ и скоростью 7-8 м/с в течение 10 мин. В каждом процессе тепловой обработки банки с плодами подвергают прерывистому 2-3-х мин вращению с донышка на крышку частотой 0,33 c^{-1} с интервалом в 2-3 мин. Способ обеспечивает повышение качества готовой продукции при одновременном сокращении продолжительности процесса производства.

● 翻译举要

15.3 专利翻译

俄语国家专利说明书的结构要求大致相同，一般都包括著录项目数据、摘要、专利说明、附图说明、权项要求等几个部分，各个部分的交际功能不尽相同。

15.3.1 著录项目数据（библиографические данные）

著录项目数据是指登载在专利文献扉页或专利公报中与专利申请及专利授权有关的综合性目录中的各种著录数据，包括文献标识数据、国内申请提交数据、优先权数据、公布或公告数据、分类数据等。俄语国家专利说明书中的著录项目数据一般包括下列各项：

— （11）（专利号）
— （12）（专利文献名称，如 ОПИСАНИЕ ИЗОБРЕТЕНИЯ К ПАТЕНТУ 专利说明书）
— （13）（根据 WIPO 标准 ST.16 制定的文献种类代号，如 C1，C2，U1 等）
— （19）（公布或公告专利文献的国家或机构名称，如 RU 或 BY 等）
— （21），（22）Заявка: xxx/xxx（申请号/申请日）
— （24）Дата начала отсчёта срока действия патента（所有权生效日期）
— （30）Конвенционный приоритет（优先权数据）
— （43）Дата публикации заявки（申请公布日）
— （45）Опубликовано（授权公告日）
— （51）МПК（国际专利分类号）
— （54）（发明或实用新型名称）

——（56）Список документов, цитированных в отчёте о поиске（对比文件）

——（57）Реферат（摘要）

——（72）Автор(ы)（发明人姓名）

——（73）Патентообладатель(и)（专利权人姓名或名称及地址）

——（86）Заявка PCT（PCT 国际申请的申请数据）

——（87）Публикация PCT（PCT 国际申请的公布数据）

这一部分的编码代号及其后附文字一般都有国际通用名。值得我们注意的是，翻译发明或实用新型名称时应当清楚、简明，要准确地表明专利请求保护的主题，例如：Электронная сигарета с распылением（雾化电子烟）；Способ получения водного раствора глицерофосфата натрия（甘油磷酸钠水溶液制取方法）；Гены, кодирующие главный капсидный белок L1 вируса папилломы человека, и их применение（人乳头状瘤病毒主要衣壳蛋白 L1 基因及其用途）。另外，译文中不得出现非技术性词语，且摘要中专利名称的译文要与申请书中专利名称的译文要保持一致。

15.3.2 摘要（реферат）

专利说明书摘要是专利说明书内容的简要说明，其主要作用是为专利情报的检索提供便利，使科技人员仅凭摘要就能确定是否有必要进一步查阅专利文献的全文。专利说明书摘要中首先要重复发明或实用新型的名称，然后指明它所属的技术领域、需要解决的技术问题、解决该问题的技术方案要点、发明或实用新型的主要技术特征和用途。例如：

Реферат:

Изобретение относится к области биотехнологии и вирусологии. В настоящем изобретении раскрывается кодон-оптимизированный ген, кодирующий главный капсидный белок L1 вируса папилломы человека, который способен, после трансдукции в клетку дрожжей, к эффективной экспрессии главного капсидного белка L1 вируса папилломы человека. Описана также иммуногенная макромолекула, которая преимущественно образуется при экспрессии указанного кодон-оптимизированного гена, кодирующего главный капсидный белок L1 вируса папилломы человека в клетке дрожжей. Также раскрывается применение указанной иммуногенной макромолекулы и композиции, включающей указанную иммуногенную макромолекулу. Предложенная группа изобретений может быть использована в медицине для вакцинации против вируса папилломы человека.

专利摘要: 本发明属于生物工艺学和病毒学研究成果。本发明公开了一类密码子优化的人乳头状瘤病毒主要衣壳蛋白 L1 编码基因,所述基因在被转入酵母细胞后可高效地表达人乳头状瘤病毒主要衣壳蛋白 L1。本发明还公开了一种具有免疫原性的大分子,其主要由所述经密码子优化的人乳头状瘤病毒主要衣壳蛋白 L1 编码基因在酵母细胞中表达产生。本发明还公开了所述具有免疫原性的大分子的应用和组合物。本发明可用于医学领域制取抗人乳头状瘤病毒的疫苗。

专利摘要是专利说明书的缩影,它必然带有说明书的文风,其中会出现特定的技术术语及习惯用语。翻译专利摘要时要以专利说明书为依托,译文要忠实于原文的科技内容,科技术语选择要准确,一些常用句式结构要套用汉语专利文献中对应的表达法。简明扼要的专利说明书摘要译文可帮助专业人士进行专利情报检索,迅速了解专利的核心内容。

15.3.3　专利说明（описание изобретения）

专利说明部分是专利说明书技术层面最核心的部分,它清晰、完整、详尽地揭示专利内容,使一定专业领域的技术人员能从专利说明书中获得足够的信息,并能顺利地应用本专利。前文专利语言特点中已讲过,专利说明文本材料的语言具有双重性——技术语言和法律语言的融合——文本中既有科学技术描述,又使用文件用语和法律用语,从而加大了我们翻译的难度。

俄语专利说明书主要包括 область техники（专利所归属的技术领域,专利使用的主要领域）; уровень техники（背景技术,其中包括 характеристика аналогов изобретения <类似专利的特性>, характеристика прототипа, выбранного заявителем <专利申请者所选原型的特性>, критика прототипа< 对原型的批评 >); раскрытие изобретения（发明详述,其中包括 цель изобретения < 发明的目的 >, сущность изобретения и его отличительные признаки < 发明的实质及其特点 >, перечень фигур графических изображений < 附图一览表 >, примеры конкретного выполнения < 具体实施范例 > 或 варианты осуществления < 实施方案 >, технико-экономическая и иная эффективность < 经济技术有益效果或其他效果 >); формула изобретения（权利要求）等。

专利说明书描述的是科技内容,其书写文体均为科技文体。在翻译专利说明书正文时译者要用词规范,译文"应当使用发明或者实用新型所属技术领域的技术术语。对于自然科学名词,国家有规定的,应采用统一的术语,国家没有规定的,可以采用所属技术领域约定俗成的术语,也可以采用鲜为人知或者最新出现的科技术语,或者直接使用外来语（汉语音译或意译词）,但是其含义对所属技术领域的技术人员来说必须是清楚的,不会造成理解错误;必要时可以采用自定义词,在这种情况下,应当给出明确的定义或者说明。一般来说,不应当使用在所属技术领域中具有基本含义的词汇来表示其基本意之外的其他含义,以免造成误解和语义混乱。说明书中使用的技术术语与符号应当前后一致"(摘自《审查指南》)。科技文体的句式结构本来就逻辑性强,结构严密,而专利说明书中又有公文事务性文体(法律文体)的成分,因此专利说明书的文字更加晦涩,句式结构更加繁琐。在翻译专利说明书时,在确保译文意思准确的基础上,译者可以按照汉语的行文习惯和文理结构,对原文的结构做适当调整,力求意思明白、条理清楚、结构紧凑,方便技术人员的阅读。

1. 技术领域。这一部分主要写明专利要求保护的技术方案所归属的技术领域,一般按技术系统分专业、行业来表示。翻译时,译者选择术语必须"采用所属技术领域通用的技术术语,最好采用国际专利分类表中的技术术语,不得采用非技术术语"(摘自《审查指南》)。除了技术用语外,专利翻译在技术领域这一部分还有自己独特、惯用的句式结构,译者要善于积累并熟练驾驭。例如:

① Изобретение относится к области авиации, более конкретно к системе для борьбы с запотеванием/обледенением.

本发明属于航空领域,更具体而言,涉及防雾化或结冰系统。

② Изобретение относится к медицине, а именно к лекарственным препаратам в форме мази, и может найти применение при лечении атопического дерматита.

本发明涉及医学,具体说,涉及软膏状药品,可用于治疗特应性皮炎。

③ Изобретение относится к химии фосфорорганических соединений, в частности к получению водного раствора глицерофосфата, который может быть использован в качестве общеукрепляющих средств и для регулирования обмена веществ в организме.

本发明属于磷有机化学领域,特别涉及甘油磷酸纳水溶液的制取方法。甘油磷酸纳作为常用补药可用于调节机体的新陈代谢。

2. 背景技术。这一部分是与所申请专利最接近的对现有技术或产品的介绍和说明,把这些技术或产品作为参照物,指出前人所做的工作和已经取得的成就,同时客观地指出现有技术或产品存在的不足,提出完善和改进的可能性和必要性,从而引出本专利的任务,因而这一部分常常会出现一些引用文献。产品或技术的介绍和评价属于技术用语,翻译时要做到客观准确,语句得体,其中出现的引用文献的出处一定要罗列或译出,以方便技术人员检索。例如:

① Известны матрацы, содержащие чехлы с наполнителями из шариков (RU 2132208C1, 6A61N5/06, 01.10.1999; US 2007/011335 AI, A47C 27/10, 24.05.2007).

公知的由球状颗粒填充床套构成的床垫 (RU 2132208C1, 6A61N5/06, 01.10.1999; US 2007/011335 AI, A47C 27/10, 24.05.2007)。

② Известен ЭХГ на основе водородно-воздушных (кислородных) ТЭ, содержащий батарею ТЭ, системы подачи и продувки водорода и воздуха (кислорода), контур циркуляции электролита с насосом, теплообменником, электролитной емкостью с датчиками температуры и уровня электролита (см. патент США 3935028, кл. H 01 M 8/04, 1976).

Недостатком данного ЭХГ является сложность его эксплуатации при запуске и остановке, связанная со сливом, заправкой и разогревом электролита.

公知的电化学发电机以氢气空气（氧气）燃料电池为基础，包括燃料电池、供送氢气空气（氧气）系统、电解质循环回路、泵、热交换器、电解质容器、温度和电解质面传感器（参阅美国专利393502，分类号 H 01 M 8/04, 1976）

这种电化学发电机的不足之处在于，电解质需加注、排放和加热，从而使启动和停机操作复杂。

③ К недостаткам известного способа следует отнести высокое содержание балластных солей в препарате.

公知方法的不足之处在于药剂中盐杂质含量高。

④ Технической задачей настоящего изобретения является снижение дымности и токсичности отработанных газов, изменение их фракционного состава, сокращение периода воспламенения топлива, повышение экономичности работы двигателя и улучшение его экологических характеристик.

本发明要解决的技术问题是，降低废气的烟浓度和毒性，改变它们的分馏成分，缩短燃料的点火时间，提高发动机工作的经济性和改善发动机的生态性能。

⑤ Другой задачей изобретения является обеспечение высоких гигиенических качеств ортопедического устройства, в частности антимикробных, для чего в устройстве его внутренние и наружные элементы выполнены с кремнийорганическим покрытием.

本发明的另一目标是确保矫正器的高卫生质量，特别是抗菌质量，为此，矫正器的内外组件都有有机硅涂层。

3. 发明详述。这一部分主要包括三个方面：专利的目的、专利的具体技术方案、专利的有益效果。发明详述作为专利的核心，翻译时要准确、完整、清晰地表达专利的核心内容，使本领域的技术人员能够顺利实施专利。例如：

（1）发明目的。这一部分是专利说明书的组成部分之一，着重指出本发明所要解决的问题、发明的目的、本发明能够达到的预期效果。例如：

① Целью изобретения являются улучшение условия труда, повышение выхода целевого продукта и его чистоты.

发明的目的是改善劳动条件，提高目标产品的产量和纯度。

② Поставленная цель достигается описываемым способом получения водного раствора глицерофосфата натрия, который заключается в том, что глицерин подвергают взаимодействию со смесью фосфорной кислоты и дигидрофосфата натрия при их молярном соотношении, равном 1:0,5-3, с последующим разбавлением реакционной смеси водой и омылением щелочью.

上述目的可以通过本专利所描述的甘油磷酸钠水溶液制取的方法来达到。这种方法是，用1:0.5到1:3克分子比例的磷酸和磷酸二氢钠的混合物与甘油相互作用，再用水稀释反应混合物并用碱对其进行碱解。

（2）具体实施方式。这一部分是专利技术的具体实施案例，其中要对所涉及产品的形状、构造进行说明，实施方式应与技术方案统一，且应当对权利要求部分所要求的技术特征予以详尽地描述，其目的是对权利要求给予支持。这一部分翻译的特点与产品使用说明书相似，若专利内容涉及某一产品，译者则要明确地译出该产品的结构及其各组成部分之间的相互关系；若专利内容涉及某一方法，则译者要准确表述实现该方法的具体实施步骤、工艺流程、反应条件和用途等。例如：

③ Изобретение поясняется выполнением конкретных примеров.

下面结合具体实施例对本发明进行说明。

④ Пример 1. В круглодонную колбу емкостью 250 мл, соединенную с вакуумным насосом, помещают 0,1 моль дигидрофосфата натрия, 0,1 моль безводной фосфорной кислоты и 0,23 моль глицерина. Смесь нагревают под вакуумом при температуре 140℃ в течение 4 ч. Степень конверсии фосфатов составляет 97%. К расплавленной массе приливают 32,0 г 40%-ного раствора гидроксида натрия. Смесь перемешивают до полного растворения массы и затем омыляют в течение 6 ч при температуре 95-100℃. Затем к раствору добавляют 12,0 г 30%-ной соляной кислоты до pH 7,5 и 6,0 г 33%-ного раствора хлорида кальция. Выпавший осадок фосфата кальция отфильтровывают, а к раствору добавляют 10,0 г 40%-ного раствора гидроксида натрия до pH 9,5.

实施例1. 将0.1摩尔磷酸二氢钠、0.1摩尔无水磷酸、0.23摩尔甘油放入与真空泵相连接的250毫升圆底烧瓶。在140℃的真空中把混合物加热4小时,磷酸盐转化的程度为97%。向溶化的物质中添加32克浓度为40%的氢氧化钠,搅拌混合物使其完全溶解,然后在95℃—100℃的温度下使其碱解6小时。然后往溶液中添加12克浓度为30%的盐酸使pH值达到7.5,再加入6克浓度为33%氯化钙。把析出的磷酸钙沉淀物过滤掉,向溶液中加入10克浓度为40%的氢氧化钠溶液,使其pH值达到9.5。

（3）专利的有益效果。这一部分是说明本专利与现有专利技术相比所具有的优点和积极效果,它决定着一个专利的新颖性、创新性和实用性,有益效果的描述是对专利目的或任务的呼应。例如:

Таким образом, предложенная система позволяет значительно снизить поступление азота в камеру сгорания, обогатить топливовоздушную смесь кислородом, что значительно снизит токсичность отработанных газов и изменит их фракционный состав: а именно снизит содержание окислов и оксидов азота. Использование более обогащённой кислородом топливовоздушной смеси увеличивает её воспламеняемость, уменьшает расход топлива, что делает работу двигателя более экономичной.

可见,该系统可大大减少氮气进入燃料舱,可给油气混合物增加氧气,从而大大降低废气的毒性并改变其凝聚成分:具体指降低氧化物和氧化氮的含量。使用含更多氧气的油气混合物可以提高其可燃性,降低燃料的耗量,使发动机更加节能。

15.3.4　附图说明

有些专利说明书需要借助附图（如设计图、示意图、零件图、流程图、线路图等）来简明扼要地描述本专利,对本专利所保护的范围和专利的创新点进行说明。翻译时要忠实于原文,译文要简洁明了,原文中各附图的图名和图号不能出差错,原文附图说明书中所列的附图中所示零件名称要译出。例如：

① Краткое описание чертежей

На фиг. 1 показан общий вид ортопедического устройства.

На фиг. 2 иллюстрируется ортопедическое устройство в разрезе.

附图说明

图1是矫正器的全貌图。

图2是矫正器的剖面图。

② На фиг. 1 представлена система воздушного питания для двигателей внутреннего сгорания.

图1是内燃机供气系统的原理图。

在发明内容的最后，为慎重起见，可以强调发明权项不仅仅局限于所述方案或所举实施例，这类表述多具有公文事务性文体特征，也常常使用一些套话。翻译此类套话时语言组织要严密，以避免他人钻空子，为专利纠纷埋下伏笔。例如：

③ Из вышеизложенного должно быть ясно, что, не выходя за пределы настоящего изобретения, в нем могут быть внесены многочисленные модификации и видоизменения. Следует в связи с этим учитывать, что представленные конкретные варианты осуществления изобретения не должны вносить никаких ограничений в объем его защиты. Изобретение включает в себя любые возможные модификации, охватываемые прилагаемой формулой.

从以上描述可知，在本发明范围内可以做出多种变形和改变。因此应该考虑到，所提供的发明具体实施方案不应对发明的保护范围做出限制。本发明本身包括后附权利要求所涵盖的任何可能的变形。

④ Вышеизложенное описание вариантов осуществления изобретения не следует толковать ограничительно, так как в пределах сущности и объема настоящего изобретения возможны другие варианты, модификации и усовершенствования.

以上对发明实施方案的详细描述不应被视为是对本发明的限制，因为在本发明的实质和范围内，还可以做出其他的方案、变形和完善。

⑤ Специалисту в данной техники должно быть очевидно, что в настоящем изобретении возможны разнообразные модификации и изменения. Соответственно, предполагается, что настоящее изобретение охватывает указанные модификации и изменения, без отступления от сущности и объёма изобретения, раскрытого в прилагаемой формуле изобретения.

本技术领域技术人员应该可以看出，本发明可做各种变形和改变。相应地可以认为，在不违背权利要求所公开的发明实质和范围情况下，本发明涵盖上述变形和改变。

从以上例证可以看出，在翻译专利说明书涉及科学技术方面的内容时，译者应准确理解原文专利说明书的内容，表达时要力求科技术语地道规范、专利描述客观准确、语句通顺自然、前后衔接逻辑层次清晰。

15.3.5　权利要求

从法律角度来看，权利要求书主要用于确定专利所要求保护的范围，发明的权利要求书中要形成发明享有独占权的所有实质性的特征。这一部分用语要清晰、简洁、严谨，其目的是既不侵犯已有专利权利要求的范围，又可以充分保护和扩大本专利的权利，使他人难以对本专利改头换面，投机取巧。

权利要求书由一项或几项构成。每一项常常由前序部分和特征部分组成，前序部分要求写明需要保护的新型实用技术方案的主题名称和与其最接近的现有技术共有的必要技术特征。特征部分是发明的实质，是新的东西。使用"其特征是……"或类似用语，写明实用新型区别于最接近的现有技术的技术特征，这是实用新型为解决技术问题所不可缺少的技术特征。每一项权利要求的行文应为一句话，有时这句话拖沓冗长，一段话仅为一个权利要求。权利要求又分为独立权利要求和从属权利要求，独立权利要求从整体上概括表明专利要求保护范围的特征，而从属权利要求则是对独立权项进一步的细化或限定，主要写明局部特点、各种变化和附加特征。

权利要求部分的翻译有一定的特点：从内容方面讲，这一部分是对前面所述内容的重复，属于技术方面的内容；从形式上讲，这一部分属于法律文体。权利要求书具有法律效力，用法律句式来阐述和限定技术内容，是处理法律纠纷的重要依据。因此翻译权利要求书时涉及技术方面的内容一定要忠实原文；涉及权利要求方面切忌用词不精准、表达含糊不清、权利限定不明确。例如：

① Гастроэнтерологический препарат, включающий листья подорожника большого и траву тысячелистника обыкновенного, отличающийся тем, что он дополнительно содержит траву полыни горькой, почки сосны обыкновенной, бефунгин, натуральный сок алоэ (трех-пятилетнего возраста), мед пчелиный натуральный, сахар пищевой, коньяк(не менее четырехлетней выдержки) и воду питьевую при следующем соотношении компонентов, мас.%: ...

一种胃肠炎药,包括大车前叶和千叶蓍,其特征在于,其中添加了苦蒿、松牙、桦褐孔菌、(3至5年生的)纯天然芦荟汁、纯天然蜂蜜、食用糖、(存放不少于4年的)白兰地和饮用水,且各成分占比为(%):……

② 10. Электронная сигарета с распылением по п. 1, отличающаяся тем, что уровень концентрации алкалоида табака(никотина)составляет от 0,1 до 30%.

10. 根据权利要求1所述的电子雾化烟,其特征在于:香烟的生物碱(尼古丁)浓度为0.1%到30%.

从以上例证可以看出,俄语权利要求条款表述时科技术语多、句子结构较长、句子结构复杂,不论内容多少,其表述都是一个完整的句子。翻译时要理清语段之间的关系,整体把握原文的结构,为了提高译文的可读性,可相应地插入汉语的顿号、逗号、分号,以句号收尾。

另外,权利要求书除了表达科技信息外,另外一个特征就是具有很强的法规性。专利一经批准,就具有法律约束力,可调节专利持有人和专利使用者的关系。因此在翻译权利要求书时,对独立权项和从属权项的解读不能出现偏差,"翻译时务必谨慎从事,力求译文措辞严谨、文体正式,选词用字要一丝不苟,尽量避免歧义、误解、遗漏和差错,翻译时尤其不可望文生义。不然,……会失去法律约束力,导致不该有的纠纷,甚至被人玩文字游戏钻空子,造成不应有的经济损失"(贾文波,2004:247)。

专利说明书翻译的任务是准确表达俄语专利说明书的实质,尽可能使译文具有汉语技术人员熟悉的、习惯的样式和表述方式。为此,除了语言知识和相关技术知识外,译者必须了解专利说明书的结构、风格、术语体系以及国内出版的相关专利说明书,这样才能使专利说明书的译文在行文措辞、结构章法、语体格式上符合专利文献的特征和规范。

● 主题词汇

автор изобретения 发明人
аннулирование патента 撤销专利
библиографические данные 著录项目数据
варианты осуществления 实施方式
дата выдачи патента 专利证书颁发日
детальное описание изобретения 发明详述

зависимый патент 从属专利
зависимый пункт формулы 从属权项
защита патента 专利保护
заявитель 申请人
изобретение 发明
ИНИД (INID)国际著录资料识别码

информационный поиск 情报检索
интеллектуальная собственность 知识产权
исключительная лицензия 排他性许可
использование патента 专利使用
классификация патентов 专利分类
краткое описание изобретения 发明概述
международная патентная классификация
　　国际专利分类
название изобретения 发明名称
недостатки прототипа 现有技术的不足
независимый пункт формулы 独占专利权项
неисключительная лицензия 非排他许可
новизна 新颖性
область техники 所属技术领域
объявление приоритета на патент 优先权声明
описание изобретения 发明说明
описание чертежей 附图说明
основной патент 主专利
основные признаки аналога 类似发明的
　　主要特征
отчуждение прав на патент 转让专利权
патентообладатель 专利持有人
патентные права 专利权
патентный поверенный 专利代理人
полезная модель 实用专利
пионерский патент 首创专利

порядковый номер патента 专利号
патент на изобретение 发明专利
патентная документация 专利文献
патентная формула 专利权项
патентная экспертиза 专利鉴定
патентный документ 专利文件
перечень фигур 附图目录
предпосылки изобретения 发明背景
примеры конкретного выполнения 具体实施例
приоритет изобретения 发明优先权
промышленный образец 工业外形设计
прототип 原型，现有技术
раскрытие изобретения 发明详述
реферат 摘要
роялти 专利使用费
соавтор изобретения 共同发明人
созаявитель 共同申请人
сущность изобретения 发明实质
технико-экономическая и иная эффективность 经济技术或其他效益
технические решения 技术方案
уровень техники 技术水平（背景）
формула изобретения 发明权利要求
цель изобретения 发明目的

● 课后练习

1. 回答问题
（1）专利分为几类？具体内容是什么？
（2）俄语专利说明书是由哪几部分组成的？

（3）俄语专利说明书的语言特点有哪些？

（4）权利要求的翻译有什么特点？

2. 佳译欣赏

分析原文和译文，指出权利要求书的语言特点。

Формула изобретения	**权利要求**
Электромагнитная взрывозащищенная дисковая муфта, содержащая корпус, индукторы с обмотками возбуждения, ведомый и ведущий дисковые якори, закрепленные на валах, снабженные радиальными зубцами и размещенные между индукторами, при этом в индукторах на поверхностях, обращенных к якорям, выполнены кольцевые проставки из диамагнитного материала, расположенные в зоне обмоток возбуждения, отличающаяся тем, что с целью увеличения надежности работы муфты за счет уменьшения скапливания магнитных частичек в зазоре, в ней выполнены горизонтальные и вертикальные вентиляционные каналы, при этом горизонтальные каналы выполнены – в нижней части индукторов, а вертикальные – в верхней части напротив якорей, причем на внешней поверхности проставок выполнены пазы трапециевидной Формы, при этом большее основание трапеции обращена в сторону якорей и высота паза выбрана больше воздушного зазора между индуктором и якорем.	电磁式防爆圆盘离合器，包括主体和带励磁绕组的电感线圈，固定于轴上。有放射状齿分布于电感线圈之间的主动衔铁和被动衔铁，在表面对着衔铁方向的电感线圈内部放置有用抗磁性材料制成的环形垫，分布于励磁绕组区内这种离合器具有以下特点：工作可靠性高（靠减少气隙间磁性粒子的积聚），其中有一些垂直和平行的通风槽，平行的通风槽位于电感线圈的下部，垂直的则位于其上部，正对着衔铁，并且在垫圈内部表面有一些梯形槽，梯形槽在衔铁这边有大的基座，且槽的高度大于电感线圈与衔铁之间的气隙。

3. 翻译实践

翻译以下专利说明书，请注意文字、序号和图的结合。

Изобретение относится к электротехнике, в частности, к взрывозащищенным, оболочкам для электротехнических устройств.

Цель изобретения – уменьшение габаритов и материалоемкости.

На фиг.1 показана взрывонепроницаемая оболочка, разрез; на фиг.2 – вид А на фиг.1; на фиг. 3 – вид Б на фиг.1; на фиг.4 – схема разжима запорного кольца.

Взрывонепроницаемая оболочка состоит из корпуса 1, крышки 2, имеющей запорный винт 3 с шейкой 4, запорного кольца 5 с усиками 6. На боковой поверхности крышки 2, вставляемой в цилиндрический корпус 1, выполнены кольцевые канавки 7 и 8 для установки запорного пружинного кольца 5 и уплотнительного кольца 9 соответственно.

На внутренней цилиндрической поверхности корпуса 1 на уровне кольцевой канавки 7 крышки 2 выполнена кольцевая канавка 10, сообщающаяся с радиальным сквозным Т-образным пазом 11, выполненным в стенке корпуса 1 и имеющим входной участок 12. При этом ширина входного участка 12 b=2 d, а длина участка, перпендикулярного входному участку, L=π d+2d, где d – диаметр поперечного сечения запорного кольца 5.

Сборка взрывонепроницаемой оболочки производится следующим образом.

В полость корпуса 1 помещают соответствующее электротехническое устройство. На цилиндрическую поверхность крышки в кольцевые канавки 7 и 8 вставляют запорное кольцо 5 и уплотнительное кольцо 9 соответственно. Затем усики 6 прижимают друг к другу, сводя их вместе. При этом наружный диаметр запорного кольца 5 становится равным наружному диаметру цилиндрической поверхности крышки 2. После этого цилиндрическую часть крышки 2 вставляют в корпус 1, совмещая при этом в сведенном положении усики 6 запорного кольца 5 с входным участком 12 радиального Т-образного паза 11. Затем отпускают усики 6 и специальным ключом ввинчивают запорный винт 3, который при этом своей шейкой 4 раздвигает усики 6 на величину a=π d. Где d – диаметр поперечного сечения запорного кольца 5.

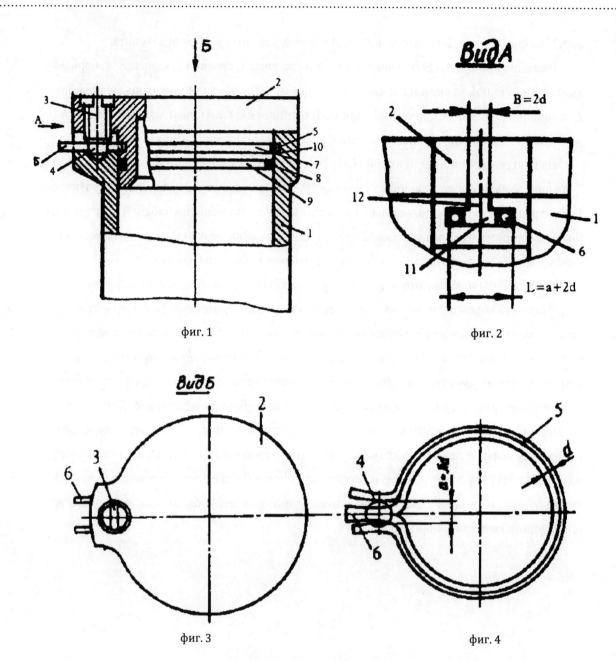

фиг. 1　　фиг. 2

фиг. 3　　фиг. 4

外 宣 篇

第十六章 地区对外宣传翻译

16.0 引言

地区对外宣传翻译是外宣翻译的种类之一。国内译界对外宣翻译的界定基本上大同小异,如刘雅峰教授认为:"所谓外宣翻译也就是译者把大量有关中国的各种信息的外宣材料准确、严谨而简洁地从中文翻译成外文,通过图书、期刊、报纸、广播、电视、互联网等媒体以及国际会议对外发表和传播,以满足国外受众特定需求,树立和维护正确良好的中国国际形象,推动和促进社会、人类文明进步与发展的思维活动和语言活动。"(刘雅峰,2010:22)而衡孝军教授则认为:"从广义上说,中译外的翻译活动,无论是文、史、哲的典籍外译,还是对外国受众介绍中国政治、经济、社会、文化、历史等方面的一般情况,或多或少都有外宣性质。也就是说,外宣翻译工作基本上都是中译外,把大量有关中国的各种信息从中文翻译成外文,通过图书、期刊、报纸、广播、电视、互联网等媒体以及国际会议,对外发表和传播。因此,外宣翻译和中译外在翻译实践中几乎是同义词。"(衡孝军,2011:6)基于以上定义,我们认为地区外宣翻译是一种跨文化、跨语言的交际活动。译者把某个地区对外宣传的信息文本译成外文,通过不同媒体和平台发表或传播,宣传地区形象,促进地区间经济和文化的合作和交流,带动地区经济的发展。

16.1 地区对外宣传材料的文体特征

16.1.1 地区对外宣传的内容

和国家层面的外宣材料相比,地区对外宣传材料的政治性、思想性方面的内容要少了一些。地区对外宣传材料所涉及的内容比较广泛,一般包括地区的地理位置、人口、行政区划、历史渊源、气候条件、自然资源、农业、工业、交通、通信、科技、教育、文化、旅游、金融、对外贸易等诸多领域的情况。

16.1.2　地区对外宣传的方式

从宣传的方式来看,地区对外宣传材料可分为间接的和直接的两种。直接的是指宣传者和信息接受者面对面、近距离接触进行地区情况介绍,如省、市、地区领导人在会见外宾时所作的当地情况介绍;而间接的则指在国内外举行的展销会、合作项目推介会(对接会)、招商引资洽谈会上派送的各种宣传性文字或音像材料,或在互联网、报纸杂志等媒体上所发布的相关宣传材料。

16.1.3　地区对外宣传的主体和对象

地区对外宣传材料的拟定者或讲述者所代表的并非他们个人,而是代表着某一群体,代表着某一地区。他们所传播的信息是官方的、正式的、严肃的,进而他们所使用的语言大多是正式场合所使用的书卷语言。

地区对外宣传的接受者则兼具有确定性和不确定性之特点。确定性——是指地区领导人介绍情况的对象是确定的,例如会见前就知道来访的对象为外国各种级别的代表团成员、文化界人士或企业界代表等;而不确定性——是指信息接受者难以确定,在国内外举行的展销会、合作项目推介会、招商引资洽谈会和论坛上推介或派送的各种宣传性文字或音像材料的对象难以确定,互联网、报纸杂志以及新媒体上所登载的相关宣传材料的读者难以确定。

16.2　地区对外宣传材料的语言特点

地区对外宣传涉及诸多领域,其行文一般使用书面语,文体呈多文体性。纽马克曾经说过,很少有文本是纯种功能的,大部分文本都是以一种功能为主而其他二者兼而有之。下面仅举几例对地区对外宣传材料的特征予以简要说明。例如:

① 胶南是山东省东南部一座海滨城市。南临黄海,北靠胶济铁路,西依泰山山脉的五莲山,东与名城青岛隔海相望。地理位置独特,水陆交通四通八达。

Цзяонань – приморский город на юго-востоке провинции Шаньдун. К югу от него простирается Желтое море, к северу проходит железная дорога Цзяонань-Цзинань, к западу возвышается гора Уляньшань – ветвь Тайшаня, к востоку расположен и отделен от него морем город Циндао. Город имеет благоприятное географическое положение и разветвленную водную и сухопутную сеть путей сообщения.

例①中"南临""北靠""西依""东与……隔海相望"是描述地区地理位置方面的程式化语言,而"位置独特"和"四通八达"则带有明显的主观评价色彩,具有很强的表现力,所附译文在这两方面处理得也恰到好处。

② 这里有全国最现代化的市政基础设施；全国最大的商务活动中心；全国最先进的高新技术产业和出口加工基地；全国开放程度最高的自由贸易区；全国最现代化的城郊型农业产业和全国配套服务最好的高质量生活区。

Здесь имеются самая современная городская инфраструктура, самый оживлённый в стране торговый центр, самая передовая в Китае база высокотехнологических производств и переработки экспортных товаров, зона свободной торговли с наивысшей степенью открытости, наиболее современное в стране пригородное сельское хозяйство и самый благоустроенный микрорайон со всем комплексом услуг.

例②中使用了许多专业术语，其句式结构具有科技文体的特点。原文中连续使用了"最现代化的""最大的""最先进的""最高的""最现代化的""最好的"等七个形容词最高级，既加强了原文的表现力，又提高了原文的感染功效。译文使用俄语形容词最高级形式，达到与原文语义和功能对等。

③ 陕西是中国西部开发的"桥头堡"。

Провинция Шэньси представляет собой "форпост" для освоения западной части Китая.

例③中"桥头堡"一词的使用使客观的叙述增添了一份形象性，译文中也是以形象译形象，达到形象等值。

④ 陕西人民素来热情好客，我们热烈欢迎海内外各界朋友来陕进行技术合作和旅游观光。

Народы провинции Шэньси известны своим гостеприимством и радушием. Мы горячо приветствуем китайских и зарубежных партнеров и друзей, кто пожелает посетить нашу провинцию с целью технического сотрудничества или в качестве туриста.

例④中"热情好客""热烈欢迎"表达了宣传主体求合作的强烈感情，缩短了与宣传对象之间的距离，为进一步合作做了情感铺垫。

地区对外宣传材料涉及诸多领域，内容广泛，多使用一般的书卷词汇，汇集各领域的专业词汇和各个行业的程式化套语。同时，感情表现力色彩的语言手段使用适当：较之报刊政论文体用得要少，以强调所叙述的事实客观可靠；较之科技文体用得稍多，使客观的叙述多了一份感人的色彩。

为了使信息接受者便于领会宣传,地区对外宣传材料应该简明通俗,句法结构应简单明了,避免过多地使用冗长句式。即使要使用复合句,那么其结构也应该一目了然,句子的语义和语法关系要清楚,易于切分。

此外,地区对外宣传材料的篇章结构也比较松散,一般以行业(领域)为段节,各段节相对独立,段节之间衔接不太紧密。段节排序比较随意,逻辑性不强,段节长短不一,主观性强,段节长者旨在突出亮点优势,段节短者意在遮掩瑕疵,一笔带过。

● 翻译举要

16.3 地区对外宣传翻译

16.3.1 地区对外宣传翻译的原则

对外宣传材料的翻译要忠实地传达宣传信息,不能言过其实,切忌随意发挥,不要过分渲染。选词择句要注意宣传效果,要照顾到译入语读者的思维习惯、语言习惯,力求译入语的读者或听众理解和接受所宣传的信息,必要时可在内容不变的情况下调整和改变宣传的表述形式。翻译时要使用规范的译入语,译文语言要地道规范,禁止机械地复制原文的语言结构。此外,不能忽视中外文化的差异,文化性太强的信息在转达时要作相应的变通,避免出现文化冲突,唯如此才能获得好的宣传效果。

16.3.2 地区对外翻译过程中的理解

1. 理解术语。理解是翻译的前提,而其中术语的理解又是对外宣传材料内容的基础。地区对外宣传材料涉及面广,要求译者知识渊博,译事经验丰富。翻译过程中译者要面对不同专业的术语,这就要求译者反复查对字典和文献,虚心向有关专家求证,动笔前务必搞清楚每一术语的含义。例如:

① 杭州市地处亚热带,气候温和,四季分明,日照时间长,雨水充足。年平均气温为16.2℃,无霜期为230—260天,年降水量为1435毫米。

Город Ханчжоу находится в субтропическом поясе. Климат мягкий и теплый с ярко выраженными годовыми сезонами, довольно продолжительное время солнечного света, достаточное количество осадков. Средняя годовая температура воздуха +16,20℃. Продолжительность безморозного периода – 230-260 дней. Ежегодно выпадает 1435 мм осадков.

② 2004年城市总产值约为1570亿元,年人均总产值达25000元。2004年城市财

政收入总额为189亿元，地方收入104亿元。

В 2004 г. ВВП города составил около 157 млрд. юаней. Величина ВВП на душу населения в 2004 г. достигла 25 тыс. юаней. Суммарная величина финансовых доходов города в 2004 г. составила около 18,9 млрд. юаней, местный доход – свыше 10,4 млрд. юаней.

例①、例② 分别涉及气候学和经济学两个不同专业，其中堆积了不同的专业术语和套语，译者不能疏忽大意，要查证核实，理解清楚。

2. 理解具有表现力的词汇。为了增强宣传的感染力，地区对外宣传材料中会适量使用一些具有表现力的修辞手段，翻译时译者要领会吃透其真正含义，然后依据译入语的语法规则，使用合适的手法把汉语文本的意旨再现出来。例如：

① 西安市历史悠久，名胜古迹多。西安市政府积极发挥自己的历史优势，以旅游"搭台"，经贸"唱戏"，促进经济发展。

Город Сиань имеет древнюю историю. Здесь сосредоточено (сохранилось) множество исторических памятников и достопримечательностей. Мэрия города активно использует свое историческое преимущество, чтобы с помощью туризма развивать коммерческие связи и способствовать развитию экономики.

例①中的"搭台"和"唱戏"是汉语中非常形象的表达手法，若按汉语字面意思去理解和机械复制，那么俄语读者（听众）必会莫名其妙，不知所云。该例译者处理得当，把握住了形象用语隐含的语用目的，在无法找到俄语中相应的形象用语的情况下，把其语用意义表达出来——"借助旅游发展经贸合作"。

16.3.3　地区对外翻译过程中的表达

1. 术语对应与术语创新。一般来讲，术语的意义比较单一，完全理解后，只要认真仔细，就能在译入语中找到相对应的术语。这种情况下，要求译者使用现成的术语，不必自我杜撰。例如：

① 西安最发达的产业有机械制造业、仪表制造业、电子工业、纺织工业、轻工业和航空工业。西安是中国最重要的电器设备、飞机、纺织和电子产品的生产中心之一。

В городе Сиань наиболее развиты машиностроительная, приборостроительная, электронная, текстильная, легкая и авиастроительная промышленность. Сиань является одним из важнейших центров Китая по производству электрооборудования, самолетов, текстиля и электроники.

例①原文、译文术语完全对应。

有时汉语原文中会使用一些反映我国某一领域新特点的术语,这些术语在俄语中没有对应的表达法。在这种情况下要求译者依据俄语术语的构词方法,发挥自己的创造力,把汉语的表达法移植进俄语,为俄语输入新概念、新术语。例如:

②在农业方面我省大力推广"公司加农户"和"订单农业"等方式。

В сельском хозяйстве у нас в провинции всемерно внедрялись такие формы хозяйствования, как "компания плюс крестьянские дворы" и "производство сельхозпродукции по заказам".

例②的"公司加农户"和"订单农业"在我国农业经济领域已沿用多年,已是人们约定俗成,但是俄语中则属于新词汇、新理念,需要译者根据俄语的规则进行移植或仿造。

2. 句式和结构地道规范。地区对外宣传材料中经常会对本地区的归属、组成、现状、优势等情况进行描述,翻译时译者要善于使用俄语中表示事物性质、状态、关系等的句式和结构,使表达规范自然。

(1) 使用俄语的静词句式。俄语应用文体中对事物特征、现象进行描述时多使用静词句式,宣传材料汉译俄时要注意套用这些句式。例如:

① 主要生产部门有轻工、纺织、电子及食品工业。

Ведущими отраслями являются легкая промышленность, текстиль, электроника и пищевая индустрия.(使用系词)

② ……省由10个省属城市、15个县级市和40个市属区组成。

Провинция ... состоит из 10 городов провинциального подчинения, 15 городов уездного уровня и 40 районов городского подчинения.(使用系词)

③ 主要出口服装、布匹、机械产品、家用电器、化工和农业产品。

Основу экспорта составляют одежда, ткани, продукция машиностроения, электробытовые товары, химическая и сельскохозяйственная продукция.(使用系词)

④ 城市及郊区有许多名胜古迹。

В городе и его округе сохранилось множество достопримечательностей древности.(实词用作系词)

⑤ 昆明被称为"春城"。

Куньмин называется городом "вечной весны".(实词用作系词)

⑥ 夏季漫长,酷热天数多,对当地农作物产生不良的影响。

Летний период продолжителен и отличается значительным числом засушливых дней, что весьма негативно сказывается на урожайности местного сельского хозяйства.

⑦沿海地区气候温和湿润,夏季多雨,冬季干旱。

На побережье климат мягкий и влажный, характеризуется дождливым летом и сухой зимой.

⑧陕西省科技实力雄厚。

Провинция Шэньси обладает крупным научным потенциалом.

例⑥、⑦、⑧中的 отличаться, характеризоваться, обладать 等词在俄语中虽说未被列入系词或用作系词,但经常用来表示事物的性质和特征,汉译俄时应注意选用这几个动词。

(2)使用俄语的表义结构。俄语科技文体经常也使用一些表示事物存在、属性、特点、类属、成分等意义的词汇语法结构,翻译地区对外宣传材料时要根据所表达的意义套用这些表义结构。例如:

①上海是中国四大最发达城市之一。

Шанхай входит в четверку самых развитых городов Китая.（表示类属）

②西安市历史悠久。

Город Сиань имеет давнюю историю.（表示特征和性质）

翻译地区对外宣传材料时,除了使用动词结构,也可使用形容词短尾形式表示事物的状态和特点。例如:

③陕西省矿产资源丰富。

Провинция Шэньси богата различными полезными ископаемыми.

④本地区气候温和湿润,日照充足,降水量大。

Для данной местности характерны мягкий и влажный климат, достаточное количество солнечного света и обилие осадков.

翻译地区对外宣传材料时,除了可以使用上述句式和结构,也不排除使用不定人称句、"动词 + 名词"结构、被动结构、带 -ся 动词等,限于篇幅,本章不再一一讲述。

3. 善于运用翻译方法与技巧。由于汉语、俄语属于不同的语系,汉、俄两种语言在表达方式和用法习惯上差别较大,因此地区对外宣传材料汉译俄时不能机械复制汉语思维模式和表达习惯。为了使俄语读者(听众)能够准确地接收到宣传信息,翻译过程中译者必须做相应的调整和变通,使译文符合俄语表达习惯。要达到这一目的,译者就要根据具体情况选用翻译方法和技巧,或增补,或减略,或转换,或断切,或引申,或反说。例如:

① 广州又称羊城。
Город Гуанчжоу также называют городом баранов.

这句话如果按字面翻译,外宾就可能会产生疑惑:广东为什么称之为羊之城?难道广州地处草原,到处"风吹草低见牛羊"?翻译时为了打消外宾的疑惑,给外宾提供完整信息,译者不妨补加"羊城"之名的由来:

Как гласит древняя легенда, однажды пять святых людей спустились на землю на пяти баранах (по-китайски – "ян"), каждый из которых держал во рту колосья риса, и попали в Гуанчжоу, где они раздарили рисовые колосья трудовому люду, пожелав ему вечного урожая.
相传,有一天五仙人骑着五只羊,各携带一串稻穗降临此地,赠稻穗给居民,祝福此地五谷丰登,永无饥荒。

② 陕西是中华民族和华夏文化的重要发祥地之一,文物名胜甲天下,发展旅游业条件得天独厚。
Провинция Шэньси является одной из важных колыбелей китайской нации и китайской культуры. Обилие древних памятников культуры благоприятствует развитию туризма.

例②并未把"文物名胜甲天下,发展旅游业条件得天独厚"两句分开译为"Провинция Шэньси славится своими достопримечательностями и памятниками старины, что даёт превосходные возможности для развития туризма.",而是把两个单句合二为一,从而使得译文更紧凑,语义更精炼。这样既省词缩句,又不欠缺意义,况且译文也符合文体要求。

4. 情感把握要有分寸。地区对外宣传材料中除了大量的文笔用于客观传播"信息"、讲述事实、以理服人,同时也会添加一些主观的评价,使用一些具有表现力的修辞手段,以热忱来感动人。翻译具有情感的词句时要处理得当,使宣传对象产生对等反应,同时切勿过分张扬情感,让读者产生行文浮华、内容虚饰之感。

① 陕西欢迎国内外各界人士前来投资,洽谈贸易,旅游度假,进行经济、科学、技术、文化方面的交流与合作。

Провинция Шэньси сердечно приветствует внутренних и иностранных туристов, предпринимателей и инвесторов для развития экономического, научно-технического и культурного сотрудничества.

② 所有到陕西开发合作、访问考察、观光旅游的各国朋友都将受到好客的陕西人民最热烈的欢迎和接待。

Все иностранные друзья, приезжающие в Шэньси для делового сотрудничества или в качестве туристов, могут рассчитывать на наш самый тёплый приём и гостеприимство.

可以看出,在以上两例中译文选词贴切,原文与译文情感相当,不欠不溢。

● 课堂练习

请对比以下两则城市宣传材料,分析俄、汉语的地区宣传文体及语言差异。

Томск

Город Томск был основан в 1604 году. В XVII веке Томск служил опорной базой для основания новых городов и острогов, дальнейшего освоения Сибири. В XVIII веке Томск, занимая выгодное географическое положение, стал играть роль крупного торгового центра. В 1804 г. город был выбран в качестве административного центра новой Томской губернии, которая включала территории нынешних Алтайского края, Новосибирской, Кемеровской, Восточно-Казахстанской, Томской областей и части Красноярского края. С конца XIX века Томск стал крупным научно-просветительским центром Сибири: в 1888 году был открыт первый в Сибири университет. С усилением роли Томска, как самого крупного в Сибири центра науки и просвещения, ослабевало его прежнее торговое значение, поскольку Транссибирская железнодорожная магистраль прошла мимо Томска.

В годы Великой Отечественной войны на базе предприятий, эвакуированных из западных районов страны, была создана томская промышленность. В августе 1944 года образована Томская область в ее современных административных границах. В послевоенные годы в Томске развивались топливно-энергетическая, нефтехимическая отрасли, военно-промышленный и научно-образовательный комплексы, строительство.

Томск стал известным в мире центром ядерных исследований и производства.

В последующие годы Томская область стала составной частью Западносибирского территориально-производственного комплекса, а Томск превратился в крупный научно-образовательный центр. В настоящее время в Томской области подготовлена и реализуется первая в России стратегия инновационного развития региона.

西安

西安位于中华大地的中心,是中华文明古国的心脏!雄踞八百里秦川,南倚秦岭,北枕黄河,关山壮美,河岳灵秀,物宝天华,人杰地灵,千年古都,历史辉煌!以迷人魅力,吸引着全世界游人关注的目光!

西安是中华文明的破晓之地,早在110万年前,最早的亚洲直立人——中华民族的祖先蓝田人就在这里繁衍生息。6700多年前母系氏族时代繁盛时期留下的半坡村落遗址,被称为华夏第一村,人文始祖黄帝和炎帝在这片土地上开创了华夏文明,仓颉在这片土地上创造出中国最早的象形文字。

三千多年前的青铜时代——西周,开始在这片沃土上建都,秦始皇从这里横扫天下,统一六国;张骞从这里出使西域,开创举世闻名的丝绸之路;鉴真从这里东渡日本,传播中华文明。历周秦汉唐,几代盛世,西安聚集丝路花雨,沐浴汉韵唐风,世界各民族文化精华在这里交汇,中华文明光芒从这里向外辐射。在一千多年前的唐代,作为都城长安就已人口百万,成为当时的国际大都市!

● 主题词汇*

财政收入 бюджетные доходы	高新技术 новая высокая технология
地理环境 географическая среда	高新技术产业开发区 зона промышленного развития высоких и новых технологий
地理优势 преимущество в географическом положении	工业生产指数 индекс промышленного производства
地理位置 географическое положение	工业园 индустриальные парки
对外贸易额 внешнеторговый оборот	购买力 покупательная способность
发祥地 колыбель	国内生产总值 ВВП
风景名胜 достопримечательности	
附加值 прибавочная стоимость	

---

* 根据第十六至二十的主题特点,上述章节的主题词汇以汉译俄方式列出,下列几章不再一一说明。

合同吸引外资 привлеченный иностранный капитал по контактам
基础设施 инфраструктура
集散地 собирательно-распределительный центр
降水量 количество осадков
交通枢纽 транспортный узел (хаб)
交通运输 транспортное сообщение
教育资源 образовательный потенциал
进出口总额 общий объем экспорта и импорта
经济技术开发区 зона технико-экономического развития
经济中心 экономический центр
科技潜力 научно-технический потенциал
科研机构 научно-исследовательское учреждение
矿产 полезные ископаемые
领先地位 лидирующее положение
贸易中心 торговый центр
欧亚大陆桥 Евразийский континентальный мост

平均气温 средняя температура
人口密度 плотность населения
气候 климат
社会事业 общественное дело
水资源 водные ресурсы
税收优惠 льготное налогообложение
投资环境 инвестиционный климат
投资政策 инвестиционная политика
文化中心 культурный центр
行政区划 административное деление
行政中心 административный центр
优先方向 приоритетное направление
资源优势 преимущество в ресурсах
注册资本 зарегистрированный капитал
自然条件 природные условия
自由贸易试验区 экспериментальная зона свободной торговли
综合改革试验区 экспериментальный район для проведения комплексных реформ
"走出去"战略 стратегия "выход за границу"

● 课后练习

1. 回答问题
（1）什么是对外宣传翻译？
（2）地区对外宣传材料语言有什么特点？
（3）如何进行地区外宣材料的翻译？

2. 佳译欣赏

陕西省

陕西省地处中国腹地，是中华民族古代文明的发祥地之一。全省面积20.56万平方公里，设10个市、107个县、区，人口3800多万。

陕西属大陆性气候,四季分明,冬季寒冷;春季温暖;夏季炎热多雨;秋季凉爽。年平均气温13.0~13.4℃。年降水量558~750毫米。年日照时数1983~2267小时。

改革开放以来,陕西取得了巨大的成就。2018年国内生产总值超过24438亿元,人均国内生产总值为6.35万元。2018年外贸总额达3513亿元,其中出口2078亿元,进口1435亿元。

陕西作为内陆省份有自己的特点和优势。这里高等院校多,科研机构多,军工企业多,综合科技实力居全国第三位,陇海线和高等级公路沿线正在形成一个高新技术产业开发带。这里拥有世界级的煤田和天然气田。同时陕西是中华民族和华夏文化的重要发祥地,文物名胜甲天下,发展旅游业条件得天独厚。

现代化工、汽车、航空航天与高端装备制造、新一代信息技术、新材料和现代医药等新支柱产业已成为陕西迅速崛起的特色经济。我们从省情实际出发,规划和部署对外开放工作,带动国民经济稳定快速发展。

改革开放是兴陕富农的必由之路,在全国深化改革、扩大开放和加快发展热潮中,陕西将根据自己的条件,充分发挥自身优势,建立开放型的经济运行机制。我们热忱期待和欢迎海内外同仁来陕观光旅游、洽谈贸易、投资办实业、共图双方繁荣发展。

Провинция Шэньси

Провинция Шэньси расположена в серединой части континентального Китая. Она является колыбелью древней китайской цивилизации. Площадь её – 205,6 тысяч кв. м. В состав провинции входят 10 городов, 107 уездов и районов, население свыше 38,00 млн. человек.

Климат здесь континентальный, ярко выражены сезонные изменения (зима холодная, тёплая весна, лето жаркое и дождливое; осень прохладная), среднегодовая температура 13,0~13,4 ℃, ежегодно выпадает от 558 до 750 мм осадков, общая продолжительность солнечных дней – 1983~2267 часов.

После проведения реформ и открытости Шэньси добилась больших успехов. Объём внешней торговли провинции в 2018 году составил более 2,4438 трлн. юаней. В пересчете на душу населения эта сумма составляет 63,5 тыс. юаней. Объём внешней торговли провинции в 2018 г. составил 351,3 млрд. юаней, в том числе экспорт – 207,8 млрд. юней, импорт – более 143,5 млрд. юней.

Будучи внутриконтинентальной провинцией, Шэньси имеет свои особенности и преимущества. Здесь находится много вузов, НИИ и военных предприятий, по совокупному научно-техническому потенциалу Шэньси занимает третье место в стране. Вдоль железнодорожной магистрали Ланчжоу-Ляньюньган и высококлассных автострад сформировался пояс, где разместились новые и высокотехнологические производства. Провинция располагает месторождением угля и газа мирового значения. Ну и как уже говорили, обилие древних памятников культуры благоприятствует развитию туризма. Исходя из этих особенностей, мы разработали программу по расширению открытости, реализуя которую станет стимулом развития всего народного хозяйства.

Динамичное развитие таких отраслей, как современная химическая промышленность, автомобилестроение, авиационно-космическая промышленность, производство высокотехнологичного оборудования, производство новых материалов и современная фармацевтическая промышленность, уже становится спецификой развития экономики провинции Шэньси. Исходя из собственной реальности, мы будем рационально планировать работу в области открытости внешнему миру для того, чтобы активизировать стабильное и динамичное развитие народного хозяйства нашей провинции.

Через реформы и открытость лежит путь к зажиточной жизни. Сегодня, когда китайские реформы повсеместно развиваются вглубь, исходя из собственных условий, провинция Шэньси намерена использовать свои преимущества в создании механизма открытой экономики. Мы приглашаем соотечественников и иностранных друзей приехать к нам в гости с целью экскурсии, коммерческих переговоров или бизнеса.

3. 翻译实践

（1）请把下面地区外宣材料译成汉语。

Инвестиционная политика

Льготы и преференции

Модернизация производств, создание новых рабочих мест, привлечение иностранного капитала относится к стратегическим задачам развития экономики Тульской области. Особую роль в этом процессе играют прямые инвестиции, которые обеспечивают доступ к финансовым ресурсам, современным технологиям, управленческим навыкам, инновационным товарам и услугам, а также напрямую способствуют повышению конкурентоспособности экономики, ее устойчивому росту и улучшению уровня жизни граждан. В этой связи создание благоприятных условий для увеличения притока средств иностранных инвесторов является одним из приоритетных направлений политики региона.

В Тульской области создана прогрессивная законодательная база, предусматривающая эффективную систему гарантий и преференций для компаний инвесторов.

Так согласно региональному закону о льготном налогообложении инвестиционной деятельности компания-инвестор может рассчитывать на снижение ставки налога на прибыль до 15,5% и полное освобождение от налога на имущество. В рамках этого закона с 2011 года инвесторы воспользовались налоговыми льготами на сумму более 27 млн. долларов США.

Кроме того, правительство Тульской области предлагает следующие меры гос. поддержки: субсидирование затрат на строительство инженерной инфраструктуры, субсидирование затрат на уплату процентов по кредитам для проведения технологического перевооружения предприятия, содействие при таможенном оформлении, а также государственное сопровождение при прохождении согласовательных процедур на всех этапах реализации проекта для минимизации сроков получения разрешительной документации, содействие в организации программ обучения кадров на базе существующих учебных заведений согласно заявке инвестора.

（2）请把下面地区宣传材料译成俄语。

西安,古称长安,又曾称西都、西京等,是中国历史上建都最早、历时最久的城市。西安市位于黄河流域中部关中平原,海拔424米。辖境东西204公里,南北116公里,总面积为10752平方公里(含西咸新区)。

西安是大陆性气候,四季分明,冬季寒冷,春季温暖,夏季炎热多雨,秋季凉爽。年平均气温13.0～13.4℃。年降水量558～750毫米。年日照时数1983～2267小时。

西安市是陕西省的省会,辖新城、碑林、莲湖、灞桥、未央、雁塔、阎良、临潼、长安、高陵、鄠邑11区及蓝田、周至2县。全市总人口近1000万。

西安地处中国中、西两大经济地域结合部,在全国经济总体布局上具有承东启西、东联西进的重要战略意义。优越的地理区位和深远的历史渊源,使西安成为中国中西部最大的商品流通中心与物资集散地。

西安是一座具有三千余年文明史的城市,长达1200年间多次成为不同朝代的首都。悠久的历史和丰富的人文资源,使西安居中国六大古都之首,是世界四大文明古都之一,著名的旅游中心城市。这里有许多的名胜古迹,其中秦始皇兵马俑举世闻名。

现在西安已成为中国重要的工业尤其是国防工业基地、科技研究基地和高等教育基地。发展迅速的有信息、生物、民用航空航天、新材料、新能源等产业。西安共有7个国家级开发区(西安高新技术产业开发区、经济技术开发区、曲江新区、浐灞生态区、阎良国家航空产业基地、国家民用航天产业基地、国际港务区)和一个国家级新区(西咸新区)。

2018年西安市总产值为8349多亿元,年度财政收入1460亿元。对外贸易总额为3303亿元。

第十七章　招商引资项目翻译

17.0　引言

经济全球化的一个显著标志就是市场和资金流动的全球化。为了促进地区和企业发展，我国地方政府和企业不但"走出去"，而且"引进来"，扩大对外开放，积极对外投资，主动招商引资。

对外招商引资实质上也是对外宣传活动的一种形式。对项目文本进行翻译宣传，可吸引国外的投资者，刺激其投资欲望，促成投资行为，开展生产经营活动，为当地政府和企业带来经济效益，促进地区和企业的发展。虽然对外招商引资起决定作用的是项目本身所包含的相关政策、法规、资源、环境、经济效益等因素，但是对外招商引资项目文本的翻译是一个不可忽视、不可掉以轻心的环节。翻译环节出了问题，如译者不了解相关专业的知识、工作随意、翻译策略使用不当，即使项目其他方面的条件很好，投资者也难以获得准确的信息。自然而然，招商引资效果就会大打折扣，甚至会有损政府和企业形象。

17.1　俄语招商引资项目文本的特征

对外招商引资项目的翻译过程中，为了达到预期的宣传效果，译者就必须了解目的语。为了使招商引资项目的俄文译本成为俄语中的一个典型体裁，使俄语受众能迅速识别并能准确地接受项目文本中的信息，译者应该先储存俄语招商引资项目文本的相关图式，具体地说，译者必须了解俄语招商引资项目文本的文体特征、体裁规范、语言特点，这些知识是译者汉译俄时遣词、造句、谋篇的前提条件和行为指南。

一个有前景的招商引资项目必须通过项目发起人主动地对外宣传推介才能引来投资人，最终产生经济效益。政府和企业为了寻求国际合作，经常会通过各种方式、各种平台宣传政府和企业的招商引资项目，常见的推介方式有：利用出国考察进行项目推介、利用接待国外团队进行推介、利用互联网等现代媒体进行推介、利用传统媒体资源进行推介、借助友好城市关系进行推介、依托举办各种节会进行项目推介。政府和企业依托这些平台宣传自己的特色优势、资源优势、区位优势、环境优势、人才优势、企业优势、产品优势、理念优势等等,以吸引国外政府、企业、投资个体,获取预期的商业效果。为此,俄语招商引资项目文本除了能提供招商引资项目的基本信息(即科仁娜所谓的信息功能 информативная функция)外,其文本还得具有一定的宣传鼓动效力(即科仁娜所谓的感染功能 воздействующая функция),基于俄语招商引资项目文本所具备的信息功能和感染功能,可以确定该文本在俄语中属于新闻文体。况且,新闻文体的两大主要功能不是孤立存在的,新闻文体有不同的体裁,文本的体裁不同,其文本功能就有所差异。新闻文体的功能除了信息功能、教育功能、组织功能、消遣功能外,其最直接的功能是宣传—报道功能,其侧重点在于感染功能。

17.1.1 俄语招商引资项目文本的信息功能

俄语招商引资项目文本的信息功能体现在同表现语言的理性方面联系的一些特点上。这一方面的文体特点就是:

1. 确凿性。主要表现为叙述的客观性和有可靠根据。俄语的招商引资项目文本的信息功能突出,重在用事实说话,意在以"理"(如项目的理念)服人,以"利"(如项目的预期经济效益)动人。政府、企业的项目介绍力求突出项目在各方面的竞争优势,做到信息准确、言之有物、客观可信,忌讳用语夸张浮华、言而无据、过分渲染。例如:

Проект создается на территории центральной Якутии, в 33 км от города Якутска, на левом берегу реки Лена, на природно-ландшафтном парке "Мэчэ-сисэ", общей площадью 5,9 тысячи га.

可以看出,本例中没有主观性太强、彰显情感的词句,因为其目的在于向宣传对象客观具体地报道事实。句子描写精准,数据翔实,语气平稳,句序规整,句子结构严谨完整。

2. 语句严谨、郑重。其目的在于凸显事实、消息的重大意义,这一特点除了表现在语言的称名性质上以外,还表现为文本中句子各成素关系紧密、句式结构严谨和篇章层次分明。例如:

Основная цель проекта: строительство производственного комплекса по глубокой переработке сои – крупного высокотехнологического предприятия, реализующего стационарные многоступенчатые биохимические процессы, связанные с выделением из сои беловых комплексов.

本例中大量使用名词(动名词)凸显该文本的称名性特点,以此来表达文本的郑重性,此外还使用二格名词、形动词、前置词,使句子各成素衔接紧密。

3. 文本叙述在一定程度上具有概括性、抽象性和概念性。之所以具有这一特点是因为招商引资项目文本主要涉及科学技术和经济贸易方面的内容。例如以下项目名称：

Создание импортозамещающих производств стройматериалов и стеновых панелей для быстровозводимого домостроения (строительство домостроительного комбината по производству термоструктурных панелей и пенополистирольных изделий)

本例中没有形象的描述，没有表现力强的词语，只是一些建筑行业的专业术语的堆积，从而体现了招商引资项目文本的概念性和抽象性。与新闻文体的其他体裁相比，招商引资项目文本所指向的读者群是政府代表、企业家、投资人等专业人士，所以该文本在表达上力求绝对准确，它表现在语言的术语化上，具体体现为术语很少有隐喻的用法，广泛使用专业词汇。

17.1.2 俄语招商引资项目文本的感染功能

虽说信息功能是招商引资项目文本的基本功能，但是招商引资项目文本最侧重的、最直接的、最终的功能是感染功能——刺激和鼓动潜在的政府、企业、投资人参与项目合作，实现项目的经济效益。为了更好地体现招商引资项目文本的宣传和感染功能，招商引资项目文本也可具有一定的表现力和鲜明的程式化。

俄语新闻文体其他体裁的表现力体现在语言的"生动活泼，褒贬鲜明，为读者所喜闻乐见"，依赖于"不仅仅是狭义的语义辞格、句法辞格的运用，还应通过生动鲜明的描写、动态和有力的议论等手段的有机结合来得到充分的体现"。（白春仁等，1999：198）富有表现力的语言手段在新闻的不同体裁中使用程度不尽相同，受其内容的影响和限制，俄语招商引资项目文本的语言表现手段有自身的特点。为了加强文本的感染力，可适当地使用一些带有评价色彩的词语，如用来说明项目性质的有褒义色彩的形容词、名词以及表示最高评价的词语等。例如：

① Реализация проекта по созданию особой экономической зоны в Республике Бурятия предполагает строительство всесезонного курорта мирового уровня с высокоразвитой инфраструктурой, крупнейшим горнолыжным курортом на востоке России, крупными центрами SPA-терапии и тибетской медицины.

② Конкурентные преимущества проекта:

- уникальные географические условия;
- удобная транспортная локализация;
- наличие свободных площадок для строительства;
- преференциальный режим предпринимательской деятельности.

适当使用有评价色彩的词语可以提高语言的表现力，但是为了客观传达招商引资信息，俄语招商引资项目文本中很少使用报刊等其他体裁中旨在加强语言感染力和宣传效果的带形象色彩和感情色彩的词语、灵活多样的句式和各种富于形象性和鼓动性辞格（如比喻、排比、层递、对偶、设问、反问、引用等）。

17.1.3　俄语招商引资项目文本——科技文体与公文事务性文体的融合

科仁娜曾经指出："一段话或一部完整的巨著，可能并不一定以纯粹、严格、完整的形式体现出某一功能文体的特点；它可能是某种多层次的修辞现象，这是各文体相互影响的结果，更重要的是因为它反映了某种分文体和某种体裁的特点。"作为新闻文体体裁之一的招商引资项目文本，受其交际对象、交际目的、交际内容、交际方式等的限制，在术语使用方面地道规范，在内容表达方面客观准确，在句子段落衔接方面逻辑关系紧密、层次鲜明。因此可以说，招商引资项目文本在表现方式上更接近于科技文体和公文事务性文体，科技文体和公文事务性文体的语言手段在其中并存。例如：

① Создание комплекса наукоемких производств высокотехнологичных материалов для полупроводниковой промышленности, солнечной энергетики, микро- и оптоэлектроники и других отраслей.

② Капитальные затраты на проект составят свыше 20 млрд. рублей, из которых уже инвестировано 4 млрд.

在同一个文本中，如果说例①带有明显的科技文体的特征，那么例②则是典型的事务性文体用语。

17.1.4　招商引资项目文本的程式化

招商引资项目文本是俄语国家政治经济发展过程中出现的一种新现象、新体裁。为了适应招商引资活动的需求，俄语招商引资项目文本也寻求加强表现力，招商引资项目文本的语言另外一个与表现力有联系的基本文体特点就是它的程式化及由此而产生的招商引资项目文本的固定用语。这些程式化的语言手段方便交际双方，对招商引资项目的发起人来说，使用程式化的语言可大大提高文本编制的效果；对招商引资项目潜在的投资方来说，程式化的语言能大大提高获取必要信息的速度，使他们迅速、有效地获取感兴趣的投资信息。

俄语招商引资项目文本中大量选用科技文体和公文事务性文体的固定用语，科技用语的例证前文已多次出现，在此不再列举。俄语招商引资项目文本中经常使用的经贸用语有дисконтированный срок окупаемости（折现回收期）、чистый приведенный доход（净现值）(NPV)、внутренняя норма рентабельности（内部收益率）(IRR)等等。此外，招商引资项目文本还形成了一套特有的固定句式结构。例如：

① В рамках проекта предполагается строительство следующих объектов:

② Производство товарной продукции планируется начать в 2017 году.

③ Проектом предусматривается дальнейшее развитие и ввод второй очереди комплекса за счет строительства следующих основных инфраструктурных объектов в 2017-2018гг.: ...

④ С 2010 года Кластер представлен на Гонконгской фондовой бирже под брендом IRC.

招商引资项目文本语言的程式化除了体现在词汇、词法、句法手段方面以外，还表现在篇章结构方面，如俄语招商引资项目文本一般由项目名称、项目实施期限、项目描述（项目理念）、项目产能、项目构成、项目经济指标、项目参与方、联系方式等部分组成。

● 课堂练习

请结合所讲内容，分析以下俄语招商引资项目文本的语言特点。

Наименование проекта: "Создание российской части Приграничного торгового комплекса Забайкальск-Маньчжурия"

Краткое описание проекта: Проект предусматривает формирование единой территории, функционирующей в пределах замкнутых границ, имеющей в силу приграничного положения специфический (упрощенный) режим въезда-выезда, перемещения товаров и капитала, производства продукции и предоставления услуг и пользующийся набором льгот. Планируемая торгово-туристическая направленность Приграничного торгового комплекса определена существующей конъюнктурой и тенденциями рынка.

Предлагаемая форма сотрудничества: Создание совместного предприятия, уставный (акционерный) капитал которого формируется на паритетных началах для обеспечения инвестиции в объекты инфраструктуры. Вложения в коммерческие объекты целесообразно осуществлять за счет займов созданной организации, в том числе выданных учредителями.

Контактная информация инициаторов: Бирюков Александр

Сот. тел.: 8-914-520-05-00;

zabinvest@bk.ru

● 翻译举要

17.2 汉语招商引资项目文本的俄译

招商引资项目文本在其产生、发展、完善的过程中形成了自身的特点,为了便于交际也形成了该文本的体裁规范。为了对汉语招商引资项目文本的俄译讲解做铺垫,我们在前文对俄语招商引资项目体裁的语言特征进行了分析。招商引资项目文本有其相对固定的读者群,如政府代表、企业家、投资人等,他们都是一些职业人士,在招商引资项目文本的俄译本中要融入科技文体和公文事务性文体在词汇、词法、句法和篇章层面的成素。同时翻译时要多使用一些俄语招商引资项目文本相沿成习的套语和固定程式,使招商引资项目文本的俄译更规范得体,业内人士一看就明白,方便招商引资领域人士进行交流。

17.2.1 招商引资项目文本翻译中的词汇问题

1. 术语的翻译。前文说过,招商引资文本在内容和表现方式上都更接近于科技文体和公文事务性文体,其中会大量使用具有极强专业性的科技和商务方面的术语,这就要求译者多使用相关专业的参考书和工具书。一般情况下常用的术语在现有的工具书中都可以找到对等的译文,而一些新的术语我们可借助网络词典和搜索引擎,使用"中文→英文→俄文"模式"曲径通幽"。招商引资项目文本中涉及的科技领域难以确定,科技方面的术语种类庞杂繁多,有关其译法我们在科技翻译部分已讲过,所以在这里不再赘述。招商引资项目文本中有关商务方面的专业用语则比较固定,译者要熟知其俄语中对应的表达法,例如:项目实施期限(срок реализации проекта)、项目理念(идея проекта)、项目产能(мощность проекта)、项目内容(состав проекта)、项目目标(цель проекта)、项目任务(задачи проекта)、项目效益(эффективность проекта)、项目经济指标(экономические показатели проекта)、投资额(объем инвестиции)等。

招商引资项目文本会涉及不同专业的术语、行话,这有可能是五花八门的科技术语和相沿成习的商务行话。译者除了需具备一定的双语驾驭能力和熟练地掌握双语的转换技巧外,必须对招商引资项目文本中所涉及的专业知识有所了解。只有这样,才能使自己的译文用语地道、不说外行话。

2. 招商引资项目名称的翻译。招商引资项目的名称如同报刊新闻的标题,表述时都要求言简意赅、用语规范、点明主题、吸引眼球。招商引资项目文本的标题常使用名词性结构,不宜使用感叹句、简略句、设问、反问、逆词序、明喻等富有表现力的句式。招商引资项目文本的标题措辞严谨、描述精确,意在突出招商引资项目的客观性和可信性。众所周知,要吸引潜在的投资者和合作人,重要的是项目自身和项目可能产生的经济效益,而不是项目标题用语的文采华丽或字词组合的多变怪异。翻译时译者要注意如何才能准确地表达招商引资项目标题所含的语义要素。例如：

① "创新工业园区"——"Парк индустриальных инноваций"

② "西安国际内陆港综合投资项目"——"Комплексный инвестиционный проект создания международного внутриконтинентального порта в г. Сиань"

③ "宝鸡市太白山欢乐谷项目"——"Проект по строительству туристско-рекреационного комплекса 'Веселая долина' в горах Тайбайшань г. Баоцзи"

④ "LED 工业园建设项目"——"Создание промышленного парка по производству LED"

通过对以上汉、俄招商项目标题的对比我们可以看出，俄语译文的标题均使用名词或动名结构，术语使用准确，标题各语义成素之间的修饰限定关系明确，词组组合合乎语法规范。整个标题行文地道，完全符合俄语招商引资项目体裁的标题规范，且项目内容一目了然。

3. 项目参与方（企事业单位）名称的翻译。企业名称是由字词组成的语言符号，承载着本企业的生产、经营和文化等方面的信息。公司名称对一个企业将来的发展而言是至关重要的，因为公司名称不仅关系到企业在行业内的影响力，还关系到企业所生产的产品投放市场后消费者对该企业的认可度。企业要想把产品或服务推销出去，首先就要把自身推销出去。一个成功的企业名称译名可以体现企业的内涵和企业的文化，这是一个无声的招牌，是企业参与国际市场的通行证，它能为企业打开国外市场，销售更多的产品和服务，吸引更多的投资者和合作人。

翻译时需注意的是，俄语和汉语中企业组织形式的表达是不尽相同的。汉语中可用"工厂"和"公司"泛指各种类型的企业，而在俄语中由于企业的类别、规模、结构、职权范围等因素不同，就可能有不同的表达方法。俄语中表"工厂"的有 завод 和 фабрика，表示"公司"意义的词有 объединение, фирма, компания, ассоциация, комбинат, корпорация, общество, товарищество 等等。翻译时译者要深入细致地了解该企业的实力、结构，慎重地为其选择译名，力求做到名副其实。关于如何准确地为汉语"公司"选择俄语译名，我们还将在下一章"企业宣传翻译"中详细讲述。

17.2.2 招商引资项目文本翻译中的词法问题

招商引资项目文本受其内容专业性较强所影响，其词法在很大程度上接近于科技文体和公文事务性文体。因文本中概念较多、对项目的描述多、文本称名性强，所以多使用名词。文本中动名词使用的频率也不低，其目的在于使语句表达意义更概括、紧凑；二格名词、形动词、前置词（复合前置词）、连接词使用较多，可使对项目文本中事物或现象关系的描述更严谨和紧凑一点，使文本语言更具逻辑性一些；用于描述和项目文本特点的形容词、动词不定式和带 -ся 动词也不少。例如：

> 为了更加有效地开发华清池及其周边地区，发展做大华清池旅游，进一步提升华清池在全国、全世界的知名度和影响力，进一步提升我省温泉旅游的市场价值和经济效益，计划在2004—2006年期间在占地58亩的地段上建成以温泉沐浴为主体，集"吃、住、行、游、购、娱"为一体的综合性温泉旅游区。

> В целях более эффективного освоения термальных источников Хуацинчи и примыкающих к ним районов, развития и расширения туризма на территории источников Хуацинчи, увеличения их популярности и авторитета внутри страны и за ее пределами, повышения рыночной стоимости и экономического эффекта от туризма в нашей провинции планируется в 2004-2006 гг. на территории 3,87 га создать на основе термальных источников высококачественную комплексную туристическую зону, сочетающую купание, питание, проживание, трансфер, путешествие, покупки, отдых и развлечения.

可以看出，译文中我们所列举的招商引资项目文本的词法特点均有所体现，译文在词法层面完全符合俄语招商引资项目文本的体裁规范。

17.2.3 招商引资项目文本翻译中的句法问题

招商引资项目文本的俄语译文除了词汇、词法外，其句法也接近科技文体和公文事务性文体。招商引资项目文本在句法方面以书卷语句法手段为基础，积极使用多成素词组，从而使简单句复杂化、句子结构更紧凑、表述更严密准确；多使用被动结构、动词不定式；词序为正词序。招商引资项目文本的这些句法特征在上例中也同样清楚地表现出来。

此外，招商引资项目文本中有自己相沿成习的程式化句式结构，如表示项目组成、项目前景、项目产能、项目资金、项目作用等方面的程式化语句。招商引资项目文本中这些语句比较典型，其使用频率也比较高，程式化的特点也比较明显，翻译时可套用俄语中现成的此类句型。例如：

> ① 住宅区由高层楼群（最高至30层）、不高于3层的低层住宅组成，舒适程度各有不同（有精品房到经济房多种等级）。

> Застройка состоит из секционных жилых домов разной этажности (до 30 этажей) с преобладанием малоэтажной застройки до 3 этажей разного уровня

комфортности (от элит – до эконом-класса).

② 拟建社会文化及市政设施。

Предусматривается строительство объектов социально-культурного и коммунально-бытового назначения.

③ 在项目框架内拟建以下项目：

В рамках проекта предполагается строительство следующих объектов:

④ 项目计划组建冶金企业集团，对当地铁矿石原料进行深加工。

Проект предусматривает создание кластера металлургических предприятий, связанных с глубокой переработкой местного железорудного сырья.

⑤ 经济区总面积为6000公顷。

Общая площадь территории особой экономической зоны составляет 6000 га.

⑥ 项目基本建设费用总计超过50亿元，其中已投入10亿元资金。

Капитальные затраты на проект составят свыше 5 миллиардов, из которых уже инвестирован 1 миллиард.

⑦ 计划到2019年达到设计产能。

Выход на проектную мощность запланирован к 2019 году.

⑧ 该企业将提供超过3000个工作岗位。

На предприятии будет создано более 3000 рабочих мест.

⑨ 拟建项目分前后两期。

Создаваемое производство включает в себя две последовательные очереди.

⑩ 实施该项目可以：

——满足人们对高质量肉类产品及其副产品日益增长的消费需求；

——降低本地区肉类产品供应中进口产品所占的比重。

Реализация проекта позволит:

– удовлетворить растущий потребительский спрос на качественную мясную продукцию и субпродукты;

– сократить импортную составляющую в обеспечении населения региона мясной продукцией.

⑪ 住宅、餐饮、娱乐、运动等其他项目的建设正在招商之中。

Ведется поиск инвесторов для участия в строительстве объекта гостинично-ресторанного комплекса и жилых, развлекательных, спортивных объектов.

17.2.4　招商引资项目文本翻译中的篇章问题

招商引资项目文本的俄译文本在篇章结构方面也表现出比较强的程式化特点。一般情况下，俄文招商引资项目的篇章结构由项目名称、项目实施期限、项目理念、项目内容、项目经济指标、项目参与方、联系方式等板块组成。汉语的招商引资项目文本则由项目类别、项目名称、承办单位、项目内容（包括项目位置、项目背景、建设内容、投资优势、投资效益、投资总额、项目进展）、合作方式、联系方式等板块组成。二者对比可以看出，汉语和俄语招商引资项目文本内容从整体上看没有多大区别，只是一些名称、位置、所涉及的部分内容不同而已。

面对两种语言同一体裁存在的篇章结构差异，译者该如何应对？我们认为，翻译时要注意汉、俄招商引资项目文本在篇章上的差异，准确把握汉语招商引资文本的信息结构及内容，对汉语招商引资项目文本的信息进行筛选并对文本的结构进行调整，表达时要借用俄语招商引资项目文本的习惯用语、格式和规范，尽量照顾俄语读者的阅读习惯，从而取得项目最佳的宣传效应。例如：

项目类别	住宿和餐饮
项目名称	财富酒店项目
项目单位	西安曲江楼观道文化展示区管理办公室
项目内容	西安周至楼观财富酒店西临财富文化景区，置于财富文化商业街最北端，按照国际四星级酒店标准设计建造，融合现代建筑理念与绿色生态元素，着力打造周至楼观地区全新定位的商旅休闲、会议居停核心平台。酒店占地面积6780 m^2，总建筑面积约42941.2 m^2，拥有248间各式标准间及套房、14间独具风格的餐饮包间及数个设施完备的会议室、宽敞大气的宴会大厅。 合作方式：合作开发 投资效益：项目建成后，预计可实现年收入×××元，年均利润×××元，回收期×××年。
投资额（人民币万元）	×××万元
联系方式	1. 联系人：××× 2. 通信地址：××× 3. 邮政编码：××× 4. 电话：××× 5. 传真：××× 6. 电子信箱：×××

Проект: "Строительство гостиницы 'Фортуна'"

Идея проекта: Гостиница "Фортуна" расположена в селе Лоугуань уезда Чжоучжи г. Сиань, в северной части торговой улицы "Фортуна", примыкая с запада к культурно-ландшафтному парку "Фортуна". Проект удовлетворяет международным стандартам 4-звездочных отелей, интегрирует современную архитектурную концепцию и экологические элементы и направляет усилия на создание основной платформы для нового позиционирования делового и развлекательного туризма в селе Лоугуань уезда Чжоучжи.

Состав проекта: Общая площадь гостиницы 6780 кв.м., общая площадь застройки – 42941,2 кв.м., в гостинице расположено 248 стандартных номеров и апартаментов, 14 отдельных обеденных залов в оригинальном стиле, несколько полностью оборудованных конференц-залов и большой банкетный зал.

Форма сотрудничества: совместное освоение

Эффективность капиталовложений: После окончания строительства планируется ежегодный доход в объеме _____ юаней, среднегодовая прибыль – _____ юаней, срок окупаемости – _____ лет.

Участники инвестиционного проекта: ...

Инициаторы проекта: Дирекция демонстрационной зоны даосской культуры Лоугуань, правительство уезда Чжоучжи.

Инвесторы: Административный совет нового района Цюйцзян

Контактная информация:_____

Контактные лица:_____

Почтовый адрес:_____

Почтовый индекс:_____

Телефон:_____

Факс:_____

Электронная почта:_____

可以看出,原文和译文在内容和结构上存在一定的差异。俄语译文中我们对汉语信息进行了相应的筛选和整合,篇章结构也发生了一些变化,如对原文中一些板块的次序作了调整,使之更加符合俄文招商引资项目文本的体裁规范和俄语读者的阅读习惯。翻译招商引资项目文本时,译者要把握住该文本的具体功能,根据其文体和体裁方面的要求,采用相应的翻译策略,使汉、俄文本功能对等,达到项目宣传的效果。汉语招商引资项目文本的译文只有做到俄语表达的得体,才能符合俄语读者的阅读习惯,才能易于激发他们的阅读兴趣,最终产生投资合作意愿，完成招商引资项目对外宣传的任务。

● **主题词汇**

产业园区 индустриальный парк, технопрк
到位资金 фактически вложенный капитал
高新技术产业 отрасли высоких и новых технологий
供货贷款 кредиты на поставку товаров
股份制 акционирование
合资 совместное предпринимательство
合作生产 производственная кооперация
合作形式 форма сотрудничества
互惠共赢 взаимная выгода и взаимный выигрыш
减税降费 сокращение налогов и денежных сборов
借贷 займы
经济效益 экономическая эффективность
特许经营 франчайзинг
投资估算 оценка капиталовложения
投资环境 инвестиционный климат
投资结构 структура инвестиций
投资期限 срок вложения
投资项目参与方 участники инвестиционного проекта
土地出让金 плата за трансфер земли
外包 аутсорсинг
五通一平 пять коммуникаций (вода, электроэнергия, дороги, связь, газ) и ровная поверхность (принцип подготовки перед строительством; выравнивание участков земли)
实际利用外资 практически использованный капитал
科技成果产业化 внедрение научно-технических достижений в сферу производства
科技成果商品化 коммерциализация достижений науки и техники
科技工业园区 научные промышленные парки
企业孵化器 бизнес-инкубатор
七通一平 семь связей (транспортное сообщение, почтовое сообщение, водоснабжение, энергоснабжение, газоснабжение, теплоснабжение) и одно ровное место
三通一平 снабжение водой, электричеством и открытие транспортного сообщения и выравнивание участков земли
项目发起方 инициатор проекта
项目介绍 описание проекта
项目经济指标 экономические показатели проекта
项目名称 наименование проекта
项目内容 состав проекта
项目实施期限 срок реализации проекта
项目投资方 инвестор проекта
项目一期 первая очередь проекта
营商环境 деловая среда
招商引资 привлечение инвестиций
直接投资 прямые инвестиции
自筹资金 самофинансирование

● 课后练习

1. 回答问题
（1）俄语招商引资项目文本有哪些文体特征？
（2）俄语的招商引资项目文本一般由哪几个部分构成？
（3）如何翻译汉语招商引资项目文本？

2. 佳译欣赏

Проект: Парк индустриальных инноваций **Сроки реализации:** 2018-2020 годы **Цель проекта:** создание зоны инновационного развития "Парк индустриальных инноваций" – площадки с подведенной инфраструктурой (газ, вода, электроэнергия, автомобильные и железнодорожные пути) для размещения новых инновационных экологически чистых производств с высоким уровнем технологий. Важнейшие целевые индикаторы и показатели: – сети водоснабжения и водоотведения мощностью не менее 7,5 тыс. куб.м/сутки; – сети газоснабжения мощностью не менее 12,5 тыс. куб.м/час; – автодороги – не более 2 километров от федеральной трассы М5; – объекты энергоснабжения мощностью не менее 10 МВт. **Участники инвестиционного проекта:** **Инициатор проекта:** Правительство Челябинской области. **Инвестор:** Правительство Челябинской области. **Соинвесторы:** компании, создающие на территории Парка индустриальных инноваций высокотехнологичные производства.	**项目：创新工业园** **实施期限：**2018—2020 **项目目标：**建立"工业创新园"创新发展区——配有基础设施的场地（天然气、水、电、公路及铁路），该场地将用于建设采用清洁生产技术的创新型高科技企业。 重要建设指标及数据： ● 供水及排水管网的流量不低于7500立方米/天； ● 天然气供应管网的通过量不低于12500立方米/小时； ● 公路——距离联邦公路M5线不超过2公里； ● 供电设备的通过电量不低于10兆瓦。 **投资项目参与方：** **项目发起方：**车里雅宾斯克州政府。 **投资方：**车里雅宾斯克州政府。 **合作投资方：**建在高科技创新工业园内的公司。

Контактная информация: Министерство экономического развития Челябинской области Адрес: г. Челябинск, пр. Ленина, 57 Телефон:007-351-2637754 Факс: 007-351-2630007 Internet: www.econom-chelreg.ru E-mail: cecon@chel.surnet.ru	**联系方式：** 车里雅宾斯克州经济发展部 地址：车里雅宾斯克市，列宁大街，57号 电话：007-351-2637754 传真：007-351-2630007 网址：www.econom-chelreg.ru 电子邮箱：cecon@chel.surnet.ru

3. 翻译实践

（1）请将以下项目介绍译成汉语。

Планируется, что общие инвестиции в индустриальный парк к 2021 году превысят 10 млрд. рублей. На размещенных предприятиях будет создано свыше 3 тысяч рабочих мест.

В настоящее время проводятся инженерно-геодезические, геологические и экологические исследования на площадке. Разрабатывается проект планировки индустриального парка. Получены технические условия на подключение к электросетям Федеральной сетевой компании мощностью 100 МВт, готовится конкурсная документация на разработку проекта питающей подстанции. Прорабатываются вопросы газо- и водоснабжения, водоотведения.

В дальнейшем в указанном индустриальном парке предусмотрено строительство питающего центра мощностью 100 МВт, организация газоснабжения мощностью 250 млн. куб. метров в год, водоснабжение и водоотведение и очистка мощностью 4 000 куб. метров в день. Будут построены подъездные автодороги и железнодорожные тупики.

К настоящему времени произведены инженерные изыскания (геодезические, геологические, экологические, археологические), разработан проект планировки, получены технические условия на технологическое присоединение к электросетям в объеме 100 МВт, ведется разработка рабочего проекта подстанции (110 Кв) мощностью 100 МВт (срок исполнения – декабрь 2019 года), прорабатываются технические условия на подключение газа, получены технические условия на организацию временного электроснабжения на участке мощностью 1 МВт.

До конца 2019 года на участке начнутся работы по выравниванию (вертикальной планировке）площадок для размещения первых резидентов.

（2）请将以下招商引资项目文本译成俄语。

项目：**创建大豆深加工业**

项目实施期限：2019—2021 年

项目构思：建造大豆深加工综合生产企业——采用定态多级生物化学生产流程从大豆中提取蛋白复合体的大型高科技企业。

项目产能：每年加工 3 万吨大豆。

项目构成：

拟建项目分前后两期：

一期：

● 建设年产能为 4500 吨豆油和 2 万吨食用油粕的工厂；

● 建设年产能为 5000 吨大豆分离蛋白和 3500 吨干油渣饼饲料的企业。

二期：

● 建设年产能为 5000 吨组织蛋白和 4000 吨脱脂大豆蛋白粉的企业；

● 建设年产能为 500 吨浓缩卵磷脂和 50 吨改良卵磷脂的企业。

项目经济指标：

投资额：6000 万元

折现回收期：40 个月

净现值（NPV）：1.3 亿元

内部收益率（IRR）：56%

项目投资参与方：×××

项目发起方：×××

投资方：×××

联系方式：×××

第十八章 企业宣传翻译

18.0 引言

现代经济的发展使企业及产品的竞争已不仅仅局限于一个地区、一个国家范围之内，这种竞争已经扩展到国际大市场之中，在这个背景下企业对外宣传应运而生。企业宣传是沟通企业与社会、企业与消费者的桥梁。

企业宣传同样也是对外宣传活动的一种形式。企业外宣主要是企业借助国际性的恳谈会、对接会、促销现场、论坛节会、招投标、招商融资、项目洽谈、产品发布会、广播电视、报纸杂志、互联网等平台或渠道，通过各种手段和形式介绍企业及其产品的相关信息，达到塑造企业形象、扩大企业知名度、吸引合作伙伴或消费者的目的，最终是为企业赢得更多的市场份额。企业宣传翻译已成为对外宣传企业、寻找国际合作伙伴、宣传推销产品、开发国际市场的重要手段，而宣传材料翻译的成功与否决定宣传的效果，关乎企业的效益。

18.1 企业宣传的文体特征

企业宣传材料一般包括企业概况（成立时间、性质、生产领域、规模等）、管理体系、运营模式、主要产品或业务、企业业绩、资质荣誉、企业文化、企业与社会等信息。

从企业宣传的定义可以看出，企业宣传的主要功能是信息功能，旨在传达与企业及产品有关的信息。企业宣传的另外一个功能是说服、影响、感染功能，通过宣传材料使合作伙伴或消费者产生合作或购买的欲望和行为。从这一点来讲，企业宣传文本整体上也属于新闻和政论文体，由于宣传的主要内容是科技产品生产或产品的营销，因此企业宣传文本离不开科技文体和公文事务性文体的成分，它是多种文体的融合。

通过对比可以发现，作为同一类型的文体，企业宣传汉、俄两种文本在某些功能表现方式上是相同的，而在一些功能表现方式上是有差异的。

18.1.1 企业宣传的信息功能

信息功能是企业宣传的主要功能，俄、汉两种语言在表达这一功能时文体特征基本是一致的，其语言客观朴素、信息表达清晰、表述方式直截了当。试对比体会：

① 中国石油天然气集团有限公司（以下简称中国石油）是1998年7月在原中国石油天然气总公司基础上组建的特大型石油石化企业集团，2017年12月完成公司制改制。

② ЛУКОЙЛ – одна из крупнейших публичных вертикально интегрированных нефтегазовых компаний в мире, на долю которой приходится более 2% мировой добычи нефти и около 1% доказанных запасов углеводородов.

18.1.2 企业宣传材料的感染功能

企业宣传中最能感染人、吸引人的是企业的实力、战略、机制、人才、产品质量、营销、效益、创新、企业文化等客观因素。例如：

① Газпром добывает более 10% мирового и более 60% российского природного газа, обладает монополией на экспорт. Владеет шестой частью мировых запасов газа и более 70% российских.

② 2017年，中石油在世界50家大石油公司综合排名中位居第三，在《财富》杂志全球500强排名中位居第四。

①和②例罗列了与企业实力相关的客观事实，没有使用渲染的词汇，只是用了一些数据，使企业实力令人信服。

由于俄、汉两种语言文化的差异，在企业宣传文本中用语行文会不同。试比较：

③ "Газпром" видит свою миссию в надежном, эффективном и сбалансированном обеспечении потребителей природным газом, другими видами энергоресурсов и продуктами их переработки.

Стратегической целью является становление ПАО "Газпром" как лидера среди глобальных энергетических компаний посредством диверсификации рынков сбыта, обеспечения надежности поставок, роста эффективности деятельности, использования научно-технического потенциала.

④ 愿景、使命与战略

华为致力于把数字世界带入每个人、每个家庭、每个组织,构建万物互联的智能世界:让无处不在的连接,成为人人平等的权利;让无所不及的智能,驱动新商业文明;所有的行业和组织,因强大的数字平台,而变得敏捷、高效、生机勃勃;个性化的定制体验不再是少数人的专属特权,每一个人与生俱来的个性会得到尊重,潜能会得到充分的发挥和释放。

通过对比③和④例看出,针对同一内容俄、汉表述有明显的差异。较之汉语,俄语宣传文本显得语言平淡,简约通俗。汉语文本为了加强宣传材料的感染力习惯用四言八句,其中还刻意运用对偶平行结构,使人感到言辞华美、文采飞扬。

18.1.3 企业宣传——多文体成素的融合

企业宣传文本由诸多板块组成,比如企业历史、企业结构(股东结构)、经营理念、企业生产、企业研发、企业产品、企业经营、资质荣誉、售后服务、社会责任等等。板块不同,行文就有所差异,有的板块可能科技文体特征鲜明一些,有的板块则显现出公文事务性文体特征,有的板块则带有一定的新闻、政论、文艺色彩。例如:

① ПАО "Газпром" – глобальная энергетическая компания. Основные направления деятельности – геологоразведка, добыча, транспортировка, хранение, переработка и реализация газа, газового конденсата и нефти, реализация газа в качестве моторного топлива, а также производство и сбыт тепло- и электроэнергии.

② 中石油是国有独资公司,是产炼运销储贸一体化的综合性国际能源公司,主要业务包括国内外石油天然气勘探开发、炼油化工、油气销售、管道运输、国际贸易、工程技术服务、工程建设、装备制造、金融服务、新能源开发等。

③ Компания обеспечивает поставки, настройку, ввод в эксплуатацию, обучение персонала, гарантийное обслуживание и консультации по применению систем оборудования.

④(中石化)企业文化是构成企业核心竞争力的关键所在,是企业发展的原动力。以"爱我中华、振兴石化"的企业精神和"三老四严""苦干实干""精细严谨"等优良传统为重要内涵的企业文化在中石化的改革中起到了有力的引领与支撑作用。

例①和②术语多、表述严谨,明显带有科技文体特色,例③表达企业的责任和义务,属于公文事务性文体,而例④不管是句意、用语、选词都彰显政论文体的特点。

18.1.4 企业宣传的程式化

从篇章结构上讲,企业的宣传文本由内容不同的板块组成,一般包括企业概况(成立时间、性质、生产领域、规模等)、管理体系、运营模式、主要产品或业务、企业业绩、资质荣誉、企业文化、企业与社会等。而不同板块中也使用各自的程式化的用语(详见"主题词汇"部分)和程式化的句式结构。例如:

① XXX 国际服饰公司是一家集设计、生产、销售为一体的服饰企业集团,现旗下拥有XXX 等多家子公司。

② Компания входит в четверку крупнейших производителей нефти в Российской Федерации. "Газпром" также владеет крупными генерирующими активами на территории России. Их суммарная установленная мощность составляет порядка 16% от общей установленной мощности российской энергосистемы. Кроме того, "Газпром" занимает первое место в мире по производству тепловой энергии.

③ В своей деятельности Компания руководствуется принципами устойчивого развития и старается достичь равновесия между социально-экономическим и природно-экологическим развитием. Концепция устойчивого развития Компании включает ...

④ 公司以平等互利为原则,以薄利多销、履约守信、热情服务为经营宗旨,积极发展对外友好合作与贸易往来。

⑤ ЛУКОЙЛ получил сертификат Всероссийского общества охраны природы.

可以看出,俄、汉企业宣传文本的不同板块常常使用比较固定的句式结构,如表示企业组成、企业产能、企业地位、企业宗旨、企业原则和理念的句式结构等。

● 课堂练习

请对比分析以下两则企业宣传文案,指出其行文有何差异。

Компания "Яндекс"

История Яндекса началась задолго до образования компании – еще в начале 1990-х годов. А компания "Яндекс" появилась в 2000 году – через три года после запуска портала yandex.ru. Тогда команда насчитывала 25 человек, а все данные помещались на одном сервере. Сейчас у Яндекса есть офисы и представительства в девяти странах, там работают около 8000 человек. В России, откуда Яндекс родом, его поисковая доля составляет 56,4% (Яндекс. Радар, март 2018). Сервисами и мобильными приложениями Яндекса пользуются 90,4% аудитории интернета в российских городах с населением от 100 тысяч человек (Mediascope Web Index, ноябрь 2017, пользователи от 12 до 64 лет, с учётом мобильных устройств). Компания работает также в Беларуси, Казахстане и Турции.

  Основной доход Яндекса получает от продажи рекламы. Технологии Яндекса позволяют размещать рекламу на десктопных и мобильных устройствах и таргетировать её на нужную аудиторию. Компания предлагает комплексный сервис для работы со всеми видами рекламы-Яндекс. Директ, а также аналитические инструменты для оценки эффективности рекламных кампаний.

  В 2002 году компания стала самоокупаемой. С тех пор доходы Яндекса постоянно растут. В мае 2011 года Яндекс провел размещение акций на NASDAQ – фондовой бирже, специализирующейся на высокотехнологичных компаниях.

××集团宣传文案

  雄踞江河、飞瀑湍流的水电站,岿然屹立、固若金汤的大堤,宽阔平坦、绵延不绝的公路,挺拔雄伟、鳞次栉比的大楼,纵横交织、遍布田野的灌渠,金碧辉煌、人流熙熙攘攘的商城,这是人类生产力飞越的标志,是伟大创造力的展示,也是××人气势磅礴、激越雄浑的建设乐章,是装点锦绣河山、打造美好家园的洪钟大吕、时代强音。××集团,一面龙江水利建筑工程领域里高扬的旗帜。

● 翻译举要

18.2 企业宣传翻译

  企业的名称、产品的品牌,就其实质来说,是企业的一种极其重要的无形资产,而且还具有实实在在的资产增值功能,可使企业在开拓市场的过程中获得巨大的利益回报。而在对外广告宣传中,企业名称、产品品牌的正确翻译、妙译则与企业能否拓展国外市场、获得利益密不可分。我们熟知的"奔驰、宜家、露华浓、香奈儿、欧莱雅、娇韵诗、雅诗兰黛、可口可乐、百事可乐、万宝路"等品牌名都是企业宣传方面非常成功的译例。

18.2.1 企业名称的翻译

  1. 企业的性质及其译名。在现阶段,我国多种经济成分并存,译者必须熟知其类型并运用合适的俄语译名。现将我国企业类型及其译名分述如下:

  集体企业——коллективное предприятие

国有企业——государственное предприятие

私人企业——частное предприятие

乡镇企业——поселково-волостное предприятие

股份制企业——акционерное предприятие

全资民营企业——предприятие со стопроцентным частным капталом

中外合资股份企业——совместное акционерное предприятие

中外合作经营企业——совместное кооперационное предприятие

外商独资企业——иностранное предприятие (предприятие со стопроцентным иностранным капиталом)

2. 了解企业汉语名称的内涵,寻找对等的俄语译名。要想准确地再现企业名称的内涵,译者首先要理解企业名称中各组成部分的含义,才能采用合适的翻译策略为企业选择规范的译名。

汉语中可用"工厂"和"公司"来泛指各种类型的企业,而在俄语中由于企业的规模、类别、结构、职权范围等因素不同,就可能有不同的表达方法。俄语中表示"工厂"的有"завод"和"фабрика",而表示"公司"的有"объединение, фирма, компания, комбинат, ассоциация, корпорация, общество, товарищество"等等。翻译时译者要深入细致地了解该企业实力和结构,慎重、恰当地为其选择译名,力求做到名副其实。下面介绍一下俄语中表示"公司"词语的内涵。

объединение —— 多指国家部委所属、有涉外权和独立法人资格、较为大型的组织机构。

фирма —— 指贸易或工业公司,一般为"объединение"的下属业务部门,不具有法人资格。

компания —— 指从事商业、贸易、工业、建筑等业务比较单纯的机构,一般为独立法人,但不具有专营权。

комбинат —— 指不同门类的工业企业在技术、动力、经济组织等方面紧密结合的综合体,其中一企业的产品为另一企业的原料或半成品。

ассоциация —— 指各个企业横向联合组成的多功能综合公司。

холдинг —— 一种握有公司的多数股份,以操纵公司营运方针为目的的公司。

корпорация —— 一般指跨国垄断集团公司。

общество, товарищество —— 表示"公司"之义,已属古旧词,但现在依然运用较为广泛。一般多用包含这两词的固定结构"акционерное общество (товарищество) с ограниченной ответственностью (股份责任有限公司)",其中又分为"закрытое акционерное общество (акционерное общество закрытого типа)(封闭型股份公司)(指公司股票不公开出售)"

和"открытое акционерное общество(акционерное общество открытого типа)(开放型股份公司)(指公司股票对外公开出售)"两种形式。

3. 了解俄语企业名称的结构,选择企业名称的最佳译名。我国企业的名称可能包含企业注册所在地的行政区划、企业的商号、企业的生产对象或经营范围和企业的组织形式等四个方面的因素。一般情况下,企业注册地名称采用音译 + 意译;企业的商号多采用音译,国际知名企业也可直接借用其英文译名或英文缩写;一些企业的商号可使用意译方法译出;企业的生产对象或经营范围一般用形容词词组作一致定语、二格名词或前置词词组作非一致定语;企业的组织形式则采用意译方法译出。例如:

西安绿谷制药有限公司——OOO "Сианьская фармацевтическая компания 'Зеленая долина'"(企业注册地名称采用音译 + 意译,企业的商号采用意译方法译出)

华为集团——Корпорация Хуавэй(Huawei)(企业的组织形式使用意译方法,企业商号用音译或借用英文名)

中国石油化工集团公司——Китайская нефтяная и химическая корпорация(Sinopec)(形容词作一致定语,限定企业的经营范围)

陕西煤业化工集团有限公司——OOO "Шэньсийская корпорация угольно-химической промышленности"(二格名词作非一致定语,限定企业的经营范围)

中核陕西铀浓缩有限公司——OOO "Шэньсийская компания по обогащению урана при Китайской государственной корпорации ядерной промышленности(CNNC)"(前一个前置词结构用来限定企业经营范围,后一个前置词结构用来表示企业的归属关系)

18.2.2 产品品牌的俄译

汉语产品品牌在俄译时,一般可根据其构成可相应地采用音译、意译、音意合译、形意合译等译法。目前纯粹的音译在汉译俄实践中还用得很少,如 "阿里巴巴"(Али-Баба)、"华为"(Хуавэй)、"中兴"(Чжунсин)、"海尔"(Хайэр)、"万达"(Ваньда)等只需音译便可表明品牌。我们相信,随着我国经济的发展、企业实力和产品质量的提高、企业及品牌对外广告宣传力度的加大,在不远的将来在我国定会出现更多只需音译的名牌企业或名牌产品。

产品品牌外译时要遵循的原则是:字句通俗,不晦不涩,行文通顺,言简意赅,引人注目。"字句通俗"旨在方便广大消费者;"不晦不涩、行文通顺"旨在使消费者能顺利理解所表达的信息。如果行文不通,那么用户就会困惑不解,就可能对产品宣传的严肃性产生怀疑,进而就会不信任产品的质量。"言简意赅"是指品牌名称简明扼要,有利于提高宣传的效果。若企业名称或产品品牌的译名过长,不管是在视觉还是在听觉上都会使消费者产生厌烦情绪,最后影响的还是宣传效果。我们不妨比较下面译例:

"长安汽车"——宜译为 "автомобиль Чанъан"(音译),不宜译为 "автомобиль 'Долгий мир'"（意译），因为"Чанъан"比"Долгий мир"要简洁得多。

"熊猫电视"——宜译为"телевизор марки 'Панда'"（意译），不宜译为"телевизор марки 'Сюнмао'"（音译）。虽然"Панда"与"Сюнмао"音节长短近似，但是"Панда（熊猫）"是中国和俄罗斯读者都喜欢的一个动物形象，用意译自然比音译更妙一些。

品牌的翻译中除了意译、音译、意形合译诸法以外，还有一种方法也可以使用，我们不妨称之为"音意聚合法"。该方法使用的场合并不太多，它要求译者学识渊博、思维灵活多变、善于发挥创造性思维。目前用此法汉译俄成功的译例微乎其微。我们在此不妨尝试一番。例如，"科龙空调"——我们不妨译为"кондиционер марки 'Крона'"。初看起来，"крона"与"科龙"（若取俄语中与"科龙"发音相近的词"клон"，则会使人觉得你的产品有"克隆"他人产品之嫌；音译为"кэлун"；意译为"научный дракон"；音译与意译相比较，音译要好于意译，其原因将在第二十章"语言文化与翻译"中讲述）毫无联系，但是"крона"一词重音在 [о] 上，词尾的 a 弱化，所以"крона"一词不但音与"科龙"相近，且"крона"在俄语中有"树冠"之意。试想一下，该译名若再配上造意含蓄、构思巧妙的"树冠"图案，就可使人联想到夏日炎炎似火烧，有一种大树底下好乘凉之感受，从而使得整个俄译商标（包括文字和图案）贴切地体现出汉语商标的意义，也提高了广告宣传的效应。

针对译名翻译，严复有句名言："一名之立，旬月踟蹰。"从这一经验之谈中可以看出译者在选择译名时需要的责任心和工作的艰辛。企业名称和产品品牌的翻译是一个很重要的问题，其译名一旦确定便会固定下来，在以后的对外宣传文本、企业的合作文件中就会反复使用，所以译者需要认真斟酌。翻译时首先要对原语企业名称和产品品牌的内涵有一个较深的理解，其次在表达时要力争译名准确、用语通俗易懂，能照顾到译语在表达企业名称和产品品牌时的用词习惯、语法结构、受众的社会文化环境和心理状态。

18.2.3　再现企业宣传文本的文体功能

新闻和政论文体的两大功能为报道功能和宣传鼓动功能，而企业宣传的功能和目的在于宣传企业，寻找国外合作伙伴，或推销产品，拓展国际市场。由此看来，新闻和政论文体与企业宣传的功能完全吻合，可以认为，企业宣传文本属于新闻和政论文体，是其分体之一。

18.2.4　再现企业宣传文本的信息功能

对外广告宣传的信息功能是对外广告宣传的直接功能，其目的在于宣传企业及产品，即介绍企业性质、规模、业务范围、信誉和产品用途、特点、质量等与企业形象或产品形象相关的信息。请对比以下译例：

① "天狮"——是一个集科、工、贸、房、文、教、服、交为一体的多领域跨国公司。

"Тяньши" – многоотраслевая транснациональная корпорация, объединяющая научные исследования, промышленность, торговлю, недвижимость, образование, культуру, обслуживание, транспорт.

② 产品获 ISO-9000-9002 国际质量认证和美国 FDA 体系质量认证。

Продукция имеет международный сертификат качества ISO-9000-9002 и сертификат качества по системе FDA(США).

③ 有五大类五十多个产品畅销二十多个国家和地区。

Более 50 марок 5 видов продукции пользуются большим спросом в двух десятках стран и регионов мира.

④ 公司固定资产逾五亿元,年产值九千万元,利税五百万元,创汇一百万美元。

Основные фонды оцениваются в 500 с лишним млн. юаней. Каждый год производится продукция на 90 млн. юаней. В бюджет государства перечисляется 5 млн. юаней в качестве налогов с прибыли, доход в иностранной валюте составляет один миллион американских долларов.

⑤ 近年来,公司在国际市场上获得广泛认可,获16座奖杯、49块奖章、143项认证、167项荣誉。

За последние годы корпорация заслужила большое признание на международном рынке, получила 16 кубков, 49 медалей, 143 сертификата, 167 почетных знамен.

⑥ 天威集团前身为成立于1958年的保定变压器厂,1995年改制为国有独资企业。

Группа Тяньвэй – это бывший Баодинский трансформаторный завод, основанный в 1958 году и в 1995 году преобразованный в государственное унитарное предприятие.

⑦ 中国核能电力股份有限公司在上交所成功挂牌上市。

Акции китайской компании ядерной энергетики CNNP котируются на Шанхайской фондовой бирже.

通过对比以上例子可以看出,汉语原文的主要功能是给合作伙伴或消费者提供与企业相关的客观、真实的信息,所以在翻译时准确真实再现原文所表达信息是企业宣传文本翻译的根本任务。另外,俄语表达要规范,文从字顺,通晓达意,朴素自然。

18.2.5 再现企业宣传文本的感染功能

企业宣传的吸引感染功能(或称之为宣传鼓动功能)是企业宣传的指向功能和最终目的,其侧重点在于刺激消费者,鼓动他们购买和使用本企业的产品,或吸引国外合作伙伴,鼓

励他们投资合作,进行贸易或产品开发,最终达到拓展或开发国外市场之目的。请对比:

① 切莫错失良机!生意成功等待着您!
Не упустите свой шанс! Коммерческий успех ждет вас!
② 我们公司热诚欢迎国内外各界人士前来投资、洽谈、进行贸易科技合作。
Наша компания сердечно приглашает иностранных предпринимателей для инвестирования, торговли и экономического, научно-технического сотрудничества.
③ 公司坚持平等互利、讲究实效、形式多样、共同发展的方针。
Компания придерживается курса на равенство и взаимную выгоду, стремление к практическим результатам, многообразие форм и достижение совместного развития.

前文已讲过,俄语企业宣传文本对合作伙伴和消费者所起的影响功能主要靠的是企业的实力、产品的性能和企业的信誉,因此其文本中充满情感的、富有渲染色彩的语句用得很少。汉语企业宣传文本则有所不同,为了打造企业形象和吸引合作伙伴或消费者,文本字里行间常常是文气洋溢、情感四射。最典型的是,为了加强感染力,汉语文本中主观评价性的词汇充斥其间,四字词使用较多,同义和近义词堆砌,对偶句式用得多。企业宣传文本汉译俄时一定要考虑到俄语企业宣传文本的行文规范,要顾及俄语读者的阅读习惯,抓住汉语文本中实质性的内容。可对汉语原文的词句进行删减,对过分渲染的笔墨进行加工,汉语原文中的语段或篇章要按照俄语叙事论理的习惯进行重组。

18.2.6 再现企业宣传文本的多文体特征

企业宣传文本与新闻和政论文体一样,由于宣传报道的内容不同,这些宣传材料中又不乏新闻文体、政论文体、公文事务文体、科技文体、文学文体的成分,文体渗透现象比较明显。翻译时要考虑到企业宣传文本的这一特点,使用俄语相应的语言手段合理、得体地把这些特点再现出来。

1. 再现企业宣传文本中的公文事务性文体成素。企业宣传文本中包含寻求合作伙伴、介绍合作范围、承担义务等事务文体方面的内容。例如:

① 公司负责供应货物,安装调试,投产使用,培训人员,保修服务,操作咨询。
Компания обеспечивает поставки, настройку, ввод в эксплуатацию, обучение персонала, гарантийное обслуживание и консультации по применению систем оборудования.
② 公司承接各种航空产品、机电产品的来图、来料、来样和来件加工及装配。
Объединение выполняет обработку и сборку продукции авиационной,

механической и электротехнической промышленности по чертежам, материалам и образцам, предоставленным заказчиком.

③ 我们可按用户的设计、图样生产电子元件，也可为新产品设计电子部件。

Мы готовы изготовить по разработкам и чертежам заказчика отдельные электронные компоненты, осуществить разработку электронных блоков для новых изделий.

④ 公司保证其生产产品的质量。

Компания гарантирует качество выпускаемой ей продукции.

⑤ 公司负责供货和对其产品提供跟踪服务。

Компания осуществляет поставку и сервисное сопровождение ее продукции.

⑥ 公司可对其产品和用户予以广告支持。

Компания осуществляет рекламную поддержку ее продукции и клиентов.

以上译例说明，在翻译包含有事务文体的企业宣传材料时，要兼顾事务文体的特征，要使用正式、严肃的书面用语，多使用动名词、现在时、判断句和陈述句，同时译文语言要明确简练、句子结构要完整、表达要严谨。

2. 再现企业宣传文本中的科技文体成素。企业宣传文本包含有工业企业的介绍、工艺流程的介绍、工业产品的介绍（产品的技术性能、型号、技术参数、使用范围、维修养护）等科技文体成素，涉及一定的专业领域，翻译时译者除了要熟悉相关的专业知识，还需掌握俄语科技文体语言特点。例如：

① 这种摄像机运用先进的超大规模集成电路技术。

При создании видеокамеры использованы сверхъемкие интегральные схемы.

② 这种检测仪有检测手段简易、省时、准确度高等特点。

Этот аппарат отличается простотой в обращении, быстротой и точностью измерений.

③ 家用电吹风机用于快速吹干头发、卷发和烫制各种发型。

Электрофен бытовой предназначен для ускоренной сушки, завивки, укладки волос и моделирования причёсок различной сложности.

翻译包含有科技内容的企业宣传文本时，要考虑到译文的科技文体特征，选词造句要使用书面语，表达力求精确严密和逻辑性强。首先是要准确地选择汉语科技术语在俄语中的对等译名，其次是行文要符合俄语科技文体的规范，多使用陈述句，句子要完整，句子内部、句子与句子之间衔接要紧密。

3. 再现企业宣传文本中的政论文体和文学文体等特点。企业宣传文本会融入文学文体、政论文体及口语成分：汉语企业宣传材料为了增强文本的表现力，常常会使用一些富有表现力的手段和方法（如比喻、夸张等），用来加强企业宣传语言的鼓动性，提高企业宣传的感染力和吸引力。例如：

① 以人为本，诚信至上。
Ориентация на потребности людей, честность – прежде всего.

② 信守合同，质量第一。
Строгое соблюдение контракта, качество превыше всего.

③ 产品用料考究，花色美观大方，质量上乘。
Качество прекрасное, дизайн элегантный, материал роскошный.

④ 世界一流质量，耗电极少，性能可靠，维修方便。
Мировой уровень качества, минимальный расход электроэнергии, высокая надёжность работы, простота ремонта.

⑤ 崭新的型式！独一无二的构造！
Новая модель! Незаменимая конструкция!

⑥ 我们愿与国外公司携手合作，共创美好未来！
Мы готовы сотрудничать с иностранными компаниями во имя светлого будущего!

⑦ 我们的团队朝气蓬勃，年轻有为。
Наш коллектив молод, энергичен и талантлив.

汉语企业宣传文本常常会使用一些富有表现力的手段和方法，用来提高企业宣传的感染力和吸引力。汉译俄时可以把一些评价性的词语恰当地用俄语相应的手段和方法再现出来，使原文和译文有同样的感染力和吸引力。但是一定要注意汉语和俄语企业宣传文本用语行文的差异，俄语文本中忌讳复制汉语文本中那些旨在加强语言感染力和宣传效果的各种修辞手段，该取舍时要取舍，需重组则重组，剔除浮华行文和虚饰内容。

另外需要补充的是，企业宣传文本与广播、电视等媒体上的商业广告有所不同。广播、电视等媒体上的商业广告特点是词组搭配新颖离奇、语句简明通俗，而企业宣传文本的句子结构和用词要以书面用语为主，要有一定的程式化。这就要求译文要忠实地表达原文的概念意义，用词要准确凝练，句子结构要严谨，句子之间的衔接要紧密，逻辑性要强。

● 主题词汇

保质保量 гарантировать качество и количество
百强企业 100 лидирующих предприятий
操作简便 простой и удобный в эксплуатации
产品品牌 товарный бренд
诚信为本 честность превыше всего
独立核算企业 автономное предприятие
工艺精湛 тонкое мастерство; отточенная технология
共创辉煌 совместными усилиями создать великолепие
国外子公司 заграничный филиал компании
互惠共赢 взаимная выгода и взаимный выигрыш
环保节能 экологическая охрана и экономия энергии
技术性能 технические характеристики
坚固耐用 крепкий и прочный
经营理念 бизнес-концепция
经营范围 сфера деятельности
精心设计 тщательно проектировать
精心施工 добротно строить
控股子公司 дочерняя холдинговая компания
绿色环保 экологически чистый
美观大方 элегантный
配方独特 специальный рецепт
品质超群 отличающийся особо высоким качеством
品种齐全 ассортимент богат (широк)
企业管理 управление предприятием
企业核心价值观 ключевые ценностные представления предприятия

企业精神 идеология предприятия
企业理念 концепция предприятия
企业名称 наименование (название) предприятия
企业使命 миссия предприятия
企业形象 имидж предприятия
企业文化 культура предприятия
企业战略 стратегия предприятия
企业宗旨 цель предприятия
企业作风 стиль предприятия
色彩丰富 многообразие цветов
全资子公司 стопроцентная дочерняя компания
上市股份有限公司 публичное акционерное общество с ограниченной ответственностью
使用方便 удобный в использовании, удобство использования
世界500强 500 крупнейших предприятий мира
土地出让金 плата за трансфер земли
图案别致 оригинальность рисунка
团队合作 командное сотрудничество
物美价廉 хорошее качество и доступная цена
油耗低 низкий расход топлива
一级资质企业 предприятие первой категории
一流服务 первоклассные услуги
一流技术 передовые технологии
用户至上 нужды клиента превыше всего
噪音低 малый шум

造型美观 красивый внешний вид	主推产品 особо рекомендуемый продукт
质量第一 качество на первом месте	主要产品 основной продукт
制作精巧 тонко сделанный	自主品牌 собственная торговая марка
主打品牌 ведущая торговая марка	最新产品 новейшая продукция
主流品牌 ведущие бренды	最新工艺 новейшая технология

● 课后练习

1. 回答问题
（1）企业宣传的主要内容有哪些？
（2）俄、汉企业宣传文本最大的区别是什么？
（3）怎样翻译汉语企业名称和产品品牌？

2. 佳译欣赏

西安制药厂

西安制药厂地处中国西北经济、文化、科技、商贸和交通的中心——西安,是西北地区乃至全国最大的制药企业。龙头产品为抗菌消炎药"利君沙"和"利迈先",药品质量好,药效高,并多次获奖,闻名全国,远销欧美及东南亚多个国家和地区。

西安制药厂紧邻几大高校和西安高新技术开发区,地理位置优越,技术基础雄厚。药厂拥有自己的科研所和试验工厂,有一批高水平的科研队伍,加之工厂抓住西部开发和入世的有利时机,加速技术改革,从欧美引进成批先进的技术设备,与此同时不断改革企业管理,企业效益明显提高。

西安制药厂重信用,守合同,竭诚为客户提供各项服务。

西药人热情好客,欢迎海内外各界朋友前来投资洽谈贸易,携手合作,共谋发展!

Сианьский фармацевтический завод

Сианьский фармацевтический завод расположен в городе Сиане – в центре экономики, науки и техники, культуры, торговли и транспорта в Северо-западной части Китая. Завод является крупнейшим производителем медикаментов в Северо-западной части Китая и даже во всём Китае. Основными медикаментами являются антибиотические (антибактериальные) и противовоспалительные лекарства "ЛИ МАЙ САНЬ" и "ЛИ ЦЗЮНЬ ША", которые отличаются высоким качеством и заметной эффективностью (которые имеют хорошее качество и заметную эффективность), и которые поставляются во многих странах и районах Европы, Америки и Юго-восточной Азии.

Сианьский фармацевтический завод находится недалеко от нескольких университетов и Сианьской зоны развития новых и высоких технологий, в связи с этим он имеет превосходное положение и огромную техническую мощность. При заводе имеется научно-исследовательский институт с экспериментальным заводом. Здесь работают высококвалифицированные научные сотрудники. Воспользовавшись благоприятными случаями масштабного освоения западной части страны и вступления в МТО, завод ускорила техническую реконструкцию, закупила передовое оборудование из Европы и Америки, и тем времени подняла уровень менеджмента. В результате значительно повысились качество продукции и экономическая эффективность.

Сианьский фармацевтический завод дорожит своей репутацией, строго выполняет контрактные обязательства, готовы предоставить свои услуги покупателям.

Сотрудники на Сианьском фармацевтическом заводе известны своим гостеприимством и радушием. Мы призываем китайских и зарубежных друзей посетить наш завод, чтобы вложить капиталы и заниматься торговлей и сотрудничеством.

3. 译文校正

请对比原文与译文,指出并调整汉语译文的不足之处。

РОССИЙСКОЕ ЭКСПОРТНО-ИМПОРТНОЕ ОБЪЕДИНЕНИЕ "ТЕХНОПРОМЭКСПОРТ"	全俄技术工业出口联合公司
Свыше 300 энергетических объектов в различных странах мира общей мощностью более 70 млн. кВт сооружено или сооружается при техническом содействии Всесоюзного объединения "Технопромэкспорт".	在世界不同国家有超过300个能源工程在全俄技术工业出口联合公司的技术援助下正在建设中,其总功率超过7千万千瓦。
"Технопромэкспорт" выполняет все виды работ, связанные с сооружением: – гидравлических электростанций; – высоковольтных линий электропередачи; – трансформаторных подстанций. "Технопромэкспорт": – принимает обязательства по строительству энергетических, объектов "под ключ" и в кооперации с иностранными фирмами;	全俄技术工业出口联合公司完成所有和建造相关的工作: ——建设水力发电站; ——铺设高压输电线路; ——建设变电所。 全俄技术工业出口联合公司: ——承担总承包建设能源工程和与外国公司合作的责任;

- осуществляет передачу опыта и знаний "ноу-хау" в области проектирования, строительства и модернизации энергетических объектов; - поставляет запасные части и обеспечивает сервис поставленного оборудования; - командирует специалистов на место строительства и обучает персонал в стране заказчика и в Россию.	——传授在能源工程设计、建设和现代化进程中的经验和工艺诀窍； ——提供备件，提供供给设备的服务； ——派遣专家到施工现场并在客户国和俄罗斯对工作人员进行培训。

4. 翻译实践

（1）请分析俄语企业宣传材料的语言特点并翻译成汉语。

О компании

Времена меняются, и мы меняемся вместе с ними ...

Компания ООО "Нутрифарм" создана недавно – в апреле 2012 г., но уже зарекомендовала себя как перспективный разработчик качественных биологически активных добавок к пище и продуктов питания, обогащенных БАД.

Научная и производственная деятельность компании направлена на реализацию Постановления правительства Российской Федерации: "О концепции государственной политики в области здорового питания населения Российской Федерации".

Золотое правило ООО "Нутрифарм" – постоянное движение вперед, генерация новых идей, создание как эксклюзивных, так и традиционных продуктов, имеющих новые, более прогрессивные формы.

ООО "Нутрифарм" считает для себя первой и главной задачей – обеспечение и гарантию качества производимой продукции, поэтому при выборе партнеров отдает предпочтение тем предприятиям, где удовлетворяются самые жесткие требования к качеству, происходит контроль полностью на всех этапах производства, начиная с сырья и заканчивая упаковкой конечного продукта. В частности, сырье проходит физико-химические, микробиологические, органолептические и идентификационные исследования.

Именно поэтому производство разработанной нами продукции сертифицировано общепризнанными в мире системами качества: отечественное производство – системой качества по международному стандарту ISO 9001, зарубежное производство – как минимум системой качества GMP, американское – обязательно лицензировано FDA. Потребитель получает от ООО "Нутрифарм" абсолютно качественный препарат, проверенный в НИИ Питания РАМН и зарегистрированный в Министерстве

Здравоохранения Российской Федерации.

Миссия компании "Нутрифарм"

Миссия компании "Нутрифарм" – создание "Индустрии БАД" в России, формирование культуры профилактики заболеваний и активной заботы о собственном здоровье у населения, посредством просветительской деятельности, направленной, прежде всего, на донесение до потенциальных потребителей всех преимуществ употребления биологически активных добавок.

Девиз компании – "Лучше профилактика, чем больничная практика".

Цели и задачи компании "Нутрифарм"

По мнению генерального директора компании "Нутрифарм" Максима Уварова "главной проблемой в продвижении препаратов БАД на российском рынке является недостаточное информирование населения о преимуществах препаратов и отсутствие культуры профилактики, так широко развитой в странах Европы, США и Японии".

Поэтому первостепенная задача компании – формирование культуры "здорового образа жизни" у населения посредством просветительской активности и донесения до конечного потребителя всех преимуществ использования препаратов серии БАД.

Компания планирует активно развивать исследовательскую деятельность в области создания новых препаратов, постоянно расширяя ассортимент своей продукции.

Принципы компании "Нутрифарм" – следование мировым стандартам качества и постоянное внедрение инновационных технологий.

В ближайшие 3-4 года компания планирует значительно расширить свою дилерскую сеть, начать сотрудничество с производственными предприятиями Европы.

（2）请把下面的汉语企业宣传材料译成俄语。

中国航天科技集团有限公司是在我国战略高科技领域拥有自主知识产权和著名品牌、创新能力突出、核心竞争力强的国有特大型高科技企业集团，世界500强企业之一，成立于1999年7月1日。

中国航天科技集团有限公司是我国航天科技工业的主导力量，国家首批创新型企业，辖有8个大型科研生产联合体、10家专业公司、12家境内外上市公司以及若干直属单位。主要从事运载火箭、各类卫星、载人飞船、货运飞船、深空探测器、空间站等宇航产品和战略、战术导弹武器系统的研究、设计、生产、试验和发射服务。科研生产基地遍及北京、上海、天津、西安、成都、香港、深圳等地。中国航天科技集团有限公司坚持军民融合发展战略，致力于发展卫星应用、信息技术、新能源与新材料、航天特种技术应用、空间生物等航天技术应用产业；大力开拓卫星及其地面运营、国际宇航商业服务、航天金融投资、软件与信息服务等航天服务业,是我国境内唯一的广播通信卫星运营服务商,我国影像信息记录产业中规模最大、技术最强的产品提供商,长期以来,为国家经济社会发展、国防现代化建设和科学技术进步做出了卓越贡献。

当前,中国航天科技集团有限公司正在加快推进航天强国建设,继续实施载人航天与月球探测、北斗导航、高分辨率对地观测系统等国家重大科技专项,启动实施重型运载火箭、火星探测、小行星探测、空间飞行器在轨服务与维护、天地一体化信息网络等一批新的重大科技项目和重大工程,积极开展国内外交流与合作,锐意创新,勇于开拓,努力为和平利用太空、造福全人类的伟大事业做出新的贡献。

第十九章 旅游宣传翻译

19.0 引言

当今社会,作为第三产业重要组成部分的旅游业已成为世界上发展最快的新兴产业之一。中国旅游资源丰富、种类繁多,已成为世界上最安全的旅游目的地之一。然而国际旅游业竞争日趋激烈,在此背景下如何做好旅游外宣就具有非常重要的意义。

旅游宣传同样是对外宣传活动的一种形式。旅游宣传是指在国家层面(通过积极举办国家旅游年、文化交流年)和在地区层面(如举办旅游推介会、旅游博览会、各种各样的交易会、洽谈会、论坛、节庆等)搭建对外旅游推介的平台、运用传统媒体和新媒体进行旅游宣传的一种活动,其目的是扩大本国或本地区旅游产品和品牌的影响力,实现招商引资和吸引游客,以旅游业促进经济发展。

旅游宣传文本多种多样,包括旅游宣传片、图书、旅游宣传册、旅游手册、旅游指南、导游图、景点介绍、民俗风情画册、导游解说词、景点告示标牌等材料。

旅游宣传文本涉及的知识面非常广,包括某个地区的天文地理、历史渊源、地貌山水、风土人情、建筑园林、雕刻绘画、工艺美术、科技园区、地方饮食、传说故事、舞蹈音乐、诗词歌赋。可以看出,旅游文本会涉及多种学科,其文体丰富、内容繁杂、功能多样。在信息功能方面,旅游宣传文本向潜在的旅游投资者或旅游产品的消费者提供旅游资源(自然、地理、文化、风俗等)的客观真实的信息;在感染功能方面,旅游文本中除了旅游资源本身价值外,还采用不同的语言手段等进行生动形象的描述,以确保旅游文本中的信息能对读者情感和记忆产生所期望的影响并激发他们产生所期望的行为(投资合作或参观旅游)。

19.1 旅游宣传的文体特征

俄汉旅游宣传文本受俄汉语言文化、审美心理和读者阅读习惯的影响,其写作风格和语言表现手法就有明显的差异。试对比以下两篇俄、汉旅游宣传文本:

① **Крым**

Крым – древняя земля киммерийцев, эллинов, скифов, тавров. Родина знаменитого героя Троянской войны – Ахилла. По легендам, здесь сам бог Дионис учил смертных виноградарству и виноделию. Археологические памятники расскажут путешественникам историю Крыма от первобытных людей до современности. В Крым во все времена приезжали за здоровьем – сочетание горного и морского воздуха и реликтовых можжевеловых рощ оздоровляет без медицинских процедур.

Симферополь – столица Крыма, центр деловой и культурной жизни полуострова, который называют городом трех столиц. В III веке до н. э. на его территории была воздвигнута столица позднескифского государства – Неаполь-Скифский. Его развалины находятся на Петровских высотах. Каждый год здесь проходят яркие костюмированные исторические фестивали, посвященные античной культуре и быту. В Симферополе очень много музеев, только крупных насчитывается до 10, много православных и мусульманских храмов, но больше всего здесь, пожалуй, скверов и парков.

Керчь – морские ворота Крыма. Это один из древнейших городов мира, всего на один год младше великого Рима. Его историю без слов расскажут теплые камни Пантикапея – столицы Боспорского царства, Тиритаки, Нимфеи и маленького Мирмекия, где был рожден Ахиллес (если верить византийскому историку Льву Диакону). В самом центре города расположена гора Митридат, названная именем царя Митридата VI Евпатора, более двух тысячелетий назад правившего Боспорским царством.

Феодосия славится бесконечными песчаными пляжами, старинной Генуэзской крепостью и всемирно известной картинной галереей Айвазовского.

Коктебель – живописный уголок Крыма, который так обожала русская богема, любившая погостить в доме Максимилиана Волошина. Этот дом стал сердцем русского творчества. Частым гостем Волошина была поэтесса Марина Цветаева. В Коктебеле она познакомилась со своим будущим мужем Сергеем Эфроном.

Недалеко от Коктебеля находится Гора Клементьева – знаменитый центр планерного спорта.

Западная столица Великого шелкового пути – Судак – богатый торговый город, переживший множество исторических бурь. Мощные камни Генуэзской крепости хранят вековую память о греческом и итальянском правлении, о смелых славянах и страшных турецких набегах.

Ялта – любимый город императорской семьи Романовых. Дворцы царей и князей рассыпаны по Южнобережью, словно изысканный жемчуг по императорской короне. Климат здесь очень похож на климат курортов Италии и юга Франции, где эффективно лечили туберкулез. Город дышит чеховским романтизмом: гуляешь по набережной, и, кажется, вот-вот появится степенная дама с собачкой в длинном платье цвета пломбир.

Сакское лечебное озеро – знаменитое месторождение лечебной грязи и рапы. Сакская грязь эффективно помогает в лечении проблем с опорно-двигательным аппаратом, успешно применяется в гинекологии, урологии, неврологии и даже косметологии.

В Евпатории гостей ждут песчаные пляжи с неглубоким дном и множество развлечений для детей.

Ханский дворец в Бахчисарае – уникальный памятник архитектуры эпохи средневекового Востока, единственный образец дворцовой архитектуры крымских татар. Здесь во дворце стоит воспетый Пушкиным фонтан слез – безмолвная память вечной любви и скорби Хана Крым-Гирея к своей рано умершей жене.(https://russia.travel)

② **克里米亚**

克里米亚,全称克里米亚共和国,Республика Крым（俄语）；Crimea Republic（英语）,位于俄罗斯西南部的克里米亚半岛,这里是欧洲东部、黑海半岛北岸；西、南部临黑海,东北部接亚速海。位于连接近东地区两大洲的咽喉地带,历来都是兵家必争之地！克里米亚,是俄罗斯的"新"成员、当年苏联最大的疗养旅游胜地,是美不可言的黑海明珠！

这里,是俄罗斯的山海经,山与海的故事,阳光与沙滩的邂逅,黑海明珠的美,超乎你的想象！

这里,有最惊艳的色彩,那宝石般无瑕的大海蓝,那少女萌动的盐湖粉,夕阳之地、浪漫之湖、天空之境,给你一段梦幻之旅！

这里,有古希腊遗址、刻赤古堡和墓葬建筑纪念碑,断壁残垣之间带你追寻历史的印记,探秘神秘的克里米亚历史！

这里,有著名的海军基地、霸气无敌的黑海舰队、庄严的沉船纪念碑,探寻战争遗留的痕迹,一起致敬这经历过无数战争的克里米亚半岛！

这里,有沙皇时期最奢华的酒庄、香醇的陈年老酒,来一场优雅的酒会,品一口岁月酝酿的琼浆,享一次味蕾的盛宴！

这里,有最佳疗养度假城市——雅尔塔,有立于悬崖的燕子堡,还有微风习习的黑海岸,领略异域风情,感受惬意时光!

这里,有青绿高山、蔚蓝大海、粉色盐湖、醇香红酒、金色沙滩,最缤纷的色彩之旅,或乘坐最长缆车,于高空俯瞰;或出海游玩,乘风破浪;或沿黑海边,迎着和风落日,走走停停……追寻黑海明珠之美,你还在等什么?

例①和例②是针对不同读者对象(针对俄语读者或汉语读者)而作的同一旅游景点介绍。很显然,同一景点不同语种的旅游宣传品,因为读者文化心理和审美习惯各有不同,所以两个文本的行文风格有很大的差异。

19.1.1　旅游宣传文本的信息功能

以上两个文本都使用了与表达信息功能相关的词汇,如城市名称、海洋名城、景点名称等中性的、意义单一的词汇,旅游文本正是通过这些词汇向读者传达信息功能(认知功能)的。

19.1.2　旅游宣传文本的感染功能

旅游文本作为一种"呼唤型"文本,除了表达一定的信息外,还担负着激发或诱导旅游投资者或消费者的功能,这也是撰写旅游宣传文本的最终目的。通过对比可以发现,俄、汉两种文本在发挥感染功能时使用的手段是不同的。

俄语中虽然也使用一些带有主观评价色彩的词汇,例如: знаменитый, много, древнейший, бесконечный, старинный, богатый, мощный, изысканный, множество, единственный, уникальный 等,但是和克里米亚的汉语版旅游外宣文本相比,我们不难发现,俄语版克里米亚旅游宣传文本情感和文采要"矜持"得多。俄语版的旅游宣传文本风格简约、用词准确实用、语句结构严谨平白,其信息型功能突出,对景物描写也是具象罗列、实实在在,整个文本给人一种朴实自然之美,所表达的旅游信息让人感觉到真实可信。

汉语版克里米亚旅游宣传文本考虑到了汉语读者的文化心理和审美习惯,在描述和推介自然景色的基础上,整个文本写法风趣、措辞讲究、描写细腻、文字优美、情感洋溢。汉语文本大量地使用具有情感评价色彩的形容词、四字词、感叹句、反问句、重复、排比、比喻等语言手段,使得整个文本充满了色彩美、音韵美、意境美,把汉语旅游宣传文本的感染功能发挥得淋漓尽致。

● **课堂练习**

请对比以下两篇俄汉华山景点的旅游宣传文本,指出其行文风格的具体差异。

① **Гора Хуашань**

Самая опасная пешая тропа в мире или тропа смерти, на горе Хуашань, расположенная недалеко от города Сиань в провинции Шэньси, Китай. "Тропа смерти", сделанная из узких досок, висящих над бездонной пропастью, без перил и ограждений. Это экстремальный аттракцион на горе Хуашань (Huashan Mountain). Сюда приезжают и смельчаки, желающие доказать себе и миру собственное бесстрашие.

Хуашань (Huashan Mountain) – это священная китайская гора, объединившая пять вершин, имеющих форму лепестка. Здесь проложено немало увлекательных туристических маршрутов, среди них есть и подъемы на канатной дороге, и пешие восхождения.

Есть и такой туристический маршрут, который способен довести наиболее впечатлительных туристов до обморочного состояния – это переход от Северной вершины Хуашань к Южной. Некоторые путники, сделав первый шаг, буквально каменеют от ужаса, не в силах расцепить сведенные судорогой пальцы и сдвинуться с места. И в этом нет ничего удивительного.

Эту дорогу, проложенную вдоль отвесных вертикальных скал, не зря называют тропой смерти – сорваться с узких досок в бездонную пропасть означало бы верную гибель, но поток туристов, стремящихся совершить рискованное восхождение, не редеет. Говорят, с этих троп падает до 100 человек в год.

Самая высокая вершина горы достигает 2160 м. Кстати, массивные цепи были прикручены к стенам горы сравнительно недавно – для западных туристов. А раньше на Хуашань поднимались просто – по дощечкам.

② **华山**

华山位于陕西省华阴市境内,是中国著名的五岳之一,古称西岳。

华山,海拔二千一百多米,雄踞关中平原东部,南依秦岭,北临黄河,距古都西安一百二十公里。

一向以"奇拔俊秀"而驰名海内外的华山,被誉为"奇险第一山"。华山由五峰组成,东、西、南三峰成鼎形相依,谓之主峰。中峰、北峰相辅,还有八十多座小峰环卫而立,宛若层层花瓣。五峰中南峰为最,对峙耸立,高插云霄。登临绝顶,顿觉"只有天在上,更无山与齐"。

华山占地面积一百五十平方公里。景点云集,处处可观,而且大多景观都有一个长长的动人故事。华山在中国历史上是儒家和道教文化的传播地。

1982年,中华人民共和国国务院决定:把华山列入第一批国家重点风景名胜区。不久,华山管理局投巨资重修了古迹,拓宽了道路,开辟了登山云梯,加固并增加了安全、服务设施,一批为旅游服务的机构也相继成立。

巍峨俊秀的华山,以它旖旎的风光、悠久的历史,展露着古老、神奇的风貌。

● **翻译举要**

19.2 旅游宣传翻译

旅游宣传翻译的任务是把中国特色的旅游信息有效地传递给国外的旅游合作伙伴或游客,激发这些人的兴趣,使他们来我国投资合作或参观旅游。中、俄两国民众语言形式、思维方式、行为方式大相径庭,历史背景截然不同,政治体系、价值观念、道德规范和审美情趣也是千差万别。译者要跨越语言文化的鸿沟向异域民众传递旅游文本中包含的五花八门信息,就必须运用适当的翻译方法和技巧。

19.2.1 地名的翻译

1. 音译。旅游宣传文本出现城市、县区、乡镇、村庄等名称时,大多情况下要采用音译法,即把汉语的这些地名的音用俄语字母翻译过来,使汉俄地名发音相近或相同,例如"西安"(Сиань)、"上海"(Шаньхай)、"临潼"(Линьтун)等。在这个原则的指导下,"银川"只能译成"Иньчуань",而不能意译为"Серебреная долина";同样,"长安"只能是"Чанъан",而不译成"Вечное спокойствие"。

2. 意译。一些中国的地名可采用意译法,例如:"黄海"(Желтое море)、"南海"(Южно-Китайское море)等。

3. 意译 + 音译。在比较正式的场合,地名前会添加行政区划的级别,所以要加上相应的"провинция, город, уезд, район"等词,例如:"陕西省"(провинция Шэньси)、"西安市"(город Сиань)、"周至县"(уезд Чжоучжи)等。

4. 约定俗成。由于历史或其他原因,我国有些地名俄译时不是用某个地名现在汉语拼音的音译,而是按照相沿成习的译法进行翻译,例如:"北京"常译为"Пекин",而不译为"Бэйцзинь";"拉萨"常译为"Лхаса",而不译为"Ласа";"呼和浩特"译为"Хух-Хото",而不译为"Хухэ-Хаотэ";"安徽"译为"Аньхой",而不译为"Аньхуй"。

19.2.2 景点名称的翻译

1. 音译。一小部分景点名称也可采用音译法,例如:"故宫"(Гугун)。

2. 意译。一些景点名称常采用意译法,例如:长城(Великая стена)、丝绸之路(Великий

шелковый путь)、三潭印月(Отражение луны в трех пучинах)、卧佛寺(Храм спящего Будды)、大唐芙蓉园(Лотосовый парк династии Тан)、钟楼(Колокольная башня)、鼓楼(Барабанная башня)、大雁塔(Большая пагода Диких гусей)、唐乐舞(Музыкальное и танцевальное шоу династии Тан)、小雁塔(Малая пагода Диких гусей)、碑林(Музей Лес стел)、大慈恩寺(храм "Великий благодетель")、卧龙寺(храм "Спящий дракон")等。

3. 音译 + 意译。景点名称部分采用音译,部分采用意译,例如:茅盾故居(Дом-музей Мао Дуна)、杜甫草堂(хижина "Цаотан" Ду Фу)等。如果景点名称属于汉语的单名,一般要把景点名称(包括湖、山、河)音译出来,例如:太湖(Озеро Тайху)、黄山(Гора Хуаншань)、华山(Гора Хуашань)、豫园(Парк Юйюань)等等。如果景点名称属于汉语的双名,则不必把山、海、湖、寺、庙等词音译出来,例如:普陀山(Гора Путо)、峨眉山(Гора Емэй)、华清池(горячие источники Хуачин)、法门寺(Храм Фамэнь)等。

4. 音译 + 意译与意译并存。有时在翻译景点名称时可采用音译 + 意译与意译并存方式,即在音译 + 意译之后附上景点名称的纯意译,对景点名称的内涵作进一步解释,例如:太和殿(Палата Тайхэдянь; Палата высшей гармонии)、中和殿(Палата Чжунхэдянь; Палата полной гармонии)、保和殿(Палата Баохэдянь; Палата сохранения гармонии)、文华殿(Палата Вэньхуадянь; Палата выдающихся учёных)、武英殿(Палата Уиндянь; Палата отличных воинов)、乾清宫(Дворец Цяньцингун; Дворец ясного Неба)、交泰殿(Палата Цзяотайдянь; Палата благополучия и долголетия)、坤宁宫(Дворец Куньнингун; Дворец женского покоя; Дворец спокойствия императрицы)等。

5. 解释法。一些景点名音译和意译均行不通,这时不妨考虑借助解释法对所翻译的内容做必要解释说明,例如:"骊山晚照——关中八景之一",该句若音译为"Ли Шань Вань Чжао",全部音译的景点名称让读者莫名其妙。翻译时可以对"骊山晚照"进行解释,译为"Вечерняя заря на горе Лишань – это один из восьми самых красивых пейзажей равнины Гуаньчжун"。相应的"三潭印月"可译为"Плес Саньтаньиньюе (отражение луны в трех пучинах)"。同时应该注意的是译文中解释性话语应简单明了,拖沓冗长的解释会冲淡原文。

6. 注释法。在一些旅游宣传册译文中可以对一些人名、朝代等进行文中注释或脚注,例如:

秦始皇姓嬴名政,灭六国后,结束了当时"七雄"相争的局面,建立起中央集权的统一帝国。

Цинь Шихуанди (Ин Чжэн) уничтожил шесть царств, объединил весь Китай, создал централизованную Циньскую империю.

翻译时可以注释"Цинь Шихуанди – первый император Цинь"和"шесть царств – царства Ци, Чу, Янь, Хань, Чжао, Вэй",译文补充信息,可使外国读者对中国历史文化了解得更深入。

7. 加词法。加词法是为了便于国外读者理解,在译文中添加一些背景知识。旅游文本中的一些内容对中国人来说不言自明,而外国人对此却是一无所知,这时译者就有义务把这些内容(知识)补充出来。例如,在我国的寺庙门口常摆放麒麟,不能简简单单地译为"Это цилинь",应该添加"Цилинь – это мифическое животное. У него голова дракона, хвост львиный, рога оленьи, а копыта бычьи. По преданию оно символизирует счастье. (麒麟——古代传说中的一种动物,它长着龙头、狮尾、鹿角、牛蹄,传说中讲,它象征祥瑞。)"

8. 类比法。为了使旅游宣传的一些信息在表达时能让受众产生相近的感受,可以把汉语旅游文本中的形象替换成西方语言文化中类似的形象,即借用外国人比较熟悉的形象去比拟。类比法更有助于读者理解宣传内容,例如:把"梁山伯与祝英台"比作"китайские Ромео и Джульетта (中国的罗密欧与朱丽叶)";把"孔夫子"比作"Конфуций в Китае как древнегреческий Аристотель в Европе (中国的亚里士多德)";把"苏州"比作"китайская Венеция (中国的威尼斯)";把"济公"比作"китайский Робин Гуд"(中国的罗宾汉)等等。

19.2.3 原文信息的整合与改写

地名、景点名称仅是涉及词或者词组层面的转换,在旅游外宣时常常也会进行句子层面、段落层面的转换,有可能会涉及信息表达方式、句子结构的变化、段落篇幅长短等方面的变化。例如:

① 北依燕山、南临渤海的山海关,位于秦皇岛市东北七点五公里,东西各有沈阳、北京两大都市,历来是兵家必争之地,因而自古有"两京锁钥无双地,万里长城第一关"美名。

На севере к нему подступают горы Яньшань, на юге его омывают воды Бохайского моря, в 7,5 километрах к юго-западу от него находится город Циньхуандао, на востоке – Шэньян, на западе – Пекин. Из-за стратегически важного положения за Шаньхайгуань издавна велись сражения, поэтому в древности его называли "ключом к Пекину и Шэньяну", "первой заставой Поднебесной".

原文中"两京锁钥无双地,万里长城第一关"是汉语描写山海关雄伟壮观的一句诗。翻译时若顾及原文的诗歌形式,花费精力借用俄语格律诗的特点去再现原文,可能会产生两种结果:一、译者俄语诗词造诣深,汉语古诗翻译得好,自然会使读者产生美感和向往;二、译者俄语诗歌创作的能力有限,所得到的译文就有可能生硬晦涩、不伦不类。若属于第二种情况,译者不妨避重就轻,把原文的核心意义表达出来即可。

② 西安位于中华大地的圆心,是中华文明古国的心脏!雄踞八百里秦川,南倚秦岭,北枕黄河,关山壮美,河岳灵秀,物宝天华,人杰地灵,千年古都,历史辉煌!以迷人魅力,吸引着全世界游人关注的目光!

  Сиань расположен в центральной части Китая, он является сердцем китайской цивилизации. К югу от города возвышается хребет Циньлин, на Северной окраине течет река Хуанхэ. Здесь природа очень живописная, земля плодотворная. Здесь не место красит человека, а человек – место. Древняя столица своей блестящей историей и своим очарованием привлекает туристов со всего мира.

  例②原文中描述形象,文采飞扬,文中大量使用拟人比喻,四言八句,平行对偶,整个文本显得节奏和谐,诗意盎然。翻译时若过分地忠实原文字句,表达时机械地复制原文,那么很有可能使译文辞藻堆砌、佶屈聱牙、句构松散。为了照顾译语读者对旅游宣传文本的阅读心理和审美习惯,翻译时可以在抓住原文核心内容的前提下,对原文进行灵活处理,该删减则删减,能改写就改写,可重组就重组。

● 主题词汇

碑林 Музей Лес Стел
碑文 памятник с надписью
避暑胜地 летний курорт
标准间 стандартный номер
兵马俑博物馆 Музей терракотовых воинов и коней
博物馆讲解员 экскурсовод в музее
城壕 городской ров
单人间 одноместный номер
殿 палата; зал; храм; павильон; пантеон
度假胜地 известное туристское место
佛教圣地 святое место буддистов
佛像 статуя Будды
风景区 живописное место
烽火台 сигнальная вышка
购物旅游 Шоп-тур

宫 дворец, дворцовое здание; храм
鼓楼 башня с барабаном; барабанная башня
古董 антикварная вещь; музейная редкость; старина
古建筑群 ансамбль древней архитектуры
故居 дом-музей; музей-квартира
观光旅游 экскурсионная поездка
观光农业 агротуризм
观光 осмотр достопримечательностей
国家公园 национальный парк
疗养区 курортное место
豪华间 номер "люкс"
荷花池 лотосовый пруд
红色旅游 "красный" туризм

花坛 цветочная клумба
祭祀用的器皿 жертвенные сосуды
祭坛 алтарь
假山 искусственные горы
旅行计划 туристический план; план поездки
角楼 угловая башня
金刚 богатырь
罗汉 буддийские святые
琉璃瓦 глазированная черепица
旅游基地 туристическая база
旅游手册 туристический справочник
旅游中心 туристический центр
旅游局 управление по туризму
旅游度假村 место отдыха туристов
旅游指南 путеводитель
旅游旺季 высокий (туристический) сезон
旅游景点 туристические достопримечательности
旅游淡季 низкий сезон; мертвый сезон
旅游热 туристский бум
旅游线路 туристический маршрут
名山大川 известные горы и большие реки
名胜古迹 достопримечательности и памятники старины
牌楼 арка
牌坊 мемориальная (декоративная) арка
山光水色 прекрасный пейзаж
商务旅游 деловой туризм
神像 статуя бога
生态旅游 экологический туризм
湿地公园 парк водно-болотных угодий
石兽 каменное животное
世界文化遗产 Всемирное культурное наследие ЮНЕСКО
收藏品, 馆藏 коллекция экспонатов
双人间 двухместный номер
寺庙 храм; кумирня; монастырь; мечеть
唐三彩 трехцветные керамические изделия

● 课后练习

1. 回答问题
（1）什么是旅游宣传？旅游宣传文本具体有哪些种类？具体功能有哪些？
（2）俄、汉语旅游宣传文本行文风格有什么差异？
（3）旅游宣传翻译的方法和技巧有哪些？

2. 佳译欣赏

俄译汉

О России сказано много слов: всему миру известно о богатейшем культурном наследии, спортивных достижениях и многообразии ее природы. В России можно увидеть все то, что ищет путешественник в разных странах: полярное сияние и тёплые южные моря, цветущие степи и непроходимую тайгу, заснеженные вершины гор и субтропические пляжи, полноводные реки и песчаные дюны. О России озвучено множество цифр: самая большая страна мира, где проживает более 190 народностей, бережно хранящих свои традиции. 27 объектов Всемирного наследия ЮНЕСКО находятся в России. Первый полет в космос, первая атомная электростанция, первый телеграф. У России немало известных брендов! Байкал – самое глубокое озеро на планете, а Эльбрус – высочайшая точка Европы. Весь мир знает имена Юрия Гагарина и Владимира Ленина, восхищается талантами Федора Достоевского и Льва Толстого, слушает произведения Сергея Рахманинова и Петра Чайковского. Все слышали о Белых ночах Петербурга, Большом театре, русском балете и русской бане. Но главное, что мы хотим сказать о России, – это ее люди, о чьей широкой душе сложено множество мифов. Открытые, щедрые, противоречивые, ломающие стереотипы, – те люди, чью загадку так непросто постичь. О России сказано много слов. Приезжайте, и вы убедитесь, что все эти слова – правда.	形容俄罗斯的词语有很多：举世公认的丰富的文化遗产、卓越的体育成就、千姿百态的自然风光。在俄罗斯，你可以领略一个旅行者在不同国家希望寻获的一切：极光与温暖的南部海域、鲜花盛开的草原与人迹罕至的泰加林、终年积雪的山顶与亚热带海滩、水量丰富的河流与黄沙漫漫的沙丘。 俄罗斯拥有许多不同凡响的数字。它是全世界最大的国家，在这里居住着190多个民族，精心呵护着自己的传统；俄罗斯拥有联合国教科文组织批准的27个世界文化遗产项目；它还拥有人类首次飞往太空的纪录，拥有全世界第一座核电站以及第一台电报机。 此外，俄罗斯还拥有众多令人瞩目的名片，诸如：地球上最深的湖泊贝加尔湖，欧洲的最高点厄尔布鲁士山；世界闻名的尤里·加加林和弗拉基米尔·列宁；才华横溢的费奥多尔·陀思妥耶夫斯基和列夫·托尔斯泰；令人陶醉的谢尔盖·拉赫玛尼诺夫和彼得·柴可夫斯基，以及众所周知的圣彼得堡白夜、大剧院、俄罗斯芭蕾舞和俄罗斯浴。 而尤为突出的则是俄罗斯的人民，他们宽广的胸怀中蕴含着许多传奇，那些开放、慷慨、喜欢交流、不循规蹈矩的人们，绝非像一张白纸那样简单。 关于俄罗斯的传说还有很多。来吧，来到这里您就会发现，对俄罗斯的任何赞美都所言不虚。

汉译俄

天下第一关

长城东端，有一座历史悠久的古城——山海关。

北依燕山，南临渤海的山海关，位于秦皇岛市东北七点五公里，东西各有沈阳、北京两大都市，历来是兵家必争之地，因而自古有"两京锁钥无双地，万里长城第一关"的美名。

山海关由关城，东、西罗城，南、北翼城，威远，宁海七个城堡组成，堪称中国古代军事城防建筑的杰作。

"天下第一关"即山海关城的东门。城楼建筑歇山重檐，顶上饰有形态各异的脊兽。北、东、南三面有六十八孔箭窗。整个建筑俊秀雄伟。

城楼上悬挂一块长五点九米、宽一点五米的巨匾，上书"天下第一关"五个大字，笔力雄浑，与这座雄关的气势融为一体。

山海关风景区有九十多处景点，著名的有悬阳洞、燕塞湖、天然海水浴场等。如今山海关已成为全国旅游热点城市。

Первые ворота Поднебесной

В районе восточной оконечности Великой Китайской стены раскинулся древний город Шаньхайгуань.

На севере к нему подступают горы Яньшань, на юге его омывают воды Бохайского моря, в 7,5 километрах к юго-западу от него находится город Циньхуандао, на востоке – Шэньян, на западе – Пекин. Из-за стратегически важного положения за шаньхайгуань издавна велись сражения, поэтому в древности его называли "ключом к Пекину и Шэньяну" и "первыми воротами Поднебесной".

Шаньхайгуань имеет семь крепостей – Восточную, Западную, Южную, Северную, Гуаньчэн, Вэйюань и Нинхай, и является уникальным военным объектом древнего Китая.

Первые ворота Поднебесной – восточные городские ворота Шаньхайгуаня, красивое и величественное сооружение. Двухъярусная крыша башни украшена фигурами мифических зверей. На северной, восточной и южной сторонах башни имеются 68 бойниц.

Над воротами вывеска в 5, 9 метра длиной и в 1,5 метра шириной с надписью из пяти иероглифов "Первые ворота Поднебесной". Каллиграфический стиль этих иероглифов гармонирует с величавостью сооружения.

В Шаньхайгуаньском живописном районе есть более 90 живописных уголков – пещера Сюаньяндун, озеро Яньсайху, морские пляжи и другие. Сегодня Шаньхайгуань – одна из главных туристских баз страны.

3. 翻译实践

（1）请把下文译成汉语，注意旅游景点名称的翻译。

Среди иностранных гостей, приезжающих в Россию, китайские туристы уверенно лидируют. За последние пять лет их количество выросло почти вдвое – на 93 процента. Только в прошлом году туристические поездки в нашу страну совершили около 1 миллиона 700 тысяч граждан КНР.

Излюбленными городами туристов из КНР остаются Москва и Санкт-Петербург. Вместе с тем они стремятся знакомиться и с другими российскими регионами. Это знаменитое Золотое кольцо Центральной России, Урал и Сибирь, Дальний Восток и Кавказ. Например, всё больше гостей из Китая принимает Сочи, где после успешного проведения зимней Олимпиады 2014 года создана высококачественная курортно-спортивная инфраструктура.

На территории России находятся 29 объектов, внесённых ЮНЕСКО в Список всемирного культурного и природного наследия. По этому показателю Россия входит в первую десятку стран мира. Это культурно-исторические ансамбли Новгорода, Сергиева Посада, Казани, Ярославля, Дербента, белокаменные храмы Владимира и Суздаля, Свияжска, Кижский погост, Соловецкий историко-культурный комплекс и другие творения наших зодчих.

Природа щедро одарила Россию и такими жемчужинами, как самое глубокое и чистое озеро Байкал, вулканы и гейзеры Камчатки, Золотые горы Алтая, леса Коми, Куршская коса, Центральный Сихотэ-Алинь, природная система острова Врангеля, Ленские столбы, плато Путорана.

Отдельное направление для китайских туристов – это посещение памятных мест, связанных с историей революционного движения, жизнью советских партийных и государственных лидеров.

В России есть что посмотреть, есть где отдохнуть. Добро пожаловать в Россию!

（2）请把下文译成俄语。

西安大唐西市博物馆建于丝绸之路东方起点唐长安城西市遗址之上，是中国首座以反映丝绸之路商业文化为主题的民营遗址类博物馆，占地20亩，建筑面积3.5万平方米，展览面积1.1万平方米，其中遗址保护面积0.25万平方米。馆藏文物两万余件，以西市遗址出土文物和博物馆创办人二十年来精藏文物为主，上起商周，下迄明清，跨越绵绵三千余载。精美神秘的青铜器，绚丽多彩的陶瓷器，千姿百态的陶俑，璀璨夺目的金银器，精美绝伦的丝绸,巧夺天工的玉器,还有大量的货币、墓志、宗教、建筑类文物充盈库藏,为精彩纷呈的展览陈列奠定了坚实基础。

大唐西市博物馆的陈列分为基本陈列、专题展览、临时展览、特别展览、艺术空间五个部分,展览体系完备,集历史、艺术、民俗、藏友收藏等内容为一体,常看常新;馆舍建筑造型独特、气势恢宏、功能齐备;周边环境优美高雅、舒适便利;参观服务项目多样,周到一流。先后被评为国家4A级旅游景区、文化产业示范基地、国家二级博物馆。

大唐西市博物馆是西安市重要的文化旅游项目之一,是观众了解隋唐丝路文化、商业文化,进行学习、交流、收藏活动的重要场所,是开展社会教育、展示传播古都西安悠久历史文明的重要窗口。

文化篇

第二十章　语言文化与翻译

20.0　引言

美国语言学家萨皮尔(Edward Sapir)认为："语言的背后是有东西的,而且语言不能离开文化而存在,所谓文化就是社会遗留下来的习惯和信仰的总和……"英国文化学者爱德华·泰勒(E. B. Tylor)也认为："文化是种复杂体,它包括知识、信仰、艺术、道德、法律、风俗以及其余社会上学得的能力与习惯。"(罗常培,1989:1)从这两种文化的定义中不难看出语言与文化关系之紧密。

关于语言文化与翻译的关系,奈达先生已经作了精辟的阐述。他认为："离开了有关语言的各自的文化而谈论翻译是永远不可能的,因为语言本身是文化至关重要的部分(文化是'一个社会的全部信仰和习俗')。字词只有在使用它们的那种文化中才有其意义,尽管语言不决定文化,它当然要反映一个社会的信仰和习俗。如不考虑语义的文化内涵,就必然会导致错误。"(沈苏儒,1998:165)

王佐良先生也提醒译者要注意翻译时的文化差异问题,因为从表面上看"他(指译者)处理的是个别的词,他面对的则是两大片文化要处理,而在处理小文化的过程中,面对的则是两片大文化。这两大片文化一片是源语文本所包含、所反映的文化及其植根于其中的特定文化,另一片文化就是译者所属的特定文化,这就是我们所说的大文化"。(王佐良,1989:85)

文学翻译、政论翻译、新闻翻译、外宣翻译(地区外宣、企业外宣、旅游外宣、饮食外宣等)中无不浸润着语言文化因素。即便是干巴巴、冷冰冰的公文事务性文体(行政办公文体、法律文体、外交文体等)和科技文体(学术分体、教材分体、科学普及分体、科技事务分体、科技评论分体、生产技术分体、科技广告分体等),在文体格式和行文用语上多多少少也会体现自己民族所习惯的接受方式和审美需求。因此译者要具有跨文化交际的意识,善于挖掘译文语言的潜能,会熟练使用各种变通的手段,能跨越语言和文化因素筑起的鸿沟,实现跨语言和跨文化的转换,最终实现翻译交流之目的。

● **翻译举要**

20.1 语言文化与地区外宣翻译

中国和俄语国家所处地理位置不同,有着不同的自然环境,各民族的经济发展、历史变迁、宗教信仰也千差万别,长期的发展中也就形成了差异甚大的文化传统。一个缺乏文化意识的译者如果不关注汉语宣传文本中的文化因素,或者译者没有能力辨析汉、俄语言和文化的差异,翻译时会使文化成分在转换过程中完全失真,甚至有时会造成误解,引起文化冲突,给地区外宣活动带来损失。

20.1.1 自然环境

俗话说,"一方水土养一方人",一个国家、一个地区文化现象的产生、发展、变化就是在人们不断适应、改变、利用自然的过程中形成的。不同民族生活的地域不同、地理环境不同,这片地域和地理环境的气候、地形、地貌、土壤、水源、人种特征、生物资源以及与之相关的生产生活方式、社会结构、风俗习惯等自然背景和社会背景也会差异明显。这些因素自然而然也就渗透和映射于一个国家的语言中,地区的外宣材料的翻译也不可避免会受这些因素的影响。例如:

> 自古名城伴名山胜水,西安自然风光秀美壮丽更令人赞叹!秦岭、骊山、华山、太白山,山山有景;黄河、渭水、灞河——古称"八水绕长安"。

> С древних времен считается, что знаменитый город обычно близок к известным живописным горам и рекам. Природа в Сиане прекрасная и великолепная. Какое восхищение вызывают прекрасные природные пейзажи Сианя! Хребет Циньлин, горы Лишань, Хуашань, Тайбайшань – одна красивее другой. Реки Хуанхэ, Вэйхэ, Бахэ в древности именовали "реками, протекающими в г. Чанъань (название г. Сиань до 14 в.)".

通过对比我们可以发现,汉语原文中几个表示自然环境的山水名称译者均用音译法译出,保留了外宣文本的地域色彩和文化色彩。"八水绕长安"中的"长安"音译为 Чанъань 并在文中加注"Чанъань – название г. Сиань до 14 в.(14世纪前西安的城市名称)"。

20.1.2 历史变迁

我国是一个历史悠久、历经沧桑的文明古国。不同的地区有不同的历史积淀,记载着各

自不同的过去,这些历史印痕和积淀物也就成为一个民族、一个地区文化的组成部分。例如:

  三千多年前的青铜时代——西周,开始在这片沃土上建都;秦始皇从这里横扫天下,统一六国;张骞从这里出使西域,开创举世闻名的丝绸之路;鉴真从这里东渡日本,传播中华文明。

  Более трех тысяч лет назад в бронзовый век династия Западная Чжоу (1027 до н. э. -770 до н. э.) основала столицу на этой плодородной земле. Именно отсюда император Цинь Шихуан (259-210 гг. до н. э.) начал завоевание Поднебесной и объединение шести царств. Отсюда Чжан Цянь (?-114 до н. э.) отправился с миссией в западные земли, а затем открыл известный всему миру "Великий шелковый путь". Отсюда буддийский монах Цзянь Чжэнь (688-763 гг.) отправился в Японию распространять китайскую культуру.

"西周""秦始皇""张骞""丝绸之路"和"鉴真"这些与陕西、与中国历史发展密切相关的历史事件及人物,中国读者耳熟能详,自然就不会造成理解困难。而这些不同的时代、不同的历史事件、不同的历史人物对于俄语国家的读者理解起来就不是那么简单了。外宣翻译时若不增添相关的文化背景知识,俄语读者无法了解这些文化信息的重要性。如果为了帮助俄语读者理解,在译文中对这些人名和朝代名称进行大量的注解,则会让俄语读者感到叙述不顺畅,译文臃肿冗长,不符合外宣文本简洁明了之特点。本例中译者针对这些文化色彩太浓的词采用了不同的翻译方法。此外值得肯定的是,译者在朝代和人名后附加了起止年代,仅凭这一点俄语读者就明白汉语原文中所述人和事件的历史是何等之久远。

20.1.3 民风民俗

  人常说,"百里不同风,千里不共俗"。汉、俄两个民族在长期历史发展过程中,由于自然条件和社会环境不同,形成了各自不同的行为方式和生活方式,也就是我们所说的风俗习惯,主要表现在饮食、服饰、节庆、居住、礼节、婚姻、丧葬等各个方面。民间艺术也属于一种文化现象,它源自于民俗,是民俗的重要组成部分。民间艺术的内容和形式大多受地区民俗活动或民俗心理的制约,产生各地不同的音乐、舞蹈、造型艺术、工艺美术形式。一个地区的风俗习惯更能反映该地区传统文化的深刻内涵,对带有异乡情调民俗的宣传实质上就是在传播该地区社会生活习俗中所表现出来的民众的个性特征、价值尺度、思维方式、道德标准和审美观念。例如:

到农家观光去,品尝雅洁的农家饭菜,领略纯朴的乡风民俗。看社火游演,观民俗歌舞,听高亢激昂秦腔,欣赏名满天下的户县农民画,如有兴趣时,也不妨拿起画笔,涂抹几笔浓艳的丹青。

Если поехать в деревню, то можно пробовать деревенскую еду, наслаждаться простыми местными нравами и обычаями, смотреть народные гулянья "Шэхо", любоваться народными песнями и танцами, слушать торжественную и проникновенную шэньсийскую оперу "Циньцян", любоваться всемирно известными крестьянскими рисунками уезда Хусянь. Если интересно, то можно рисовать своими руками.

农家游是近些年我国的新兴旅游文化形式,社火、秦腔、农民画是陕西地方色彩鲜明的民俗和民间艺术形式。译者对"农家游(поехать в деревню)"和"农民画(крестьянские рисунки)"采用意译方法译出,而"社火(народные гулянья 'Шэхо')"和"秦腔(шэньсийская опера 'Циньцян')"则采用意译加音译方法译出,比较全面地展示了习俗和民间艺术的地域特色和文化内涵。

20.1.4　宗教信仰

宗教是一个民族文化的重要组成部分,是社会历史的产物,是一种意识现象,体现了一个民族的伦理观,所以宗教信仰也就成了一个民族传统文化的核心部分。不同的民族宗教常常有些不同。中国有儒教、道教、佛教、伊斯兰教等,而俄语国家的宗教更是五花八门,在俄罗斯作为基督教三大教派之一的东正教是最大的和最有影响的宗教。宗教是一种社会历史现象,必然会在一个民族的语言中有所映射,必然会在该民族语言中留下印痕,对一个民族宗教特质和精神的把握是理解一个民族文化的前提条件。例如:

西安是宗教文化的圣地。中国佛教十大宗派中,(三论宗、成实宗、法相宗、俱舍宗、净土宗、华严宗、律宗、密宗)八宗的祖庭都在西安。

Сиань – священное место для религиозной культуры. Из 10 школ буддизма восемь брали свое начало именно в Сиане.

原文中的"圣地、十、八"之对比已经凸显西安在中国宗教(特别是佛教)发展史上的重要地位。宗教流派"三论宗、成实宗、法相宗、俱舍宗、净土宗、华严宗、律宗、密宗"是一些专业性比较强的宗教术语,对那些不甚了解佛教知识的俄语读者来说,这一大堆生疏的佛教术语在一定程度上只会增添他们的理解负荷,所以就没有必要把它们逐一译出。即使省掉这些术语而不译,也不会对原文语用意义的表达造成太大的损失。

20.1.5 政策法规

一个国家的政治制度、政策法规是一种社会观念和意识形态,是上层建筑的组成部分,是一个国家发展到一定历史阶段的产物,有其坚实的历史渊源和文化基础。虽说地区对外宣传文本的政治性、思想性不太强,但多多少少会有一些国家的政策、地方的法规方面的内容,借此来表明地方政府经济发展的目标和大方向。这些信息常常也是国外合作伙伴所关心的,因为国家政策的支持、地方法规的保证更有利于未来合作的顺利进行。例如:

> 为此,西安把建设和谐的城市交通作为构建和谐社会的重要部分,科学规划,合理发展,规范管理,在推进城市交通可持续发展的同时,不断增强城市交通的辐射功能。

> ... поэтому важной частью в построении гармоничного общества является строительство гармоничного городского транспорта, научное планирование, целесообразное развитие, правильное управление по мере продвижения устойчивого развития городского транспорта непрерывно усиливают и укрепляют радиальные возможности городского транспорта.

原文中包含的"和谐社会(гармоничное общество)、可持续发展(устойчивое развитие)"是我国经济社会发展过程中根据现实情况所提出的治国和发展经济的新的理念和新愿望,是全民族在现阶段的思想模式、行为趋向、价值选择。一个国家和地区的政策法规的对外宣传本身就是一个思想宣传和文化宣传,译者的责任就是要吃透这些政策法规的真实含义。不论是采用直译还是意译,最终目的在于准确无误地向国外读者传达我国政治经济政策中的新概念、新理念的含义,激发俄语读者对我国政策法规的兴趣。

20.1.6 价值观念

价值观是指一个社会群体对周围的客观事物(包括人、事、物)的意义、重要性的总评价和总看法,是一社会群体判断社会事务时依据的是非标准,是这个社会群体内遵循的行为准则。价值观属于精神文化层面的东西,价值观是一个民族精神文化系统中深层的、相对稳定的、起主导作用的成分。中华民族和俄语国家各民族分别处于不同的文化环境,他们的价值观有些是相近的,有些则差别比较大,比如对待同一现象,不同的民族难免会出现褒贬不一的心态。人类社会所产生的不同国家、不同民族、不同文化间的矛盾和冲突,若深究其根源,则常常是不同价值观念之间的矛盾和冲突,所以说价值观是跨文化交际的核心。在对外宣传中切勿把自己的价值观强加给译语读者,文化价值观的传播就像文化

价值观的形成一样需要一定的历史过程。对外文化传播不能急于求成,切勿翻天覆地、暴风骤雨,要耐心细致、润物细无声。例如:

西安周至楼观财富酒店西临财富文化景区,置于财富文化商业街最北端。

Гостиница "Фортуна" расположена в селе Лоугуань уезда Чжоучжи г. Сиань, в северной части торговой улицы "Фортуна", примыкая с запада к культурно-ландшафтному парку "Фортуна".

对待金钱、财富的态度是一个民族价值观的一种表现形式。中华民族传统的价值观有时极端抑制利欲,甚至发展到"君子不齿于利""存天理、灭人欲"的极致。然而,在世俗民间却有着非常势利的财富观,如民间拜年时的问候语"恭喜发财"、逢庙会烧香拜佛求财、民间家里供奉财神爷等习俗;谚语"有钱能使鬼推磨""人为财死,鸟为食亡"等等就是中国人重视财富、强调财富的极好佐证。俄罗斯民族受东正教的影响,与中华民族有着不同的财富观。"俄罗斯传统财富观的基本内容:俄罗斯民族漠视财富,甚至鄙视世俗财富,重视精神道德追求;反对唯利是图的获取财富方式;追求平均、平等的财富分配。"(朱达秋,2011:95)俄罗斯民族的财富观直接体现在其谚语中,如"Грехов много, да и денег вволю(钱多罪孽多);Бедность учит, а богатство портит(贫穷教人向上,财富使人堕落);Богат, да крив; беден, да прям(富人心眼坏,穷人心直率)"等等。

通过对比可以看出,上例中译者注意到不同民族对待金钱和财富态度的差异,没有一味地套用汉、俄字典释义,把"财富"译为"богатство",而是把"财富"改译为俄语中的拉丁语外来词"Фортуна(命运女神;幸运,好运,红运)"。在当今的俄语媒体中有关"财富论坛"的报道也多用"Фортуна-форум""Форум 'Фортуна'"或直接使用英语单词"Форум FORTUNE",其目的就是为了迎合公众的心理,规避价值观差异带来的冲突和矛盾。

20.1.7 思维习惯

汉、俄民族分属不同的文化群体,他们除了具有人类共同的思维规律外,由于各自的文化氛围不同而形成了各个民族独具特色的思考问题、认知世界的习惯和方法。思维习惯和方式的形成是一个历史的、社会文化的产物,它摆脱不了与该民族密切相关的生产方式、历史传统、哲学思想、语言文字等方方面面的综合影响。自然而然外宣翻译不仅仅是语言文字的转换,而且也是思维方式的变换。在外宣翻译时,若忽视原语民族和译入语民族思维的差异就会对翻译的准确性产生极大的影响,最终会影响到外宣效果。因此在外宣翻译时,我们应充分重视文本转换中的思维因素,注意不同民族思维之间的异同,不能盲目地用汉民族思维习惯取代俄罗斯民族的思维习惯。例如:

东、西高新技术开发区,走在时代的前列;南、北经济开发产业园,为西安插上一双腾飞的翅膀!

Западные и восточные зоны освоения новых высоких технологий находятся в авангарде эпохи, южные и северные производственные парки экономического развития дают Сианю крылья для стремительного подъема!

原文中前后两句除了使用拟人和比喻手法外,在内容和结构上形成一种对称、一种均衡美,在对客观信息的描述中把认知和情感融合在一起,文字整齐、音韵浓郁、富于节奏、艺术性十足。中国人的这种均衡审美心理除了与中华民族认识世界的方式有关,也受到汉语结构均衡美的影响。汉语声调的平仄、汉语构词上的均衡和对称、汉语的五言和七律等诗词均体现着汉民族追求语言均衡的审美文化心理。虽说俄语也讲究音韵美,但是遣词造句更注重形合,形合的作用居首位,音韵和节奏居第二位。本例译者在对这些修辞手段的转换中注意到俄、汉语的差异,没有去机械地复制汉语的修辞特征。虽说俄语译文不对称,失去汉语的均衡美,但是译者考虑到了译入语读者的接受能力,把意义的传达放在了首位。如果读者难以理解和接受译文,那么译文中所使用的任何修辞手段都会苍白无力、毫无意义。

地区对外宣传文本中含有大量的文化元素,外宣翻译时文化语境发生了改变,对文化元素的转达就出现了各种各样的障碍,因此译者要善于发现两种文化的细微差异和各自特点,表达时要顾及译入语读者的文化背景和心理状态,要把握住原文的内容和宣传目的,根据译文的预期功能适时对翻译策略进行调整,用规范的译入语传达出最接近原文的信息,从而达到良好的宣传效果。

20.2　语言文化与中餐菜名翻译

饮食文化是一个国家传统文化的重要组成部分,了解饮食文化是文化交流的一个重要环节。中华饮食文化源远流长,它不但关注菜肴的香、味、质、养,而且还会刻意追求菜肴的色、形的协调与统一,体现了中华民族的养生与审美追求。中餐中常见一些写意菜名,这些写意菜名要么是悦耳动听,要么是形象逼真,要么是比喻夸张,要么是诗情画意,要么是吉祥如意。这与俄餐菜名完全不同,中餐写意菜名除了表达所指意义、传达其信息功能外,还包含丰富的联想意义,使人获得审美体验。

中国和俄语国家饮食文化差异比较大,为了方便交际,避免误解或文化冲突,在中餐菜名俄译时首先应该译出菜名的所指意义(采用的原料和烹饪方法等内容),使俄语译文能够实现传达菜肴的相关信息的预期功能。否则,盲目地复制中餐写意菜名的结构,会使俄语译名要么让人莫名其妙,要么让人厌恶反感,甚至引起文化冲突,使译文不能达到应有的交际功能。

20.2.1　写意菜名的翻译

中餐的一些菜名寓意深刻,象征吉祥如意,在菜名中寄托着人们美好的愿望或对他人的良好祝福。这些菜名是中华民族崇尚自然、期盼富贵、憧憬美好、追求精致生活的社会心理的真实写照。例如:

龙凤呈祥——салат из омара и курятины ("счастье дракона и птицы феникс")

四喜丸子——мясные тефтели с зимними грибами, каштанами, луком-пореем и т.д. (свиные тефтели "четыре счастья")

八宝鸡——жареная курица с восемью видами гарнира(курица, фаршированная "восемью драгоценностями")

全家福——винегрет из самых разных ингредиентов ("семейное счастье")

双喜临门——ассорти с кусочками курятины, в виде двух сорок ("двойное счастье у порога")

金玉满堂——суп с креветками и яйцом ("дом полон сокровищ")

百花争艳 лепешки (пирожки) с мясной начинкой ("цветы состязаются в красоте")

大丰收——ассорти из картошки, кукурузы, тыквы, фасоли, мяса с костями ("большой урожай")

瓜果满园——ассорти из фруктов, овощей и грибов ("сад, полный дынь и фруктов")

鲤鱼跳龙门——ассорти из карпа, редьки и куриных лап ("рыба проскочила в Ворота дракона")

通过对比可见,中餐菜肴的命名具有浪漫的写意色彩,菜名多是富丽典雅、音韵和谐、寓意深刻、引人入胜。这类菜名一般不明示菜肴的食材成分,也看不出烹制方法和技巧,而了解中华传统饮食文化的人会很容易品味出这些汉语菜肴名称的象征意义:福禄、吉祥、喜庆、生机、美好、圆满等。俄文菜肴命名时用语自然朴实,表达直截了当。汉俄菜肴命名习惯的差异要求译者在翻译时心里要有读者(听众),要注意到读者的价值观、社会习俗、心理状态、思维方式、审美心理等因素。如果译者为了再现中餐的写意菜名,机械地复制中餐菜名结构(如以上括号内所附的"形象性"译文),不顾及俄语菜名的写实特点,俄语译名就会让人们匪夷所思,不知食为何物,自然达不到交际的目的。如此看来,菜名汉译俄时译者的首要任务是传达中餐菜名的所指意义。为此,译者不妨使用俄语前置词,把制作菜肴的原料、配料、烹调方法、口味、色泽、形态、器具等内容译出。

20.2.2 形象性菜名的翻译

中餐中的一些菜肴常常以比喻、象征、夸张等方式取名,从而使中餐的菜名形象逼真、精美雅致,达到感官和精神浑然天成。例如:

  翡翠虾珠——креветочные тефтели с зеленым шпинатом
  象眼鸽蛋——голубиные яйца в тесте
  八大锤——блюдо из восьми куриных окороков
  蚂蚁上树——жареная вермишель со свиным фаршем
  狮子头——колобок из трепангов и свинины
  龙虎斗——суп из змеи и дикой кошки
  龙虎凤大烩——густой суп с кошачьим, змеиным и куриным мясом
  翡翠麒麟豆腐——соевый творог на пару с китайской ветчиной и овощами
  灯笼鸡——цыпленок, приготовленный в целлофане
  熊猫戏竹——ассорти из пшеничного крахмала и грецких орехов
  孔雀开屏——нарезанный карп поровой
  金鱼戏莲——жареный кальмар с ингредиентами
  乌龙吐珠——трепанг, фаршированный креветочными тефтелями
  八仙过海闹罗汉——ассорти из морепродуктов, ветчины и курятины

为了迎合食客的心理需求,追求视角上的美感,中餐菜肴命名时一般都会以原材料的色、香、味的特点为基础,再考虑到烹调方法的特点及菜肴的造型上的特点,菜肴命名时更多追求"形美、音美、意美"。俄文菜名则是朴实无华,缺乏形象感。中国人一般都知道,上述菜肴中所谓的"翡翠"指的是菠菜或莴苣等起装饰作用的新鲜蔬菜;"象眼鸽蛋"里面压根就没有大象的眼睛,它只不过是由鸽蛋为主要食材做成的一道菜品;"八大锤"指的是用几只鸡腿做的菜肴;而"蚂蚁上树"其实就是肉末粉条,因肉末贴在粉条上,形似蚂蚁爬在树枝上,因而得名;"狮子头"其实就是丸子;"龙虎凤"指的是蛇、猫、鸡;"麒麟"指的是火腿和香菇片;"灯笼"在这里是指仔公鸡盘成灯笼形。"熊猫戏竹"是指一种由澄粉、绵白糖、核桃仁、食用绿色素等食材制作而成的一道美食,其中核桃仁堆成假山状,将澄粉团制成熊猫状,将绿色素拌在澄粉中,做成竹枝和叶;"孔雀开屏"是指以孔雀的造型而清蒸鲤鱼;"金鱼戏莲"以鱿鱼为主料巧制而成,鱿鱼卷似金鱼,嬉戏于以鸡蛋、虾料子和青豆精制的群莲中,菜名即由此而得;"乌龙吐珠"是一道名菜,属满汉全席之一,海参和鹌鹑蛋摆盘后形状似乌龙吐珠,因而得名;"八仙过海闹罗汉"是孔府喜庆寿宴的第一道名菜,原料多样,汤汁浓鲜,色泽美观,形如八仙与罗汉,选用鱼翅、海参、鲍鱼、鱼骨、鱼肚、虾、芦笋、火腿为"八仙",将鸡脯肉剁成泥,在碗底做成罗汉钱状,称为"罗汉"。

通过对比可以看出,中餐菜名的俄文译名中那些汉语菜名原有的形象成分荡然无存。译者为了达到交际目的,避虚就实,使用俄语前置词词组表达了汉语菜肴的食材、技法、口味、形状等特点。

20.2.3　包含典故或民间传说菜名的翻译

人们根据历史典故或民间传说编写了很多菜名的起由与故事,至今这些菜名典故依旧流传很广。例如:

宫保鸡丁——филе кур по-гунбао; нарезанная кусочками курятина с красным перцем и арахисом（орешками кешью）, в остром соусе

太白鸭——паровая утка по-тайбайскому; тушеная утка с рисовым вином и приправами

贵妃鸡——цыпленок по-императорски; куриные окорока и крылышки в коричневом соусе

麻婆豆腐——острый соевый творог "мапо тофу" по-сычуаньски; жареный соевый творог, со свиным или говяжьим фаршем и перцем, в остром соусе

夫妻肺片——тушеные шинкованные бычьи легкие с говядиной; холодные бычьи внутренности

东坡肉——тушеные по-дунпо свиные ребрышки; тушеная свинина в горшочке

佛跳墙——тушеные морепродукты, цыплята, утиное мясо, свиные ножки и т.д., приготовленные в керамической кастрюле

子龙脱袍——жареный чищеный молодой угорь; жареные на сильном огне в масле кусочки угря, в соусе

西施舌——съедобный двустворчатый моллюск

"宫保鸡丁"由清朝山东巡抚、四川总督丁宝桢所创,清廷为了表彰他的功绩,追赠"太子太保"。"太子太保"是"宫保"之一,于是,为了纪念丁宝桢,他发明的这道菜由此得名"宫保鸡丁"。

"太白鸭"是一种焖蒸鸭子,乃四川传统名菜,相传始于唐朝,与诗人李白相关。将鸭宰杀治净后,加酒、盐等各种调味,放在蒸器内,用皮纸封口,蒸制而成,保持原汁,鲜香可口。

"贵妃鸡"相传是宫廷厨师急中生智创造出来的一种菜肴。该菜肴菜色美肉嫩味香,深得贵妃欢喜,于是就有了"贵妃鸡"的美名。

"麻婆豆腐"是四川传统名菜之一,始创于清同治年间,由成都万福桥"陈兴盛饭铺"老板娘陈刘氏所创。因她脸上有几颗麻子,故称为麻婆豆腐。以豆腐、绞碎或剁碎的猪肉或牛肉、蒜屑、辣豆瓣酱、葱屑及多种调味料配合烹制而成。

"夫妻肺片"是四川著名的汉族小吃。20世纪30年代,成都少城附近,有一男子名郭朝华,与其妻一道以制售凉拌肺片为业,深受人们欢迎,久而久之,人们为区别于其他肺片,便称郭氏夫妇所售肺片为"夫妻肺片"。

"东坡肉"又名滚肉、红烧肉,是江南地区汉族传统名菜,属浙菜系。相传系苏东坡被贬杭州时,在贫困的生活中,仿制前人的做法并加以改良,将烧猪肉加酒做成红烧肉小火慢煨而成。

"佛跳墙"是有名的福州菜。使用材料可包括鲍鱼、鱼翅、香菇等,以钵焖煮。佛跳墙乃形容其美味至极,连佛闻香亦会逾墙而来。

"子龙脱袍"是一道以鳝鱼为主料的湖南传统名菜。鳝鱼在制作过程中需经破鱼、剔骨、去头、脱皮等工序,特别是鳝鱼脱皮,形似古代武将脱袍,故此菜取名为"子龙脱袍"。

"西施舌"又称为"沙蛤"(软体动物名),其状似蛤蜊而较长,足突出,如人舌,肉鲜美可口。相传春秋时,越王勾践借助美女西施之力,以美人计灭了吴国,大局既定,越王正想接西施回国,越王的王后怕西施回国会受宠,威胁到自己的地位,便叫人绑一巨石于西施背上,沉她于江底。西施死后化为这贝壳"沙蛤",期待有人找到她时,便吐出丁香小舌,尽诉冤情。

翻译上述带有文化色彩的菜名时,译者就需要慎重处理。译者应先考虑俄语译文接受者的文化感知能力,菜名的翻译不能引起跨文化交际冲突。在清楚表达汉语菜名的所指意义的基础上,如果交际条件允许,对于菜名所蕴涵的那些文化内容,译者可在交际现场(如宴席上)予以补充和拓展。当然,要更详尽地介绍一些中餐菜肴名称的文化内涵得依靠专门的中华饮食文化外宣材料。

20.3 语言文化与企业宣传翻译

20.3.1 企业宣传翻译与译入语民族的审美心理

每一个民族都长期生活在共同的地域,过着统一的政治经济生活,形成了统一的生活习惯,接受着共同的语言文化传统,历史把他们凝结成为一个民族共同体。在这样的历史地理人文条件下,形成了统一的审美意识和共同的审美心理,这是一个不容置疑的事实。汉、俄两个民族地理环境不同、民族性格不同、心理气质不同、信仰不同,其最根本的原因是两个民族不同的社会历史发展造就了各自特殊的社会生活条件,导致了民族审美观点的种种差异。

又比如带有"龙"字商品品牌及企业名称的翻译。龙(дракон)是中华民族古代传说中的一种神异的动物,是我们中华民族崇拜的一个动物形象,是权力、力量、吉祥的象征。在封建时代龙在中国人心中有至高无上的地位,它是帝王的代用语,是权力的象征,例如"龙威、龙颜、龙子龙孙"等。对龙的崇拜从汉语成语中可见一斑,如"龙飞凤舞、龙凤呈祥、望子成龙、龙冠凤冕"等。就是现在我们也常把中华民族比喻为"龙族、龙的传人"。在俄罗斯,人们视"дракон"为又丑又恶的动物,常用龙来比喻那些冷酷的人。中国人对龙极为推崇,也反映在企业名称和产品品牌上,例如"科龙、龙丰、卧龙、飞龙、华龙、威龙、贝龙、桂龙、黄龙"等等,不胜枚举。汉译俄时,就要注意汉、俄文化差异,避免因文化差异对企业及产品的对外宣传带来不应有的损失。我们认为,这些带"龙"字的企业名称及产品品牌俄译时宜音译而忌意译。试比较以下译例:

"华龙"——Китайский дракон（意译）
　　　——Хуалун（音译）
"神龙"——Волшебный дракон（意译）
　　　——Шэньлун（音译）

从以上两例可以看出,音译要好于意译。音译简洁经济,适用于企业名称和产品品牌,而意译则略显冗长,况且音译避免了意译可能产生的文化差异方面的负影响。

还有一种集音译与意译为一体的方法也可以使用,权且称之为"音意聚合法",使用这种方法的汉译外成功案例不太多。这种方法要求译者思维敏捷、灵活,侧想、联想能力强,知识面广。然而在英译汉中成功的译例却为数不少,例如:Benz——奔驰、BMW——宝马、Goldlion——金利来(领带)、Pepsi——百事可乐(饮料)、Coca-Cola——可口可乐(饮料)、Oil of Ulan——玉兰油(护肤油)、Safeguard——舒肤佳、Rejoice——飘柔、Head & Shoulders——海飞丝、L'ORÉAL——欧莱雅、Pantene——潘婷、Decis——敌杀死(农药)、Bowling——保龄(运动器材)、Pentium——奔腾(电脑处理器)、Porsche——保时捷、Landrover——路虎、Hummer——悍马。目前用此方法汉译俄成功的实例确实微乎其微(具体例证详见"18.2.2 产品品牌的俄译"一节)。

用音译法或用意译法不能一概而论,在企业名称或产品品牌中有俄、汉两种文化均可接受的形象,例如:熊猫(панда)、鸽子(голубь)、彩虹(радуга)、雄鹰(сокол)等,用意译法则好于音译法,因为使用意译法既能形意俱全,又能经济节约,增加广告宣传效应。

20.3.2　企业宣传翻译与译入语中的禁忌语

各种语言由于受本民族风俗习惯、政治、经济、文化和宗教信仰等方面的影响,在表达方式及风格上也各有区别,自然就产生了一些非文雅的暗喻,这也是语言文化现象的一部分,研究语言文化就不能对此避而不谈。对外广告宣传翻译也同样如此,翻译企业名称或商品品牌时必须入境先问俗,不要因译文的失误而损及企业的利益。

禁忌乃是对神秘力量和神圣物的敬拜和畏惧,它力图控制和限制自己的行为,以免触犯神秘力量和神圣物。禁忌是一种民间的习俗,反映着一个民族的文化、历史、传统。俄罗斯人的禁忌,有些来源于原始的宗教迷信,有些则出现在近代,当然也有一些是受西方的影响。

不妨以数字的禁忌为例。汉语中双数是吉数,因此在喜庆日子里送礼品应送双数,而在殡葬等白事时送祭品应送单数。俄语中则恰恰相反,人们认为偶数是同魔鬼联系在一起的,因此是"鬼数",而单数则表示吉祥如意,其中最推崇"7"。在欧洲各主要语言中"7"被视为一个神奇的、奇特的数字。俄语中的"на седьмом небе"和英语中的"in the seventh heaven"均表示"如登天堂"。中国的企业名称或产品品牌中也有不少以数字命名的,例如:999集团(Объединение "999")、505元气袋(Пояс "505")、101生发水(Препараты от облысения "101")等。随着企业实力加强和对外广告力度的加大,我国的999、505、101、360、361度、柒牌等等也会像555(香烟)一样作为一个企业形象、一种企业文化为人们所熟知。这几个带有数字的企业名称及品牌的翻译不存在文化方面的差异,因为1、5、7、9几个数字俄罗斯人还乐于接受。然而有一些企业名称及产品品牌翻译时就要谨慎从事,例如"王守义十三香"(调味品)。在俄语国家及许多西方国家中"13"是个不吉利的数字,对这个数字的忌讳源于众所熟知的"犹大之吻"的典故,所以这些民族凡事刻意避开"13",而汉民族却没有此讲究。那么翻译时怎样才能避免这一文化差异呢? 我们以为,我们不妨舍实就虚,把"王守义十三香"译为"Приправы марки 'Ван Шоуи'",其中"приправы(调味品)"为该词的复数形式,本身就又表示"多"这一意义,将具体译为抽象,岂不妙哉!

20.3.3　企业宣传翻译中一些偶合现象

在企业名称或产品品牌外译中,有时会出现的一些音或意偶合的现象。中国企业名称或产品品牌中常带有"hui"音的字,例如:双汇、汇仁、惠威、汇源、辉瑞、佳汇、汇奇、惠达等。"hui"音若音译俄语则为"хуй","хуй"一词在俄语中为土语、非文雅语,意与男性生殖器官有关,一般词典里都不收集。类似上述企业名称或产品品牌的俄译时应力避音译。我们以为宜意译则意译,如"汇源"可译为"Сбор источников (源泉汇集)","汇奇"可译为

"Сбор чудес（奇迹总汇）"。若无法意译时，则可做一些变通，如将"хуй"改译为"хой"，或将"хуй"改译为"хуэй"。在这种情况下具体如何翻译更好，还有待于在实践中进一步探索。

很多中国人熟悉的苏联产的"Лада（拉达）"牌汽车，其国内名字为"Жигули（日古利）"，但由于"日古利"（音译成英语为"zhiguli"）其读音与英语中"gigolo（舞男，以伴舞为业的男子）"的发音近似，又像阿拉伯语中的"假货、骗子"的发音，有损于产品的形象，后来苏联就把出口的产品改名为"Лада（拉达）"，这一改动使这一汽车风靡全球，获得了很好的经济效益。

对外广告作为一种跨语言、跨文化的交际，交际成功与否在一定程度上取决于策划者（设计者和译者）对另一民族的价值观念、是非标准、社会习俗、心理状态、思维方式、审美心理等文化因素了解的程度。诸多例证的对比和分析告诉我们，必须重视对外广告宣传的翻译。翻译时必须考虑到语言文化方面的因素，缺乏一定的语言文化知识的支持，很可能导致对外广告宣传失败，也势必会影响到经济效益。

● 主题词汇

八卦 восемь триграмм
拜年 поздравлять с новым годом; делать новогодние визиты
重阳节 праздник двойной девятки
春节 праздник весны
春联 новогодние парные надписи
道 Дао, даосизм
端午节 праздник Дуаньу; праздник "двойной пятерки"; праздник драконьих лодок
风水 фэншуй
红白喜事 свадьбы и похороны
祭祖 приносить жертвы предкам
价值观 система ценностей; нравствен-ные ценности

剪纸 вырезной рисунок из бумаги
禁忌语 табу
叩头 положить земной поклон
礼制 церемониал; протокол
门当户对 (пара) одинакового общественного положения и происхождения
民间传说 фольклор; легенда; народное предание
民俗 народный обычай; национальный обычай;
年夜饭 новогодний стол
七夕节 китайский день Святого Валентина
清明节 праздник Цинмин

色香味俱全 красиво выглядеть, хорошо пахнуть и быть приятным на вкус
审美 эстетическое восприятие
审美价值 эстетическая ценность
守岁 бодрствовать в новогоднюю ночь
团圆饭 семейный ужин; обед для встречи родных после разлуки
文房四宝 четыре драгоценности рабочего кабинета; письменные принадлежности
闰年 високосный год
儒学 конфуцианство
三纲五常 три устоя и пять незыблемых правил
书法 каллиграфия
四合院 сыхэюань; внутренний двор; окруженный зданиями
五行 пять стихий
孝顺 питать сыновнюю любовь и преданность к ...
压岁钱 деньги в красном конверте; денежный подарок детям по случаю нового года
养儿防老 родить ребенка для поддержки в старости
阳 Ян
阴 Инь
元宵节 праздник фонарей
政策法规 политика и законоположение
中餐 китайская кухня
中秋节 праздник середины осени
中庸 учение о Середине
自然环境 природные условия; природная среда
饮食文化 культура питания
宗教信仰 религиозное верование; религиозные убеждения
坐禅 предаться созерцанию; медитировать

● 课后练习

1. 佳译欣赏

针灸	Иглоукалывание и прижигание
人体有五脏六腑、四肢百骸、五官九窍以及皮、毛、肉、筋、骨等器官组织。中医认为它们能够保持着均衡的联系，使人体成为一个有机整体，主要是靠经络的作用。经络是内属脏腑、外	Человеческое тело состоит из внутренних органов, конечностей, органов чувств, кожи, волос, тканей, костей и т. д. Китайская медицина считает, что их баланс и объединение в единое целое держатся на жизненных каналах Цзинло, которые связывают между собой внутренние

络肢节、联系全身、气血运行的通道。它们纵横交错，循行于人体之内。腧穴是人体脏腑、经络功能反映在体表上的特殊部位。因此，当脏腑等内在组织的机触发生异常时，在与其相关的腧穴部位上，便会发生病理的征象。如果针刺这些相关的穴位，便会产生酸、麻、胀、热等感觉。而这些感觉便通过经络循行的路线传导至病变部位，从而达到治病的目的。

现在，针灸已经应用于三百多种病症，都有较好的疗效。针灸学是中医药学的重要组成部分。我国创造的针麻技术成功地在外科手术上的运用，进一步引起人们对针灸的重视。如今世界上的一百二十多个国家和地区有了针灸医生。

органы и конечности, все органы человеческого тела, кровообращение. Эти жизненные каналы пересекаются вдоль и поперек по всему телу. Точки "сюэвэй" на теле человека реагируют на функции внутренних органов и жизненные каналы. Таким образом, любая болезнь во внутренних органах через жизненные каналы находит свое внешнее проявление в точках. Если сделать уколы в эти точки, то больной ощущает ломоту, онемение, распирание и тепло, через жизненные каналы Цзинло эти ощущения передаются в больное место и тем самым достигается лечебный эффект.

Сегодня иглотерапией лечат более 300 болезней. Иглотерапия – важная составная часть китайской медицины. В нашей стране создана иглоанестезия, которая успешно применяется при хирургических операциях, что вызвало к иглотерапии еще большее внимание. Сегодня в 120 с лишним странах и регионах мира работают врачи-иглотерапевты.

2. 翻译实践

请将下文翻译成俄语，注意带有文化色彩的词句的翻译。

中 餐

众所周知，烹饪是一个民族文化不可分割的一部分。每一个民族都有自己传统的饮食、自己民族的菜肴。中国是世界上最古老国家之一。中国的饮食也有数千年的历史，且享誉全球。在世界上很难找到一个没有中餐馆的国家。中餐品种丰富，花样奇多。几乎每一个省、每一个城市都有自己的传统菜肴。例如，北京有著名的北京烤鸭，而在西安则饺子最出名。在西安的饭店里可以烹制出120种饺子。饺子馅也五花八门——有猪肉、鸡肉、剁碎的菜和蟹肉等……120种饺子其馅各异、无一重复。

广东菜也享有盛名，就是菜名也与众不同，如"龙虎斗""水晶猪"等等。当然，这些菜中既无龙也无虎，更无水晶。这只不过是人们的想象而已。中国人开玩笑说，广东人除了天上的飞机、水上的军舰,只要是能飞、能游、能动的都吃。

南方人喜食大米,而北方人则偏爱面食。中国北方人最喜欢的主食是面条,因为面条在中国是长寿的象征。在中国你会碰到各种不同名称的面条,且所有这些面条形状与味道均各有所不同:"龙须面""阳春面""鲅鱼面""镇江小刀面""刀削面""兰州拉面""油泼面""担担面",一下子真是难以枚举。若一天选择一种新的面条,要想把全部有名的面条尝完,得花整整一年时间。

中餐工艺非常复杂,且体力花费较多。许多菜肴的烹制方法复杂,要经过好几道工序。大多数热菜要在明火上烹制。中餐的特点之一是香料和调料多。饮食习惯之所以不同,常常是因为各地气候各有不同。例如,四川、湖南气候潮湿,因此川菜和湘菜以辣而出名。

做好的中餐菜肴其外形也美观。它们不仅解饿、解渴,而且给人以美的享受。总而言之,中国菜肴色、香、味、形方面均有特点。对外国客人来说,中国菜肴是一种奇特、神秘的东西。这就是中餐能吸引大家和为大家所喜欢的原因。

附录：文体与翻译常用术语词汇对照表

A

暗喻信息	аллюзивная информация

B

半仿译成语	фразеологические полукальки
办公文件	офисная документация; служебные документы
伴随意义	коннотативное значение
褒贬色彩	оценочная окраска
褒贬性	оценочность
报道功能	информативная функция
报刊新闻翻译	газетно-информационный перевод
报刊新闻文本	газетно-информационный текст
报刊新闻文体	газетно-информационный стиль
报刊政论文体	газетно-публицистический стиль
被动结构	пассивная конструкция
被动语态	страдательный залог
背景信息	фоновая информация
背景知识	фоновые знания
笔记方法	метод записи
比较语言学	сопоставительное языкознание
笔译	письменный перевод

笔语笔译	письменный перевод письменного текста
笔语—笔语翻译	письменно-письменный перевод
笔语口译	устный перевод письменного текста
笔语—口语翻译	письменно-устный перевод
比喻	сравнение
编译	адаптированный перевод
变体	варианты
变体对应物	вариантное соответствие
变位	перестановка
变译理论	теория вариативного перевода
标题	заголовок
标准语	литературный язык
表层结构	поверхностная структура
表达	передача, перевыражение; репрезентативность
表情功能	экспрессивная функция
表示特有事物的词汇	слова-реалии
表现手段	выразительные средства
补偿法	компенсация
不变物单位	инвариантная единица
不变信息	инвариантная информация
不变值（物）	инвариант
部分翻译	частичный (неполный) перевод
不可译性	непереводимость
不完全等值词汇	неполноэквивалентная лексика
不完全翻译	неполный перевод

C

策略	стратегия
层次	уровень
层递	градация
插入语	вводное слово
长时记忆	длиновременная (долговременная) память
超句统一体	сверхфразовое единство

超语言上下文	экстралингвистический контекст
程式	стандарт
程式化	стандартизация
成语	фразеологизм
重复(法)	повтор семантических компонентов
崇高词汇	возвышенная лексика
重译	повторный перевод
重组	переструирование; перестройка
抽象概括性	отвлеченно-обобщенность
抽象思维	абстрактное мышление
抽象性	отвлеченность
传统翻译	традиционный(человеческий, ручной)перевод
创译	творческая адаптация
词层翻译	перевод на уровне слов
词的多义性	многозначность слова
词法特征	морфологические признаки
词汇场	лексическое поле
词汇单位	лексическая единица
词汇上下文	лексический контекст
词汇特点	лексические особенности
词汇特征	лексические признаки
词汇—语义代换	лексико-семантическая замена
词类代换	замена частей речи
词素层翻译	перевод на уровне морфем
词义引申	смысловое развитие; модуляция
词组层翻译	перевод на уровне словосочетания

D

代词重复法	прием местоименного повтора
带感情色彩的词汇	эмоциональная лексика
代换(法)	замена
带修辞意义的手段	стилистически окрашенные средства
单向翻译	односторонний перевод

单一性	однозначность
等同翻译	адекватный перевод
等同代换	адекватная замена
等效	эквивалентные эффекты
等值层次	уровень эквивалентности; тип эквивалентности
等值单位	единица эквивалентности
等值翻译	эквивалентный перевод
等值代换	эквивалентная замена
等值性	эквивалентность
等值种类	виды эквивалентности
动态对等	динамическая эквивалентность
对比分析	сравнительный (сопоставительный) анализ
对比修辞学	сопоставительная стилистика
对翻译(译文)的要求	требования к переводу
对偶,排比	параллелизм
对偶同义词	парные синонимы
对外宣传	внешняя пропаганда
对应(物)	соответствие
对照修辞格	антитеза
多声部性	многоголосие
多文体性	многостильность
多义性	многозначность
断句法	членение (разбивка) предложения

F

发信者	отправитель сообщения; источник информации
法规现在时	настоящее долженствования
法规性	предписующе-долженствующий характер
法律翻译	юридический перевод
法律文本	юридический текст
法律文件	юридическая документация
法律语言	юридический язык
翻译策略	переводческие стратегии

翻译程序	процедура перевода
翻译单位	единица перевода
翻译的不变量	инвариант в переводе
翻译的不确定性	неопределенность перевода
翻译的等同性	адекватность перевода
翻译的规约性规范	конвенциональная норма перевода
翻译的基本原则	основные принципы перевода
翻译的情景模式	ситуативная модель перевода
翻译等值	переводческая эквивалентность
翻译等值规范	норма эквивалентности перевода
翻译对应	переводческое соответствие
翻译工作坊	переводческая мастерская
翻译观点	переводческая концепция
翻译规范	норма перевода
翻译过程	процесс перевода
翻译过程的阶段	этап переводческого процесса
翻译活动	переводческая деятельность
翻译技巧	переводческие приемы
翻译教学	преподавание перевода; обучение переводу
翻译近似物	переводческое соответствие
翻译类型(学)	типология перевода
翻译流派	переводческая школа
翻译模式	модель перевода
翻译能力	компетентность перевода
翻译批评	критика перевода
翻译文本	текст перевода
翻译行为	действие перевода
翻译言语的规范	норма переводческой речи
翻译艺术	искусство перевода
翻译质量	качество перевода
翻译质量评价标准	критерий оценки качества перевода
翻译种类	виды перевода
翻译专论	специальная теория перевода

翻译转换	переводческая трансформация
反面着笔（法）	антонимический перевод
反问	риторический вопрос
方言词汇	диалектная лексика
仿译	калькирование
仿译成语	фразеологические кальки
非标准语手段	внелитературные средства
非近似物单位	единица несоответствия
非私人性	неличный характер
分文体	подстиль
分析	анализ
符际翻译	межсемиотический (интерсемиотический) перевод
复制	копирование

G

改译	адаптация в переводном тексте
概括化	генерализация
概括性	обобщенность
概念图式	схема понятия
干扰	помехи
感情表现力色彩	экспрессивно-эмоциональная окраска
感情色彩	эмоциональная окрашенность (окраска)
感情意味	эмоциональные оттенки
感染功能	воздействующая функция
个人风格	индивидуальный стиль
个人言语风格	индивидуальность речевых стилей
公开演讲	публичное выступление
公式化表达法	штампы
公文事务词汇	официально-деловая лексика
公文事务文本	официально-деловые тексты
公文事务文体	официально-деловой стиль
公文事务语言	официально-деловой язык
公文文献文体	официально-документальный стиль

公文用语	канцеляризм
功能对等（等值）	функциональная эквивалентность
功能近似物	функциональное соответствие
功能理论	функциональная теория
功能色彩	функциональная окраска
功能文体	функциональный стиль
功能文体色彩	функционально-стилевая окраска
功能信息	функциональная информация
功能修辞色彩	функционально-стилистическая окраска
固定词组	устойчивые словосочетания
固定对应物	постоянное соответствие
固定用语	устойчивые выражения
关键词	ключевые слова
关键信息	ключевая информация
管理分体	управленческий подстиль
惯用等值物	узуальный эквивалент
规定性的	прескриптивный
规范性	нормативность
归化（法）	доместикация; актуализация; натурализация
规律性对应物	закономерные соответствия
国际词汇	интернациональная лексика
国际通用词汇	международный словарный фонд
国际通用术语	интернациональная терминология
国际性术语	интернациональные термины
国情知识	страноведческие знания

H

涵义	коннотация
行话	жаргонные слова
行业词	профессионализм
呼吁功能	апеллятивная функция
互文性	интертекстуальность
话语	текст

话语层翻译	перевод на уровне текста
话语语言学	лингвистика текста
"化境"	"высокое совершенство; верх совершения"
换位（译法）	транспозиция
回译	обратный перевод

J

激活	активизация
激活图式	активизация схемы
机器翻译	машинный (автоматический, компьютизированный) перевод
即兴、即席	импровизация
"既须求真，又须喻俗"	"стремиться и к точной передаче смысла, и к тому, чтобы перевод был простым и понятным"
加词（法）	добавление; прием лексических добавлений
假等值物	ложные эквиваленты
减词法	опущение; прием опущения; убавление слова
简介式翻译	аннотационный перевод
间接翻译	косвенный (непрямой, вторичный) перевод
简略化	упрощение
简略结构	эллиптическая конструкция
简略句	эллиптическое предложение
检验	проверка
交传	последовательный перевод
交传笔记	записи в последовательном переводе
交际	коммуникация
交际参加者	коммуникант; участник коммуникации
交际等同	коммуникативная равноценность
交际等值	коммуникативная эквивалентность
交际翻译	коммуникативный перевод
交际方式	способ коммуникации
交际负荷	коммуникативная нагрузка
交际功能	коммуникативная функция
交际功能切分法	коммуникативное членение

交际过程	процесс коммуникации
交际环境	ситуация общения
交际领域	сфера коммуникации（общения）
交际目的	цель коммуникации; коммуникативная установка
交际情景	ситуация коммуникации
交际效果	коммуникативный эффект
交际信道	канал коммуникации
交际行为	коммуникативное поведение
交际意图	намерение общения
交际—语用意义	коммуникативно-прагматическое значение
校对	редактирование
校改译文	отредактировать перевод
校验译文	проверка и коррекция перевода
接受文本	восприятие текста
结构图式	структурная схема
节译	сокращенный перевод
解码	декодирование
借喻	метонимия
近似翻译	приближенный перевод
句法辞格	фигуры
句法对应	синтаксические соответствия
句法上下文	синтаксический контекст
句法特征	синтаксические признаки
聚合体	парадигма
具体化	конкретизация
句子并合	объединение предложений
句子切分	членение предложения
军事翻译	военный перевод
军事政论翻译	военно-публицистический перевод

K

科技术语	научно-техническая терминология
科技分体	научно-технический стиль

科技事务分体	научно-деловой стиль
科技政论分体	научно-публицистический стиль
科普分体	научно-учебный подстиль
科学文体	научный стиль
可译性	переводимость
客观词序	объективный порядок слов
客观性	объективность
口头语言	устная речь
口译	устный перевод
口语笔译	письменный перевод устного перевода
口语—笔译翻译	устно-письменный перевод
口语词汇	разговорная лексика
口语—口语翻译	устно-устный перевод
夸张	гипербола
跨文化交际	межкультурное общение
跨语言交际	межъязыковая коммуникация
跨语言交际行为	акт межъязыковой коммуникации

L

类似物	аналог
俚语	просторечие
立法分体	законодательный подстиль
历时翻译	диахронический перевод
连贯性	связность
联想意义	ассоциативное значение
零翻译	нулевой перевод
零信息	нулевая информация
逻辑思维	логическое мышление
逻辑性	логичность
逻辑—语法切分	логико-грамматическое членение

M

码	код

"美而不忠,忠而不美"	"Переводы, как женщины: если верны, то некрасивы, если красивы, то неверны."
美学功能	эстетическая функция
描述性翻译	описательный (разъяснительный) перевод; экспликация
描写	описание
描写性的	дескриптивный
民族特有事物	национальные реалии
民族意识(心智)	менталитет
模式	модель
目的论	теория скопоса; скопос-теория

N

内包关系	включение
内涵意义	коннотативный смысл
内容常体(不变量)	содержательный инвариант
内容图式	контентная схема
拟作	имитация
逆词序	инверсия

O

偶合等值物	окказиональный эквивалент
偶合对应物	окказиональное соответствие

P

篇章特征	текстовые признаки
片段翻译	фрагментарный перевод
品牌宣传活动	продвижение бренда

Q

祈使功能	императивная функция
情感图式	схема эмоции
情景	ситуация
情景描写法	способ описания ситуации

情景上下文	ситуативный контекст
情景套语	ситуативное клише
情景图式	схема контекста; контекстная схема
情态词	модальное слово
情态意义	модальное значение
全译	полный (цельнотекстный) перевод

R

人物语言	речь персонажей
认知翻译	когнитивный перевод
认知功能	когнитивная функция
认知图式	когнитивная схема
认知意义	когнитивное значение
日常事务语体	обиходно-деловой стиль

S

"善译"	"мастерский перевод"
商品宣传	презентация товара; реклама товара
商业宣传	коммерческая пропаганда
上下文	контекст
社会政治词汇	общественно-политическая лексика
社会政治文本	общественно-политический текст
社论	передовица (передовая статья)
设问	вопрос-ответное построение
深层结构	глубинная структура
"神似"	"близкий по духу; похожий по духу; духовное сходство"
生产技术分体	производственно-технический стиль
生成语法	порождающая грамматика
生活翻译	бытовой перевод
生态翻译学	экопереводоведение
诗体语言	поэтическая речь
诗学功能	поэтическая (метасемиотическая) функция
时代风格	стиль эпохи

实际切分	актуальное членение
实际切分句法	актуальный синтаксис
实物—逻辑意义	предметно-логическое значение
世界图景	картина мира
事实图式	схема факта
事务文体	деловой стиль
释意	интерпретация
释意理论	интерпретативная теория перевода
视阅—笔译	зрительно-письменный перевод
视阅翻译	перевод с листа
视阅—口译	зрительно-устный перевод
受信人	рецептор; получатель информации; адресат
输出语(译语)	выходной язык
书面语	книжная речь
书面语词汇	книжная лексика
书面语通用词汇	общекнижная лексика
述位	рема
术语	термин
术语(学)	терминология
双向翻译	двусторонний перевод
双语交际	двуязычная коммуникация
双语人	билингв
双语现象	билингвизм
顺(正)词序	прямой порядок слов
瞬时记忆	мгновенная память
顺应	адаптация
顺应性翻译	адаптированный перевод
思维定势	мыслительный стереотип
思想美学功能	идейно-эстетическая функция
俗语	поговорка
缩译	сокращенный перевод
所指	денотат
所指功能	денотативная (референтная) функция

所指事物	референт; денотат
所指意义	референтное (денотативное) значение

T

套语	штамп
特写	очерк
特有事物	реалии
题材	тема; сюжет
体裁	жанр
体裁—文体分类	жанрово-стилистическая классификация
体裁—文体规范	жанрово-стилистическая норма
替换	замена
调节功能	регулятивная функция
听说同步技巧	навыки синхронизации слуховой рецепции и речи
听写翻译	диктант-перевод
听译	перевод на слух
听众	аудитория
通用手段	общеупотребительные средства
同声翻译	синхронный перевод
同声描述	синхронное описание
同一性	идентичность
同义词	синонимы
同义代换	синонимическая замена
图式建构	создание схемы
图式理论	теория схем

W

外交分体	дипломатический подстиль
完全等值	полная эквивалентность
微观上下文	микротекст
微观语言学	микролингвистика
唯一对应物	единичное соответствие
文本类型	типология текстов
文本注释	комментарий к тексту

文化伴随意义	культурная коннотация
文化伴随意义的词汇	культурно-коннотативная лексика
文化背景	культурный фон
文化传统	культурные традиции
文化对话	диалог культур
文化干扰	культурная интерференция
文化认同	культурная индентичность
文化图式	культурная схема
文化因素	фактор культуры
文化语境	контекст культуры
文化转换	культурная трансформация
文体色彩	стилевая окраска
文体特征	стилевые черты
文体图式	стилевая схема
文献翻译	документальный перевод
文学翻译	литературный перевод
文学翻译学	литературное переводоведение
文学流派	литературное направление
文学文体	художественный стиль
文学作品人物	литературный персонаж
文艺翻译	художественный перевод
文艺学翻译理论	литературоведческая теория
文艺政论分语体	художественно-публицистический подстиль
无等值物词汇	безэквивалентная лексика
无等值物语法单位	безэквивалентные грамматические единицы
无人称动词	безличный глагол
无人称句	безличное предложение
无施动结构	обезличенные конструкции
"五失本,三不易"	"пять потерь и три трудности"

X

习惯用法	узус
狭义上下文	узкий контекст

鲜明的褒贬性	открытая оценочность
现场报道	репортаж
新词语	неологизм
新闻翻译	информационный перевод
"信、达、雅"	"достоверность, норма, стиль"; "достоверность, доходчивость, изящество"
信息	информация
信息参考文件	информационно-справочный документ
信息储备	информационный запас
信息负荷	информационная нагрузка
信息功能	информационная функция
信息源	источник информации
形成文体的因素	стилеобразующий фактор
形式对等	формальная эквивалентность
形式图式	формальная схема
形式主义	формализм
"形似、意似、神似"	"формальное сходство, смысловое сходство, духовное сходство"
形象—表达手段	изобразительно-выразительные средства
形象认识功能	образно-познавательная функция
形象思维	образное мышление
形象性	образность
形译	переводческая транслитерация
行政办公分体	административно-канцелярный подстиль
行政组织文件	административно-организационный документ
修辞变体	стилистическая модификация
修辞规范	стилистическая норма
修辞色彩	стилистическая окраска
修辞手段	стилистическое средство
修辞顺应	стилистическая адаптация
修辞替代(换)	стилистическая модификация
修辞性仿造	стилистическое калькирование
修辞意义	стилистическое значение
修辞资源	стилистические ресурсы

修辞转换	стилистические трансформации
修饰语	эпитет
宣传鼓动功能	агитационно-пропагандистская функция; функция пропаганды и агитации
学术分体	собственно научный подстиль; академический подстиль

Y

压缩	компрессия
言语产物	речевое произведение
言语单位	единица речи
言语规范	речевая норма
言语交际行为	акт речевой коммуникации
言语类型	вид речи
演说语	ораторская речь
谚语	пословица
样本（示范）译文	эталонный перевод; образцовый перевод
移植	заимствование
异国情调词	экзотические слова (экзотизмы)
异（洋）化	форенизация; экзатизация
议论	рассуждение
义素	сема
译文	перевод
译文编辑	редактор перевода
译文表述	оформление перевода
译文等值规范	норма эквивалентности перевода
译文对比分析	сопоставительный анализ перевода
译文透明	прозрачность перевода
译文文本	переводный текст; выходной текст
译文要求	требования к переводу
译文中的差错	погрешности в переводе
译语	переводящий язык (ПЯ)
译者	переводчик
译者的个性	индивидуальность переводчика

中文	Русский
译者的立场	позиция переводчика
译者的文学素养	литературная образованность переводчика
译者的隐身	невидимость переводчика
译者的直觉	интуиция переводчика
"意美、音美、形美"	"красота звучания, красота смысла и красота формы изложения"
意译	вольный (свободный) перевод
意义分化	дифференциация значений
意义分析	смысловой анализ
意义结构	смысловая структура
意义具体化	конкретизация значений
意义上的细微差别	семантические оттенки
意义图式	смысловая схема
意义引申	смысловое развитие
音位（字位）层翻译	перевод на уровне фонем (графем)
音译	переводческая транскрипция
隐含信息	имплицитная информация
隐喻	метафора
应用翻译学	прикладное переводоведение
应用文	деловые бумаги
语法代换	грамматическая замена
语法转换	грамматические трансформации
语际翻译	межъязыковой перевод; интерлингвистический перевод
语际干扰	межъязыковая интерференция
语际交际	межъязыковая коммуникация
语际转换	межъязыковая трансформация
语料库	корпус; текстовый корпус; лингвистический корпус
语内翻译	внутриязыковой перевод
语言单位	единица языка; языковая единица
语言等级系统	языковая иерархия
语言规范	языковая норма
语言环境	языковое окружение
语言结构层次	уровни языковой структуры
语言内部意义	внутрилингвистическое значение

语言内翻译	внутриязыковой перевод; внутрилингвистический перевод
语言手段	языковое средство
语言特点	лингвистические особенности
语言体系	система языка
语言图式	лингвистическая схема
语言外上下文	экстралингвистический контекст
语言外因素	экстралингвистический фактор
语言文化障碍	лингвоэтнический барьер
语言修养	культура речи
语言学	языкознание; лингвистика
语言学翻译学	лингвистическое переводоведение
语言学上下文	лингвистический контекст
语义场	семантическое поле
语义辞格	тропы
语义翻译	семантический перевод
语义符号模式	семантико-семиотическая модель
语义结构	семантическая структура
语义—修辞等同翻译	семантико-стилистический адекватный перевод
语义学	семантика
语义学翻译理论	семантическая теория перевода
语义转换	семантическая трансформация; замена семантических категорий
语用等同翻译	прагматически адекватный перевод
语用顺应	прагматическая адаптация
语用意义	прагматическое значение
语域	регистр
预测	вероятное прогнозирование
预测机制	механизм вероятного прогнозирования
原文	подлинник; текст подлинника; исходный текст; переводимый текст; оригинал
原文作者认可的译文	авторизованный перевод
原语	исходный язык (ИЯ)
原语解码	декодирование оригинала

原作作者自译	авторский перевод (автоперевод)

Z

再编码	перекодирование
再现文本	воссоздание текста
"再现意境"	"художественное воспроизведение замысла"
增译	расширение
摘译	реферат-перевод; реферативный перевод
政论文体	публицистический стиль
直接翻译	прямой (первичный, непосредственный) перевод
直译	дословный перевод; подстрочный перевод
中介语言	язык-посредник
"忠实、通顺、美"	"верность, гладкость и красота"
忠实翻译	верный перевод
忠实于原文	верность оригиналу
中性词汇	нейтральная лексика
中性手段	стилистически нейтральные средства
逐词翻译	буквализм; буквальный перевод; пословный перевод
逐句翻译	пофразовый перевод
主位	тема
注释	комментарий
专门词汇	специальная лексика
专有名词	имена собственные
转换技巧	навыки переключения
转义	переносное значение
庄严词	торжественное слово
准确翻译	точный перевод; правильный перевод
准确性	точность
准术语	квазитермин
咨询式翻译	консультативный перевод
自动翻译软件	программы автоматического перевода
作家独创词	авторские неологизмы
作用相同	равенство воздействия

参考文献

1. Айзенкоп С.М. Багдасарова Л.В. и др., Учебное пособие по техническому переводу. Ростов-на-Дону, "Феникс", 1996.

2. Введенская Л.А. Русский язык: культура речи, текст, функциональные мтили, редактирование. Ростов-на-Дону, Издательский центр "МарТ", 2001.

3. Вдовичев А.В., Науменко Н.П. Перевод экономических текстов. М.: Издательство "ФЛИНТА", 2018.

4. Кожина М.Н.《俄语功能修辞学》，白春仁等译，北京：外语教学与研究出版社，1982.

5. Комиссаров В.Н. Современное переводоведение. М.: Издательство "ЭТС", 2001.

6. Косарева Т.Б. Как научиться переводить юридические документы? Москва, Ленанд, 2019.

7. Латышев Л.К. Перевод: теория, практика и методика преподавания, М.: Издатльский центр "Академия" 2007.

8. Нелюбин Л.Л. Введение в технику перевода. М.: Издательсвто "ФЛИНТА", 2018.

9. Hanvey, R. "Cross-cultural Awareness". In E. C. Smith and L. F. Luce *Toward Internationalism: Readings in Cross – Cultural Communication*. Newbury House, 1979.

10. Nida, Eugene. *Language, Culture, and Translating*. Shanghai foreign Languages Education Press. 1993.

11. Newmark. P.A. *A Textbook of translation*, New York: 1988.

12. Nord, Christiane.《译有所为：功能翻译理论阐释》，张美芳、王克非主译，北京：外语教学与研究出版社，2005.

13. Pol. Engle, H.N.Engle, *Forword to Writing from the World: II*. -Iowa City: International Books and the University of Iowa Press.1985.

14. 安新奎:《俄语报刊阅读:教学理论与实践》,北京:北京大学出版社,2016.

15. 安新奎:《俄汉应用翻译》,北京:北京大学出版社,2017.

16. 安新奎:《口译实践教程》,西安:陕西人民出版社,2005.

17. 安新奎:文学翻译中形象的再现,《俄语学习》,2011(2).

18. 白春仁等:《俄语语体研究》,北京:外语教学与研究出版社,1999.

19. 方梦之:《翻译新论与实践》,青岛:青岛出版社,2002.

20. 方梦之:《英语科技文体:范式与翻译》,北京:国防工业出版社,2011.

21. 衡孝军:《对外宣传翻译:理论与实践》,北京:世界知识出版社,2011.

22. 贾文波:《应用翻译功能论》,北京:中国对外翻译出版公司,2004.

23. 刘雅峰:《译者的适应与选择:外宣翻译过程研究》,北京:人民出版社,2010.

24. 吕凡、宋正昆、徐仲历:《俄语修辞学》,北京:外语教学与研究出版社,1988.

25. 罗常培:《语言与文化》,北京:语文出版社,1989.

26. 沈苏儒:《论信达雅》,北京:商务印书馆,1998.

27. 沈苏儒:《对外传播·翻译研究文集》,北京:外文出版社,2009.

28. 王佐良:《翻译:思考与试笔》,北京:外语教学与研究出版社,1989.

29. 吴庆麟等:《认知教学心理学》,上海:上海科学技术出版社,2000.

30. 张今、张宁:《文学翻译原理》,北京:清华大学出版社,2005.

31. 朱达秋:从俄语谚语俗语看俄罗斯人的传统财富观,《外国语文》,2011(2).

网络资源

1. 参考消息 http://www.cankaoxiaoxi.com

2. 俄罗斯独立报 http://www.ng.ru

3. 俄罗斯新闻社 https://ria.ru

4. 俄罗斯总统网站 http://www.kremlin.ru

5. 环球网 http://www.huanqiu.com